环境资源与能源法评论

ENVIRONMENTAL, RESOURCES AND ENERGY LAWS REVIEW

（第5辑）

生态环境法律规制的理论基础与制度建构

于文轩◎主编

中国社会科学出版社

图书在版编目（CIP）数据

环境资源与能源法评论. 第5辑, 生态环境法律规制的理论基础与制度建构 / 于文轩主编 . —北京：中国社会科学出版社，2023.3
ISBN 978 – 7 – 5227 – 1312 – 0

Ⅰ.①环… Ⅱ.①于… Ⅲ.①环境保护法—研究—中国 ②能源法—研究—中国 Ⅳ.①D922.604

中国国家版本馆CIP数据核字（2023）第021818号

出 版 人	赵剑英	
责任编辑	梁剑琴	
责任校对	周 昊	
责任印制	郝美娜	

出　　版	中国社会科学出版社	
社　　址	北京鼓楼西大街甲158号	
邮　　编	100720	
网　　址	http://www.csspw.cn	
发 行 部	010 – 84083685	
门 市 部	010 – 84029450	
经　　销	新华书店及其他书店	

印刷装订	北京市十月印刷有限公司
版　　次	2023年3月第1版
印　　次	2023年3月第1次印刷

开　　本	650×960　1/16
印　　张	18.5
插　　页	2
字　　数	232千字
定　　价	118.00元

凡购买中国社会科学出版社图书，如有质量问题请与本社营销中心联系调换
电话：010 – 84083683
版权所有　侵权必究

目 录
Contents

1 于文轩｜序 言

第一篇 生态环境损害赔偿

3 王灿发 张祖增｜生态环境损害惩罚性赔偿制度的理性审视

29 郭 武 马 航｜环境行政处罚与生态环境损害赔偿诉讼的协同机制研究

45 程欣怡｜生态环境损害赔偿磋商制度的理论困境与突破

67 周欣琦｜论环境侵权惩罚性赔偿的数额确定

第二篇 应对气候变化

89 田丹宇 兰 婕｜论应对气候变化法律责任

108 陶茂亮｜论碳排放权的法律意涵——兼论《碳排放权交易管理暂行条例（草案修改稿）》之完善

127 吴怡丹 邓海峰｜无人驾驶汽车碳减排评价法律机制研究

146 刘冰玉｜欧盟碳边境调节机制：国际合法性分析与中国因应

167 张　舟｜欧盟碳边境调节机制的法律分析及中国应对

第三篇 热点研辩

191 汤宇仲｜环境风险法律规制中的利益平衡

214 韩　睿｜我国环境立法体系化研究

239 王社坤
侯善钦｜《环境保护法》第65条中环评机构"负有责任"的认定

258 吴　鹏
黄　舟｜论环境法学课程思政中的马克思主义思想元素

272 黄思颖｜我国海洋垃圾污染防治法律机制的完善

291 于文轩｜后　记

序 言
PREFACE

　　加强法治工作,是推动生态文明建设的一项核心内容。党的十八大以来,我国积极推进生态文明法治建设,为生态环境保护工作提供了非常重要的法制基础。十年间,我国制定、修改生态环境保护相关的立法30余部,制定和修改法律数量之多、速度之快、力度之强,都超过了历史水平;加强生态环境保护工作的决心之大、力度之大、成效之大前所未有。目前,我国已经形成以《宪法》中有关生态环境保护的规定为基础,以《环境保护法》为核心,以污染防治、生态保护、资源保护等领域的环境法律为主体、以其他相关立法中有关生态环境保护的规定为补充的、比较完备的法律体系。同时,相关领域的立法也呈现出显著的"生态化"特征。这在《民法典》的"绿色原则"以及相关篇章中有关生态环境保护的规定、行政法和刑法对生态环境保护需求的回应、诉讼法对环境公益诉讼和生态环境损害赔偿诉讼的相关内容中都有体现。

　　党的二十大报告对生态文明建设高度重视,对推动绿色发展、促进人与自然和谐共生作出了重大安排部署,为推进美丽中国建设指明了方向。党的二十大报告要求以"中国式现代化"全面推进中华民族伟大复兴,将"人与自然和谐共生"作为"中国式现代化"的本质特征,赋予了生态文明建设在社会主义事业中的新定位、新使命,回应了实现物质文明、精神文明、政治文明、社会文明、生态文明协调发展的时代要求;要求从2035年到本世纪中叶,把我国建成富强、民主、文明、和谐、美丽的社会主义现代化强国;专设一部分"推动绿色发展,促进人与自然和谐共生",阐释新时代生态文明建设的四方面要求,并明确具体的措施,为推进生态优先、实现绿色低碳发展提供了重要保障。

在此背景下,本辑《环境资源与能源法评论》精选十四篇研究成果。这些成果分别从生态环境损害赔偿、应对气候变化和近来广受关注的一些热点议题展开研讨,着眼于当前生态文明法治建设中的重点和难点问题,回应理论基础和制度建构层面的重要关切,尽己之力为新时代生态文明法治建设和环境法学科发展建言献策。

于文轩
2023年1月1日
于中国政法大学海淀校区

第一篇
生态环境损害赔偿

生态环境损害惩罚性赔偿制度的理性审视*

王灿发　张祖增**

一　引言

为纾解生态环境领域违法成本较低以及社会公众在现代工业社会面临"结构性损害"的现实窘境，《民法典》侵权责任编第1232条明确规定了环境侵权惩罚性赔偿制度，其文本表达为：侵权人违反法律规定故意污染环境、破坏生态造成严重后果的，被侵权人有权请求相应的惩罚性赔偿。该条款一方面保持以损害填补为旨归；另一方面又是对传统民法视域下损害填平原则的创新与突破，其在可能范围内最大限度地加重了恶意违法者实际承担的责任，具有惩罚、威慑及预防环境污染与生态破坏行为的多重价值功用。因应惩罚性赔偿发轫于私法场域及《民法典》以私益救济为价值依归的法律属性，将惩罚性赔偿确立为一种环境民事责任承担方式自不待言。然而，由于立法规范的抽象性、概括性，

---

* 本文为2021年国家社会科学基金项目"陆海统筹生态环境治理法律制度研究"（21AZD062）的阶段性成果。

** 王灿发，中国政法大学二级教授，博士生导师，中国环境科学学会监事长；张祖增，中国政法大学环境与资源保护法学专业博士研究生。

该条款能否构成环境公益诉讼的基本法源，目前学界与实务界对此均存在一定争议，即该条款设置的惩罚性赔偿的请求权主体"被侵权人"是仅限缩为遭受环境侵害的特定民事私益主体，还是可将具有提起生态环境损害赔偿诉讼、环境民事公益诉讼主体资格的国家机关与环保组织涵摄其中？对于这一颇具争议的惩罚性赔偿请求权归属主体问题，司法实践中已经出现了将惩罚性赔偿适用于环境公益诉讼的案例，如江西检察机关提起的"全国首例在生态环境损害中科以惩罚性赔偿的环境民事公益诉讼案"[1]。随后，生态环境损害惩罚性赔偿如雨后春笋般涌现于各地司法系统之中。在法律渊源层面，2021年6月最高人民检察院发布的《人民检察院公益诉讼办案规则》第98条明确规定"被告违反法律规定故意污染环境、破坏生态造成严重后果的，人民检察院可以提出惩罚性赔偿等诉讼请求"；最高人民法院于2022年1月出台的《最高人民法院关于审理生态环境侵权纠纷案件适用惩罚性赔偿的解释》（以下简称《解释》）亦规定"国家规定的机关或者法律规定的组织作为被侵权人代表，请求判令侵权人承担惩罚性赔偿责任，人民法院可以参照前述规定予以处理"[2]。由此观之，以保护生态环境公益为己任的国家机关和环保组织已然具备提起惩罚性赔偿的法权基础，同时也映射出，面对生态文明建设的时代之需，我国司法以能动主义姿态对惩罚性赔偿在生态环境损害领域的适用进行了积极肯认。有鉴于此，本文立基于《民法典》第1232条运用于环境公益诉讼的研究视角，旨在对生态环境损害惩

---

[1] 参见江西省浮梁县人民法院民事判决书，〔2020〕赣0222民初796号。
[2]《最高人民法院关于审理生态环境侵权纠纷案件适用惩罚性赔偿的解释》第12条规定："国家规定的机关或者法律规定的组织作为被侵权人代表，请求判令侵权人承担惩罚性赔偿责任的，人民法院可以参照前述规定予以处理。但惩罚性赔偿金数额的确定，应当以生态环境受到损害至修复完成期间服务功能丧失导致的损失、生态环境功能永久性损害造成的损失数额作为计算基数。"

罚性赔偿的生成背景、生成动力、理论面向及司法适用进路予以系统性阐释。

二 生态环境损害惩罚性赔偿制度的生成背景：动态改革与静态思想的交相辉映

法治建设需立足基本国情，新时代我国社会主要矛盾的变化决定了我国生态文明法治产品的供给趋向。作为内生于私法规则体系而承担公法治理效能的惩罚性赔偿是具有"公私益兼用"属性的新增民事侵权责任制度，其在生态环境损害赔偿案件中的适用弥补了惩罚性赔偿责任在环境公益诉状中长期缺失的状态，具有适配于生态文明建设秩序期待的价值功用。基于此，对该制度深层意蕴的法律阐释不能游离或偏离其所依附的时代背景。质言之，生态文明体制改革的深化构成了生态环境损害惩罚性赔偿的动态生成背景，习近平生态文明思想之"严密法治观"构成了生态环境损害惩罚性赔偿的静态生成背景。

（一）生态环境损害惩罚性赔偿制度适配于生态文明体制改革的时代需要

在《民法典》绿色原则指引下建构起来的生态环境损害惩罚性赔偿制度内生于我国生态文明体制改革的伟大实践，具有鲜明的理性思维、问题导向以及时代特色。从规范意义上来讲，体制揭示的是组织结构及其权力影响，党的十八大以来，我国以抓铁有痕的力道在源头严防、过程严管及后果严惩三个面向上推动生态文明体制改革向纵深发展，勾勒出系统完整、逻辑自洽的生态文明制度谱系。其中，立足于破解生态环境领域违法成本较低这一突出性问题，生态文明体制改革在环境损害所担负的经济型责任角度呈现的基本进路为：首先，党的十八届三中全会通过的《关于全面深化改革若干重大问题的决定》明确提出：建设生态文明，必须建立系统完整的生态文明制度体系，实行最严格的源头保护制度、损害赔偿制度、责任追究制度；其次，2015年9月，中共中央与国务院联合印发的《生态文明体制改革总体方案》规定"严格实行生态环境损害赔偿制度。强化生产者环境保护法律责任，大幅度提高违法成本……对违反环保法律法规的，依法严惩重罚"，从生态文明建设宏观战略目标的视角为惩罚性赔偿制度在生态环境损害领域的适用提供了根本性政策依循。另外，党的十九大以来，根植于生态文明体制改革制度土壤而出台的一系列政策性文件也为以民事法律责任的形式来构建生态环境损害惩罚性赔偿制度提供了有利性条件。例如：党的十九大报告要求，"加大生态系统保护力度""实行最严格的生态环境保护制度"；2017年，中办、国办印发《生态环境损害赔偿制度改革方案》（以下简称《方案》），作为推动我国生态文明体制改革向纵深发展的重大举措，《方案》为建立以私法规则运行为主导的生态环境损害严格救济制度预留了充分空间，突出强化了司法权在生态环境损害救济中的重要作用；党的十九届四中全会报告也明确指出"加大对严重违法行为处罚力度，实行惩罚性赔偿制度"。由此观之，因应生态文明体制改革的滚滚时代洪流，承载公益保护功能的生态环境损害惩罚性赔偿的私法建构已然具备成熟且自洽的外部环境。这一务实且适配于生态文明秩序期待的制度选择映射到《民法典》侵权责任编的立法动态过程中主要表现为：参与立法者对生态环境损害具有适用惩罚性赔偿之正当性进行了权威说明与事实佐证，即在第十三届全国人大常委会第五次会议上，全国人大常委会法制工作委员会主任沈春耀在作《民法典》草案说明时表示，为落实党的十八届三中全会提出的"对造成生态环境损害的责任者严格实行赔偿制度"的要求，贯彻党的十九大报告提出的"要加大生态系统保护力度"的决策部署，草案规定侵权人故意违反国家规定损害生态环境的，被侵权人有权请求相应的惩罚性赔偿。[1] 综观纵览，新时期在《民法典》这一私法框架下创建的具有环境公益救济功能的特殊侵权责任制度——生态环境损害惩罚性赔偿以生态文明体制改革的动态推进为根基和土壤，即生态文明体制改革构成了惩罚性赔偿适用于生态环境损害救济的前置性生成背景，这是《民法典》第1232条立法与解释必须考虑的前提与基础，也决定了生态环境损害惩罚性赔偿制度的根本行进方向。

(二) 生态环境损害惩罚性赔偿根植于习近平生态文明思想之"严密法治观"的时代意涵

《民法典》侵权责任编第1232条有关生态环境损害适用惩罚性赔偿的规定是为贯彻落实习近平生态文明思想进行的制度创新，具言之，其是对习近平生态文明思想之"严密法治观"的映射，具有鲜明的中国特色、实践特色和时代特色。作为习近平新时代中国特色社会主义思想的有机构成，习近平生态文明思想根植于总书记对我国环境治理规律的深刻洞察，其中，因应生态环境没有替代品，具有一旦用之不觉便会失之难存的自然特性，总书记指出"必须像保护眼睛一样保护生态环境，像对待生命一样对待生态环境"，也创造性提出"要用最严格制度、最严密法治保护生态环境"[2]。习近平生态文明思想之"严密法治观"的形成为我国生态环境法治提供了正确的价值航向，也为新时期生态文明制度体系建设确立了底线思维方法。循此逻辑，在生态环境法治的理念确立上，要牢固树立生态红线的观念，即在生态环境保护问题上，要保障任何人不能越雷池一步，否则就应该受到惩罚，并

---

[1] 参见陈菲、丁小溪《"损害生态环境要惩罚性赔偿"纳入民法典分编草案》，http://www.npc.gov.cn/zgrdw/npc/cwhhy/13jcwh/2018-08/28/content_2059407.htm，最后访问时间：2022年7月1日。

[2] 习近平：《加强生态文明建设必须坚持的原则》(2018年5月18日)，载《习近平谈治国理政》(第3卷)，外文出版社2020年版，第363页。

以此作为法律责任承担的启动机制；在生态环境法律制度的立法设计上，要充分体现制度的刚性与硬度，如2021年11月颁布的《国务院关于开展营商环境创新试点工作的意见》强调加强企业监管，对于"直接涉及公共安全和人民群众生命财产安全的领域，探索实行惩罚性赔偿等制度"；此外，中共中央、国务院于2021年8月印发的《法治政府建设实施纲要（2021—2025年）》亦体现了习近平生态文明思想之"严密法治观"的精神，要求以惩罚性赔偿助力重点领域执法活动，"加大食品药品、公共卫生、自然资源、生态环境……等关系群众切身利益的重点领域执法力度……建立完善严重违法惩罚性赔偿和巨额罚款制度、终身禁入机制，让严重违法者付出应有代价"。由此可知，习近平生态文明思想之"严密法治观"的提出为更具刚性与权威的制度设计预留了充分的法律空间，正如王晨副委员长在2020年5月22日第十三届全国人大第三次会议作《关于〈中华人民共和国民法典（草案）〉的说明》中所指出的那样："贯彻落实习近平生态文明思想，增加规定生态环境损害的惩罚性赔偿制度，并明确规定了生态环境损害的修复和赔偿规则。"[1] 是故，作为习近平总书记在新时代治国理政实践中逐渐形成、创新发展和日益完备的理论成果，习近平生态文明思想之"严密法治观"蕴含着丰富的生态文明法治建设的时代命题，本质是对我国环境法治之法理基础、立法理念、法律原则、制度体系的创新与重构，[2] 在理性与客观上为《民法典》侵权责任编生态环境损害惩罚性赔偿制度的创设铺平了道路、扫清了障碍，我国《民法典》生态环境损害惩罚性赔偿条款亦应以此为背景进行解释，最佳选择是将其定位为习近平生态

---

[1] 李艳芳、张舒：《生态环境损害惩罚性赔偿研究》，载《中国人民大学学报》2022年第2期。

[2] 刘超：《习近平法治思想的生态文明法治理论之法理创新》，载《法学论坛》2021年第2期。

文明思想之"严密法治观"的制度写照。

三 生态环境损害惩罚性赔偿制度的生成动力：惩罚性赔偿基本功能在环境公益领域的拓展

在生态文明建设时代背景的衍射下，从制度发生学上进行理性溯源，惩罚性赔偿所具有的损害赔偿之填补性价值功用、威慑与严惩等内在功能为其嵌入以环境公益维护为价值依归的生态环境损害救济提供了基本动力。

（一）惩罚性赔偿具有填补受损生态环境所承载文化价值的功用

作为发轫于英国法且被定性为"超出受害人实际损害之赔偿"的原始制度设计，惩罚性赔偿创设之初便被赋予了填补侵权法一般损害赔偿责任无法救济之损害的基本机能，旨在为保障当法律提供的损害救济不足以完全弥补受害人遭受的全部损失时，填补所有损害超出法律救济的部分，实现侵权法所追求的损害完全填补的价值追求。例如，早期的惩罚性损害赔偿主要适用于诽谤、诱奸、恶意攻击、诬告等使受害人遭受名誉损失及精神痛苦的案件，惩罚性赔偿当时在很大程度上担负着弥补受害人精神痛苦之作用。[1] 19世纪中期，惩罚性赔偿兴盛于美国法，然而，由于当时美国法院并不承认精神损害的可救济性，惩罚性赔偿是故仍以填补侵权法未予司法救济的精神损害的姿态而稳固存在。[2] 20世纪以来，随着美国侵权责任法体系日臻完善，许多最初无法求偿的"无形损害"已经被纳入一般损害赔偿的范畴，但以无形损害救济为根本使命的惩罚性赔偿制度并没有因传统适用领域的灭失

---

〔1〕 王利明：《美国惩罚性赔偿制度研究》，载《比较法研究》2003年第5期。
〔2〕 申进忠：《惩罚性赔偿在我国环境侵权中的适用》，载《天津法学》2020年第3期。

而失去最初的损害赔偿之填补功能，相反，这一功能随着法制的演进与变革深刻拓展了其适用的广度与深度，找寻到更为适切的调整场域——社会性损害，顺利实现从填补私人无形损害的立场向填补社会性损害的一次功能进化。[1]

作为社会性损害的典型例证，生态环境损害呈现以生态服务功能受损为表征的纯粹性生态价值损害和以承载精神文化谱系为心灵寄托的内在的美学观赏价值损害的二元损害后果。之于前者，《民法典》第1234—1235条及有关环境法规范已对生态环境本身具有的生态价值进行了积极肯认并将生态环境损害纳入一般损害赔偿的救济范围。之于后者，生态环境所隐含或孕育的心灵慰藉与文化认同等难以用金钱进行衡量的社会性、公共性精神损害尚游离在一般侵权责任体系的规制范畴之外，即独立于生态环境所具有生态价值、承载着独特精神与文化价值的生态环境的无形损害未能被涵摄到法律赔偿范围之中，由此会导致赔偿责任提供的救济与环境污染行为造成的全部损害之间存在缝隙。对此，以社会性损害填补为新功能面向的惩罚性赔偿无疑具有弥合这一缝隙的功用，其能将受损生态环境所承载的文化与精神价值从难以获得充分救济的桎梏中解救出来，最终实现以私法制度救济环境公益的目的。[2] 江西省张某破坏三清山自然遗产民事公益诉讼案[3]与河北省石料公司损害古长城遗迹案[4]均对惩罚性赔偿所具有的填补受损社会利益的功能进行了司法确认，在填补了现行侵权法赔偿责任体系漏洞的同时，也从功能溯源视角对惩罚性赔偿具有

---

[1] 马新彦、邓冰宁：《论惩罚性赔偿的损害填补功能——以美国侵权法惩罚性赔偿制度为启示的研究》，载《吉林大学社会科学学报》2012年第3期。

[2] 孙佑海、张净雪：《生态环境损害惩罚性赔偿的证成与适用》，载《中国政法大学学报》2022年第1期。

[3] 参见江西省高级人民法院民事判决书，〔2020〕赣民终317号。

[4] 参见肖俊林《在长城保护地带加工石料，河北保定：检察机关提起公益诉讼涉案企业被判惩罚性赔偿》，载《检察日报》2021年10月11日第1版。

适用于生态环境损害救济场域的可能性进行了实践证成。

(二) 惩罚性赔偿具有"严惩"环境污染与生态破坏行为人的内生功能

传统侵权责任法体系下的损害赔偿将填平原则奉为圭臬，难以对环境侵权行为进行有效规制。然而，根据法律强制理论，若一个法律制度没有可以强制实施的惩罚手段，通常会被证明无力限制不合作的、反社会的因素，从而不能实现法律在社会中维持秩序与正义的基本职能。[1] 因此，一定程度上讲，法律的制裁功能才是法律生成的意义所在，无制裁则无法律。[2] 依循惩罚性赔偿创设之初的制度设计逻辑，惩罚性赔偿被赋予包括"填补原告、惩罚被告"多重复合型价值功能，它的提出有效弥补了填平原则威慑不足的缺憾，强化了法律的制裁意义。为了实现有效惩罚，美国法院在适用惩罚性赔偿确定赔偿金额时，往往适用"全部整体不法性"原则。所谓"全部整体不法性"是指法院在确定赔偿金额时，对行为不法性的判断并非单纯建立在被告人对原告的不法损害之上，而是建立在被告人实施此侵害行为对本案和"他案原告"的全部不法损害之上。[3] 我国学界在论述惩罚性赔偿制度时，大多也强调其在补偿性赔偿功能之外另一项重要的、特色性的制度功能在于"惩罚和制裁严重过错行为"[4]，即为了惩处与遏制不法行为，由法院综合受害人的损失情况、加害人恶意的主观程度等因素后所作出的要求支付一部分超出实际损害赔偿数额

---

[1] [美] 博登海默：《法理学：法律哲学与法律方法》，邓正来译，中国政法大学出版社2017年版，第365页。

[2] 邓恒：《专利侵权惩罚性赔偿制度的理论证成与规则修正》，载《中国应用法学》2022年第3期。

[3] 杨会新：《公益诉讼惩罚性赔偿问题研究》，载《比较法研究》2021年第4期。

[4] 王利明：《惩罚性赔偿研究》，载《中国社会科学》2000年第4期。

的决定,其重在对违法行为实施等量报复,是对道德层面报应论的法律遵循,旨在以一种令行为人感受到不愉悦甚或是痛苦的方式对行为主体予以责难与惩处。具化到生态环境损害赔偿领域,与惩罚性赔偿折射出的道德判断相一致的情况是:在国家立法已将生态环境利益纳入法律关照背景下,行为人违反法律规定故意实施污染环境与破坏生态的行为,本质是对生态环境功能服务价值与本身存在意义的漠视,也亵渎了法律的权威性。为此,将彰显法律制裁功能的惩罚性赔偿制度引入生态环境损害领域,不仅能对生态环境损害中的恶意侵权人进行严厉制裁,使恶意侵权人受到应有的道德谴责和相应的法律惩罚,而且可以突破对传统有体物损害赔偿方式下的矫正正义,避免企业因偷排污染物而获违法所得与违法成本制裁不相称现象的产生,最终实现公法上环境公益救济、惩恶扬善与社会秩序维护之目的。是故,惩罚性赔偿制度所具有的严惩环境违法行为的价值功用为其在生态环境损害中的适用提供了基本动力。

(三)惩罚性赔偿承担着对污染环境与破坏生态等不法行为的威慑功能

根据美国《侵权法重述》(第三版)第908节对惩罚性赔偿内涵的界定:所谓"惩罚性赔偿"是在补偿性赔偿或名义上的赔偿之外、为惩罚该赔偿交付方的恶劣行为并遏制他与相似者在将来实施类似行为而给予的赔偿。[1] 由此定义可知,惩罚性赔偿除了具有填补社会损害、制裁恶意行为人的违法行为等基本功能外,其第三重维度的功能在于通过惩罚机制有效威慑和阻吓当事人及其他人在未来不再从事类似违法行为的预防功能,即针对已经发生的损害,只是确立惩罚性赔偿的补偿与惩罚功能并不是完整的

---

[1] 刘超:《〈民法典〉环境侵权惩罚性赔偿制度之功能剖辨》,载《政法论丛》2022年第1期。

制度设计，还应通过惩罚性赔偿之威慑受罚对象这一终端功能的有效发挥以将行为人欲实施违法行为的"邪恶动机"扼杀于摇篮之中，毕竟对于任何侵权损害行为的发生，事前预防都要胜过事后的补偿或救济。[1] 对于惩罚性赔偿所具有的消解潜在侵权者投机心理的威慑效应，法律威慑理论与功利主义惩罚理论为其提供了充分的理论支撑。之于前者，其通过为违法行为设置法律后果的形式，为行为人创造在事前放弃违法行为的反向激励，旨在完全消除侵权人从事违法侵权行为的内在动机;[2] 之于后者，功利主义惩罚理论认为惩罚的目的包括以儆效尤、改过自新、使之无能和赔偿四个方面，[3] 在价值观上，其把惩罚当成一种预防未来损害发生而非积极进行事后救济的威慑工具。循此逻辑，惩罚性赔偿应定性为以"惩罚性"赔偿数额为名，以贯彻"完全赔偿"原则为实，以威慑未来侵权行为为价值依归的侵权责任制度设计。

现代风险社会，因应生态环境损害往往具有叠加性、不可逆转性的特征，拓展传统侵权责任法适用范围，将惩罚性赔偿所具有的威慑功能引申至生态环境损害救济领域具有一定的合理性与可行性。一方面，生态环境损害惩罚性赔偿制度的创设适配于我国生态文明建设的实际需要，其通过科以违法者高于生态环境实际损失的赔偿金，增加了故意破坏环境行为人的违法成本，使其因无利可图而失去了内在的驱动力，也可警示其他潜在的污染者、生态破坏者不能实施类似的行为，回应《民法典》第1232条"环境损害赔偿数额较低，往往不足以弥补实际损害，更难以震慑企

---

[1] 孟穗、柯阳友：《论检察机关环境民事公益诉讼适用惩罚性赔偿的正当性》，载《河北法学》2022年第7期。
[2] 戴昕：《威慑补充与"赔偿减刑"》，载《中国社会科学》2010年第3期。
[3] 朱晓峰：《功利主义视角下惩罚性赔偿规则的完善——以民法典编纂为契机》，载《吉林大学社会科学学报》2017年第6期。

业排污行为"立法背景[1]的同时,也有利于实现环境法风险预防原则所追求的从源头遏制环境污染与生态破坏行为发生之目的;另一方面,生态环境损害惩罚性赔偿制度通过借助私法机制之威慑功能的有效发挥,能够弥补环境公法行政处罚乏力、威慑效果有限的弊端,即在公法规制环境违法行为不力时,惩罚性赔偿可作为公法手段的必要补充,通过公私法协动的形式共同致力于生态环境公益秩序的维护。

四 生态环境损害惩罚性赔偿制度的理论面向:"有机整体主义"思想的指引

如何与自然和谐相处一直是人类社会诞生以来面临的一个极为重要的伦理与道德问题。对于此问题的认识先后衍生出两种截然对立的思想观点,一种是"一切活动以人的利益得到满足为根本出发点,生态环境利益的考量处于边缘地位"的"人类中心主义"思想,该思想发轫于公元5世纪古希腊哲学家——普罗泰戈拉提出的"人是万物的尺度,是存在的事物存在的尺度,又是不存在的事物不存在的尺度"[2];另一种是强调生态环境本身具有诸多价值、以化解20世纪以来出现的严重环境危机为价值依归的"生态中心主义",它对人类中心主义进行了深刻的批判,提出了新的确立环境与自然固有价值及权利的环境伦理思想[3]。然而,作为两种过于偏颇与激进的伦理思想,"人类中心主义"和"生态中心主义"均是建立在单向度逻辑之上的对人类利益与环境价值

---

[1] 黄薇:《民法典解读——人格权编、侵权责任编》,中国法制出版社2020年版,第251页。

[2] 北京大学哲学系外国哲学教研室:《古希腊罗马哲学》,商务印书馆1961年版,第138页。

[3] 许健、周文虎:《生态伦理观与法律本位》,载《天津大学学报》(社会科学版)2007年第2期。

的感性认知，割裂了人类与环境之间的固有联系，无法从整体上平衡好私益和公益间的内在关系，自然也难以从根本上为环境立法提供适切且周延的价值理念支撑。有基于此，介于两种学说之间并融通了两种理论合理成分，同时吸收我国传统"天人合一"思想智慧和生态伦理学中同构性理念[1]的一种更富德行的生态伦理观——"有机整体主义"思想应运而生。作为根植于马克思对生态环境与人文关系科学认知的理性学说，"有机整体主义"思想以实现人与自然的"共同福祉"为价值依归，强调将人的"善"融入对自然资源的开发利用中，[2]给予生态环境与个人私益同等的现实观照。从某种意义上讲，"有机整体主义"为调整人与自然的关系提供了更为具体的价值指引，该指引映射到环境法律演进规律中即体现为：环境立法在对个人私益损害进行积极救济的同时，亦应为大自然的权利保障提供法律支撑，即在理论上将对"生态环境损害"的救济力度提升至对"人损害"救济的同等层级，以确保同构、守衡正义的实现[3]与环境立法之社会效益与生态效益的统一。

具体到生态环境损害惩罚性赔偿制度的具体建构这一问题上，如果仅将惩罚性赔偿适用于环境侵权导致的私益救济领域，其会导致环境侵权二元后果救济的体系缺漏，毕竟环境侵权行为在后果模式上呈现"侵权行为—生态环境损害"与"侵权行为—生态环境损害—人身与财产损害"两种实践样态，且在这一样态下，根据环境侵权的传导效应，生态环境损害才是环境污染与生态破坏行为的直接承受者。然而，在《民法典》侵权责任编现有立法

---

[1] 王灿发：《论生态文明建设法律保障体系的构建》，载《中国法学》2014年第3期。

[2] 王灿发、黄鹏辉：《环境污染责任保险承保生态环境损害的理性审视》，载《湖南师范大学社会科学学报》2021年第3期。

[3] 江山：《再说正义》，载《中国社会科学》2001年第4期。

体系下，环境侵权二元后果在惩罚性赔偿责任承担层面并未实现救济的同步，原因在于：因应惩罚性赔偿在民法体系中的私法制度属性，环境侵权私益主体不言而喻地享有惩罚性赔偿诉讼请求权，但《民法典》第1234—1235条规定的生态环境损害赔偿与修复在责任承担上只是以损害填补和恢复原状为价值旨趣，并不带有惩罚的责任属性。对此，为避免环境侵权二元后果惩罚性赔偿责任救济失衡局面的出现，防止生态环境公益损害导致规模更大、范围更广的私益损害结果的发生，有必要将以私法机制执行公法功能的惩罚性赔偿的适用范围扩展至环境公益领域，而以"协调人与自然关系为灵魂、以统筹推进个人利益与自然权利保障为使命"的"有机整体主义"无疑能为生态环境损害纳入惩罚性赔偿范围的现实转化提供思想支撑与价值指引。

五 生态环境损害惩罚性赔偿制度的司法进路：限制适用模式的进阶展开

《民法典》第1232条为生态环境损害惩罚性赔制度的司法适用奠定了坚实法律根基，但囿于惩罚性赔偿缘起于私法领域的本质属性，在生态环境损害惩罚性赔偿的司法适用方面，将其适用于环境民事公益诉讼还不能完全照搬环境侵权私益诉讼的模式，而应对惩罚性赔偿在环境民事公益诉讼中的适用进行必要的限制，即开辟私法属性笼罩下的惩罚性赔偿纳入环境公益保护的限制适用模式。该模式应从以下三重维度的内容予以进阶展开：针对生态环境损害惩罚性赔偿与环境行政处罚之间可能存在的重叠问题，确保以司法谦抑性为前提，处理好司法权与行政权的关系，实现行政权和司法权在生态环境损害救济上的良性互动；严格厘定生态环境损害适用惩罚性赔偿的构成要件，提高惩罚性赔偿责任在生态环境损害中的适用门槛；科学确定生态环境损害惩罚性赔偿的具体数额，推动生态环境损害惩罚性赔偿制度在司法实践中落地生根。

（一）逻辑前提：生态环境损害惩罚性赔偿与环境行政处罚的妥善协调

在对生态环境损害具有适用惩罚性赔偿之可行性进行了基本证成后，生态环境损害惩罚性赔偿在司法适用中面临的首要问题是：如何对以"'补偿性赔偿部分'+'相应的惩罚性赔偿部分'"[1]为形式载体的生态环境损害惩罚性赔偿与环境行政处罚间存在的重叠问题进行纾解与回应。对此，学界目前形成了"生态环境损害惩罚性赔偿与惩罚性环境行政罚款同时适用"和"惩罚性环境行政罚款排除生态环境损害惩罚性赔偿适用"两种学说。前者以惩罚性赔偿金与惩罚性行政罚款在责任属性、款项用途及处罚上限设置等方面存在本质差别为立论，主张惩罚性环境行政罚款可以作为确定民事惩罚性赔偿数额时的酌定因素，[2]但对生态环境损害的惩罚性行政处罚并不排斥企业生态环境损害惩罚性赔偿责任的承担，"徐州市人民检察院诉徐州市鸿顺造纸有限公司环境民事公益诉讼案"[3]即是这一观点的典型例证；后者则以生态环境损害惩罚性赔偿责任与环境行政处罚等公法责任具有功能上的同质性为缘由，认为二者的同时适用可能存在对同一环境违法行为进行重复处罚之嫌疑，造成处罚结果与环境违法行为社会危害性不匹配、违反"一事不再罚"基本原理的同时也会使涉事企业的合法权益陷入无从保障的被动境地。

对于这一问题，笔者更青睐第二种观点。法律根源在于：从

---

[1] 最高人民法院民法典贯彻实施工作领导小组主编：《中华人民共和国民法典侵权责任编理解与适用》，人民法院出版社2020年版，第191页。

[2] 李春妮：《环境侵权惩罚性赔偿责任条款的法律适用研究》，载《江西理工大学学报》2021年第6期。

[3] 参见江苏省高级人民法院民事判决书，〔2016〕苏民终1357号。

本质上来讲,《民法典》确立的生态环境损害惩罚性赔偿与《环境保护法》规定的环境行政处罚具有价值旨趣层面的同质性或功能上的重合性。基于《行政处罚法》规定的"一事不再罚"原则,即避免出现生态环境破坏案件中的当事人因一事由同时遭受环境行政罚款与环境公益诉讼给付惩罚性赔偿金的二罚结果,防止二次处罚程序启动对法律可预测性与安定性的冲击,更好保护企业的发展利益,有必要妥善安排生态环境损害惩罚性赔偿与环境行政处罚的适用逻辑,构建"以环境行政处罚为主导、以环境公益诉讼惩罚性赔偿为补充"的生态环境损害救济模式。具言之,基于环境问题的负外部性,因应环境治理中行政机关在专业技术、规模经济、人才保障及时间维度上所具有的专业性、主动性、灵活性和高效性等诸多优势,行政监管一直主导着环境治理的手段选择,我国环境法规范也呈现"行政管理法"的规范属性,即以行政监管作为我国环境法律制度建构的逻辑基础。[1] 较于行政处罚长期以来确立的优先地位与主导优势,司法因其内在的克制主义传统而笼罩着浓厚的谦抑性色彩,其与行政监管并非此消彼长的竞争关系,而是发挥着功能互补之作用。行政与司法的本质特征决定了在处理生态环境损害惩罚性赔偿与环境行政处罚间存在的重叠问题时,应将《环境保护法》第59条创设的、旨在规制环境违法行为的连续按日处罚等公法手段置于首位,在行政监管缺位或乏力时,适用于环境公益诉讼的惩罚性赔偿制度或许能够堪当重任。是故,为避免企业担负过重的经济责任,在"一事不再罚原则"的硬性约束与指引下,在生态环境损害适用惩罚性赔偿的司法进路过程中,应尊重行政权的主导性,在既有的公法责任

---

[1] 张璐:《中国环境司法专门化的功能定位与路径选择》,载《中州学刊》2020年第2期。

体系内可以实现的任务，无须借道惩罚性赔偿制度，以免增加负累，[1] 同时也可以避免生态环境损害救济中产生司法权入侵行政权之嫌；只有当公法规制失灵时，才应启动生态环境损害惩罚性赔偿诉讼，以体现司法权的适应性调整机理，[2] 发挥好司法介入对行政监管的辅助作用与补充功能。

（二）责任证成：生态环境损害惩罚性赔偿构成要件的严格厘定

行政权与司法权虽然同为国家治理公共事务的基本权能，但二者在属性上存在"质"的差别。行政权是管理权，具有主动性；司法权属于判断权，具有被动性。[3] 以此为基础，为确保行政权在生态环境损害救济中得到优先且充分的行使，避免司法权对行政权过分介入导致的司法权滥用现象的发生，应严格限定生态环境损害惩罚性赔偿制度的适用条件，提高生态环境损害惩罚性赔偿责任的适用门槛。对此，《民法典》第1232条对生态环境损害适用惩罚性赔偿的责任成立要件进行了严苛性规定，包括行为人在主观过错上存在"恶"的"故意"、侵权行为在客观上存在违反生态环境法律规定的"违法性"及违法行为导致损害后果"严重性"三个维度内容，一定程度上可预防生态环境损害赔偿实践中无条件推行惩罚性赔偿制度。然而，从立法技术来看，《民法典》第1232条在性质上属于不完全条款，其对主观过错、行为模式以及法律后果等法律规范的构成要素作了较为粗陋的规定，因此需结合有关立法和制度功能对《民法典》第1232条规定的生态环境

---

[1] 吴卫星、何钰琳：《论惩罚性赔偿在生态环境损害赔偿诉讼中的审慎适用》，载《南京社会科学》2021年第9期。

[2] 张百灵：《预防性环境行政公益诉讼的理论基础与制度展开》，载《行政法学研究》2021年第6期。

[3] 孙笑侠：《司法权的本质是判断权——司法权与行政权的十大区别》，载《法学》1998年第8期。

损害惩罚性赔偿责任构成要件进行具体阐释和规则细化，以保证类案类判，增强生态环境损害惩罚性赔偿在司法适用中的可操作性。

1. 生态环境损害侵权人在主观层面存在"故意"

《民法典》第1232条确立的生态环境损害惩罚性赔偿作为惩罚性赔偿制度在生态环境领域的拓展应用，其主观构成要件的认定应遵循我国惩罚性赔偿法律体系内部的规则构造，具言之：无论是《民法典》第1185条与第1207条首次以基本法的形式增设知识产权侵权与产品质量侵权适用惩罚性赔偿的规定，还是在此之前诸如《消费者权益保护法》《食品安全法》《种子法》《反不正当竞争法》等特别法对惩罚性赔偿制度的适用限制，均以"故意""欺诈"或"明知"等主观样态作为法律规范的基本构成要素。是故，为实现法律体系内部逻辑的自洽性，且根据《民法典》第1232条的语义呈现与惩罚性赔偿的功能定位，应将生态环境损害惩罚性赔偿责任承担者的主观过错限定在"故意"这一单一心理形态上，而排除有的学者所主张的惩罚性赔偿在重大过失层面的适用。[1] 所谓故意，指的是行为人"明知""预见"或"确信"损害结果或危险性会或基本上会发生，且对结果持"欲求""默许"或"接受"的态度，其体现了强烈的反道德性，本质是对"恶"的认识和对"恶"的追求或纵容。[2] 正如梅迪库斯所指出，故意系指明知并想要发生以法定构成要件为决定性的事态，[3] 包括认识要素与意志要素。其中，认识要素指行为人对其违法行为

---

[1] 杨立新、李怡雯：《生态环境侵权惩罚性赔偿责任之构建——〈民法典侵权责任编（草案二审稿）〉第一千零八条的立法意义及完善》，载《河南财经政法大学学报》2019年第3期。

[2] 叶名怡：《侵权法上故意与过失的区分及其意义》，载《法律科学》（西北政法大学学报）2010年第4期。

[3] 转引自李世阳《故意概念的再定位——中国语境下"盖然性说"的展开》，载《政治与法律》2018年第10期。

有所认知，意志因素则指行为人对其违法行为导致后果的放任或决意。[1] 映射到生态环境损害领域，生态环境损害适用惩罚性赔偿责任构成要件之"主观故意"的判定标准既可从已经生效的司法判决中得到验证，如江西浮梁案中，涉事公司生产部经理明知对方无危险物处理资质仍交由其处理，放任了污染环境危害结果的发生，生态环境侵权人具有主观上的"间接故意"。同时，《解释》也为生态环境损害惩罚性赔偿制度中"故意"的认定提供了明确指引：侵权人的故意应当根据侵权人的职业经历、专业背景或者经营范围，因同一或者同类行为受到行政处罚或者刑事追究的情况，以及污染物的种类，污染环境、破坏生态行为的方式等因素综合判断。例如：我国环境法规范已经通过列举方式对一些环境污染与生态破坏的行为进行了明令禁止，行为人被科以刑事制裁或行政处罚后仍多次从事此类违法行为的，应认定其具有主观上的"恶意"，符合生态环境损害惩罚性赔偿主观"故意"的构成要件和判断标准。相比之下，重大过失是指行为人认识到损害或危险的可能（非必定）发生；同时，行为人也不希望结果发生，[2] 这种"不欲"的内部构造与"故意"流露出来的心理状态存在巨大差异，其违反了社会相当性判断标准的"一般注意义务"[3]，因而不具备道德可责难性。有基于此，惩罚性赔偿将故意与重大过失进行主观归责上的区分，能够实现生态环境损害惩罚性赔偿预期的制度功能，也可避免对重大过失行为施以惩罚性赔偿后可能导致的利益失衡现象的发生。

---

[1] 程啸：《侵权责任法》，法律出版社2015年版，第264页。
[2] 叶金强：《论过错程度对侵权构成及效果之影响》，载《法商研究》2009年第3期。
[3] 王利明：《我国〈侵权责任法〉采纳了违法性要件吗?》，载《中外法学》2012年第1期。

2. 生态环境损害行为具有"违法性"

当前，我国民事侵权领域的通说对责任证成要件之违法性要件的独立性持否定态度，如知识产权侵权与产品责任侵权在适用惩罚性赔偿时均对违法性要件进行了舍弃。然而，《民法典》第1232条生态环境损害惩罚性赔偿条款中"违反法律规定"的表述首次以实体法的形式对责任构成要素之"违法性要件"进行了肯认。此外，《解释》第4条亦在规范层面为生态环境损害惩罚性赔偿诉讼中违法性要件的独立性提供了法律证成——"被侵权人主张侵权人承担惩罚性赔偿责任的，应当提供证据证明以下事实：（一）侵权人污染环境、破坏生态的行为违反法律规定"。对于惩罚性赔偿责任构成之违法性要件在侵权法体系下呈现的不同话语权，根源在于民法不同场域对惩罚性赔偿违法性要件的内涵与定位存在理解上的差异，由此形成了"侵害权利的行为原则上因符合构成要件而征引违法性"[1]的"结果不法理论"与"法律规范只能针对人的行为作出违法性判断，而不能单纯将损害后果作为认定违法性对象"[2]的"行为不法理论"。之于前者，《民法典》第1185条与第1207条规定的知识产权侵权惩罚性赔偿条款与产品责任惩罚性赔偿条款虽然均未以明文形式叙明违法性要件，但采用"侵害他人知识产权，情节严重""没有依据前条规定采取有效补救措施"的表述来证成惩罚性赔偿责任的成立，这种在有损害发生的情况下违法性无须单独证明的立法表达即是以"结果不法"的形式实现对侵权责任构成要件中违法性要素的认定；之于后者，我们处在一个与风险共存的社会，作为现代风险之一的环境风险因本身具有的不可预测性、后果延展性

---

[1] 王泽鉴：《侵权行为法》（第1册），中国政法大学出版社2001年版，第261页。

[2] 柳经纬、周宇：《侵权责任构成中违法性和过错的再认识》，载《甘肃社会科学》2021年第2期。

等特征使人类社会系统和生态环境系统处于一种不安全的危机状态。[1]《民法典》第1232条规定的生态环境损害惩罚性赔偿即是通过发挥具有威慑功能的惩罚性赔偿制度以阻止正在发生或可能发生的损害环境公共利益行为，从而实现其规制面向未来的环境风险的效用。是故，生态环境损害惩罚性赔偿构成要件所指向的"违反法律规定"应理解为生态环境侵权人所实施行为具有不法性，这也契合"行为不法"理论所折射出的"通过发挥法律指引和预测作用，从而使行为人对其生态环境损害行为及法律后果形成预期"的价值旨趣。

在对生态环境损害惩罚性赔偿"违法性要件的独立性"进行了基本证成后，接下来需要解决的是违法性要素中"法"的范围如何界定的问题。对此，学界目前较为流行的观点有：梁勇、朱烨等教授认为应对此处的"法律"作进一步的限缩解释，其仅指环境与资源保护法律，以《环境保护法》《水污染防治法》等专门性法律为限；[2] 以孙佑海教授为代表的学者认为"在认定污染环境、破坏生态的行为是否违反法律规定时，应以法律、行政法规、地方性法规为依据，同时可以参照规章"，理由是以行政法为代表的法律部门与生态环境损害法律救济密切相关，而《行政诉讼法》第63条第3款已经明确规定"人民法院审理行政案件，参照规章"；[3] 陈伟等教授认为：在"行为不法理论"指导下对第1232条"违反法律规定"中"法律"意涵进行解释时，一方面应当尽量采取限缩解释的方法以避免生

---

[1] 章楚加：《环境风险规制中的民意困局及其破解》，载《中南大学学报》（社会科学版）2021年第1期。

[2] 梁勇、朱烨：《环境侵权惩罚性赔偿构成要件法律适用研究》，载《法律适用》2020年第23期。

[3] 李艳芳、张舒：《生态环境损害惩罚性赔偿研究》，载《中国人民大学学报》2022年第2期。

态环境侵权惩罚性赔偿制度落入重罚主义的窠臼，另一方面需要考虑对惩罚性赔偿的适用进行限制是否会影响其在回应生态环境保护的现实需求时所预期达到的效果；[1]还有学者主张"特别法中违反相关法律的要求及对相关国家标准的违反也是对加害行为违法性的确定标准"[2]。对此，笔者认为：基于对"重罚主义"的反思和预防，为实现生态环境侵权惩罚性赔偿在司法中的限制适用，维护制度设计的利益平衡，应当对第1232条"违反法律规定"这一要素的内涵进行积极限缩，即将其界定为全国人大及常委会制定的与生态环境保护有关的法律和国务院颁布的行政法规的规定。

3. 生态环境损害行为造成的结果具有"严重性"

在侵权行为法中，损害后果（损失）的大小往往是衡量侵权行为轻重的一个重要指标，[3]也是构成侵权法律责任承担的基本判断要素之一。作为启动生态环境损害惩罚性赔偿制度的最后一层过滤机制，生态环境损害在侵权责任构成要件之后果维度上需满足"严重性"的客观要求。然而，作为一个诠释损害程度的法律概念，生态环境损害惩罚性赔偿诉讼中的"严重后果"面向的是更多的不确定性，即生态环境损害后果需达到何种严重程度才能纳入惩罚性赔偿的规制范畴？对于生态环境损害惩罚性赔偿司法实践存在的这一标准认定缺失难题，《解释》第8条提供了具有一定可操作意义的规则参照："严重后果"应当根据污染环境、破坏生态行为的持续时间、地域范围，造成环境污染、生态破坏的

---

[1] 陈伟、冯佳琪：《生态环境侵权惩罚性赔偿违法性要件的二元结构》[J/OL]，载《南京工业大学学报》（社会科学版）。

[2] 蔡唱：《〈中华人民共和国民法典〉背景下环境侵权违法性研究》，载《吉林大学社会科学学报》2021年第1期。

[3] 朱广新：《惩罚性赔偿制度的演进与适用》，载《中国社会科学》2014年第3期。

范围和程度以及造成的社会影响等因素综合判断。囿于该项规范所论述的"严重性"判断标准仍较为模糊与笼统，在尚未颁布相关民事法律规定的境况下，笔者认为应从以下两个维度对"严重后果"的识别标准进行科学界定：一方面，应对《解释》规定的概括性内容进行具体化阐释或类型化区分。具言之，在生态环境损害发生的地域范围层面，惩罚性赔偿责任构成要件之"后果严重性"应限定在对生态敏感区、饮用水水源保护区、自然保护地核心保护区等国家重点保护区域或国家确定的重要江河、湖泊水域造成损害；[1] 在生态环境损害的程度层面，此种损害应限于生态环境功能出现难以自我修复的永久性破坏或者不可逆转的恶变，[2] 如生态环境损害对生态保护红线所要求的最低安全需求限度、最低可恢复限度、最低可容忍限度的僭越与突破；[3] 在生态环境损害造成的社会影响层面，适用惩罚性赔偿的严重后果应在地区或者全国范围内产生轰动效应与负面影响。另一方面，基于环境刑罚与生态环境损害惩罚性赔偿在功能上具有的同一性，在国家尚未出台实际可操作的严格厘定的生态环境损害"严重后果"判断规则的情况下，司法机关在审理生态环境损害惩罚性赔偿案件时可参照最高人民法院与最高人民检察院联合发布的为环境犯罪法律适用提供规则指引的《关于办理环境污染刑事案件适用法律若干问题的解释》，以为惩罚性赔偿构成要件之"严重后果"的认定提供可借鉴性依据。其中，该解释的第1条、第3条分别对环境违法行政"严重污染环境"的17种情形和环境犯罪导致"特别

---

〔1〕 李艳芳、张舒：《生态环境损害惩罚性赔偿研究》，载《中国人民大学学报》2022年第2期。

〔2〕 孔东菊：《论环境侵权惩罚性赔偿制度的构建——以惩罚性赔偿的社会性损害填补功能为视角》，载《行政与法》2016年第2期。

〔3〕 曹明德：《生态红线责任制度探析——以政治责任和法律责任为视角》，载《新疆师范大学学报》（哲学社会科学版）2014年第6期。

严重后果"的12种情形进行了详细列举。需要指出的是，无论是从哪个层面对"严重后果"予以界定，都需要综合运用科学技术和专业知识对其进行量化评估，同时确定生态环境的修复方案与惩罚性赔偿金的计量数额。

（三）结果面向：生态环境损害惩罚性赔偿金的科学认定

生态环境损害惩罚性赔偿在司法适用中的终局面向为如何科学合理地确定惩罚性赔偿金的内容与计算方法，这既事关惩罚性赔偿威慑功能能否顺利实现，也可避免非理性惩罚性赔偿引发的权利人滥诉现象的发生。对此，《民法典》第1232条以较为含混的措辞表达——被侵权人有权请求"相应的"惩罚性赔偿，为生态环境损害领域惩罚性赔偿金内容与计算方法的确定预留了一定的法律解释空间。其中，就惩罚性赔偿金的内容方面，其关涉的是生态环境损害后以什么为参照因素来请求惩罚性赔偿，解决的是惩罚性赔偿的"基数"选择问题；就惩罚性赔偿金的计算方法而言，它面向的是在合理确定了惩罚性赔偿的"基数"后惩罚数额以多少货币化形式展露的问题，指向的是惩罚性赔偿的"倍数"设置标准。之于前者，《解释》第12条已经作出了规则性指引，"环境公益诉讼参照适用惩罚性赔偿的，应当以生态环境受到损害至修复完成期间服务功能丧失导致的损失、生态环境功能永久性损害造成的损失数额作为计算基数"，即以《民法典》第1235条第（一）、（二）项内容为基准对惩罚性赔偿的范围进行了规范认定，这与《民法典》在知识产权侵权与产品责任侵权等领域适用惩罚性赔偿时采用的基数选择具有内在耦合性，也体现了《民法典》惩罚性赔偿制度体系内部逻辑构造的客观一致性；遗憾的是，在惩罚性赔偿的"倍数"设置上，《解释》并未给出明确的计算方式，以至于司法实践中出现了0.1—3倍形式各样、数额不等的计算方式，例如浙江首例适用污染环境惩罚性赔偿条款案采用了0.3倍的惩罚性赔偿金额，[1] 江西省浮梁县人民检察院诉浙江海蓝化工集团有限公司环境污染民事公益诉讼案设立了3倍的处罚范围，判令海蓝公司承担环境污染惩罚性赔偿金171406.35元[2]等。此外，在《民法典》起草过程中，有关部门和学者也提出很多方案，有的建议规定为补偿性赔偿金的2倍或者3倍；有的建议参考《消费者权益保护法》第55条的规定，设立最低赔偿额；有的建议设立赔偿额上限，防止生态环境损害天价赔偿金的出现。[3] 但由于惩罚性赔偿具体数额的确定是一个需要综合考量被告主观过错程度、侵权行为的情节严重程度等因素的动态的利益衡量过程，《解释》制定时立法者对此故意进行了"规则留白"，以赋予司法机关在审理具体的生态环境损害惩罚性赔偿案件过程中享有更多的自由裁量权。对此，笔者认为，为保证生态环境损害惩罚性赔偿制度在我国的审慎适用，且出于对企业长远发展利益的维护，结合当前我国司法实践中对惩罚性赔偿"倍数"设置的有益探索，生态环境损害惩罚性赔偿的金额范围应采用"倍率封顶式"计算方式，如《消费者权益保护法》第55条第2款规定受害人"有权要求所受损失二倍以下的惩罚性赔偿"，即对惩罚性赔偿的倍数"上限"予以严格限制而不设"下限"，通过赋予法官一定自由裁量权，以保证倍数区间兼顾经济发展与环境保护二者整体利益协同的同时增强判决规则的可预测性和可适用性。

---

[1] 浙江青田案，参见《浙江首例适用污染环境惩罚性赔偿条款案宣判》，中国新闻网，https://baijiahao.baidu.com/s?id=17079720577663 08456，最后访问日期：2022年7月2日。
[2] 参见江西省浮梁县人民法院民事判决书，[2020]赣0222民初796号。
[3] 黄薇：《中华人民共和国民法典释义》（下），法律出版社2020年版，第2396页。

六 结语

将生态环境损害纳入《民法典》惩罚性赔偿责任范围是对环境侵权二元后果救济失衡现象的一次有益矫正，适配于我国生态文明体制改革的伟大实践，是对习近平生态文明思想之"严密法治观"的积极映射，具有坚实的理论根基和强大的生成动力。然而，囿于惩罚性赔偿缘起于私法领域的本质属性，将其纳入环境公益损害救济时，应采取谨慎的态度，不可无限扩大。在行政罚款特别是按日计罚与惩罚性损害赔偿可以同时适用时，应尊重行政权的主导性，采取行政罚款优先适用的原则。只有当公法规制失灵时，才可适用生态环境损害惩罚性赔偿。在惩罚性赔偿的构成要件方面，应当以故意为必要条件，对过失行为，包括重大过失，都不应适用生态环境惩罚性损害赔偿。对于"违反法律规定"，应当限定在违反全国人大及其常委会通过的法律和国务院的行政法规，而不应把"法律"的范围扩大到一切具有规范性的文件，包括地方性法规和部门规章。对于"后果严重性"应限定在对生态敏感区、饮用水水源保护区、自然保护地核心保护区等国家重点保护区域或国家确定的重要江河、湖泊水域造成损害，且此种损害应限于生态环境功能出现难以自我修复的永久性破坏或者不可逆转的衰变；生态环境损害造成的社会影响"后果严重"也应限制在地区或者全国范围内产生轰动效应与负面影响。对于生态环境损害惩罚性赔偿的数额，应当采用"倍率封顶式"计算方式，即对惩罚性赔偿的倍数"上限"予以严格限制而不设"下限"，并赋予法官一定自由裁量权，以适应不同地域和各种复杂情况的需要。

环境行政处罚与生态环境损害赔偿诉讼的协同机制研究[*]

郭 武 马 航[**]

为推进国家的治理体系与治理能力现代化,并实现我国全面深化改革之目标,党的十八届三中全会通过了《中共中央关于全面深化改革若干重大问题的决定》,明确提出要对生态环境的损害者实施更为严格的赔偿制度。此后,《生态环境损害赔偿制度改革试点方案》(以下简称《试点方案》)和《生态环境损害赔偿制度改革方案》以下简称(《改革方案》)应运而生,这不仅标志着国家对生态环境的保护进入新的阶段,为实现"环境有价,损害担责"迈出了重大的一步;[1]同时也为多年来政府在面对生态环境损害事件过程中存在的不足提供了新的思路。至此,在应对生态

---

[*] 基金项目:2019年中宣部宣传思想文化青年英才自主选题项目"中国生态环境司法制度完善研究";2018年陇原青年创新创业人才项目"环境审判'甘肃模式'对中国环境司法专门化的贡献";甘肃省教育厅"双一流"科研重点项目(项目编号:GSSYLXM - 07)。

[**] 郭武,法学博士、博士后,甘肃政法大学教授;马航,甘肃政法大学硕士研究生。

〔1〕 林潇潇:《论生态环境损害治理的法律制度选择》,载《当代法学》2019年第3期。

环境损害案件时，政府便有了环境行政处罚与生态环境损害赔偿诉讼两条道路可走了。那么，如何合理、高效地使用这两种手段以全面实现生态环境的救济与保护，成为当下值得关注的重点。为此，本文试图找出政府在实际运用过程中存在的问题，分析这些问题产生的原因并提供对应的解决思路。

一 环境行政处罚与生态环境损害赔偿诉讼之间的适应冲突

（一）环境行政处罚与生态环境损害赔偿诉讼实践中准据法的缺失

生态环境损害赔偿诉讼的出台，是政府在保留原先"损害—处罚"模式不变的情况下，新增的一套"损害—赔偿"模式以遏制日渐猖獗的生态环境损害行为。其主要目的是治理和修复受损的生态环境，即更加侧重于对环境本身的保障。相较于原先行政处罚中重"罚"不重"赔"的方式，生态环境损害赔偿诉讼有其独特的价值与意义。具体来说，当行政处罚在面对巨额的损害修补费用显得力不从心时，生态环境损害赔偿诉讼得以加入其中，将损害者对生态环境的破坏视作一种特殊的侵权，并以恢复原状作为诉讼之目的进行展开，从而让损害者的赔偿数额与造成的损害直接挂钩。[1]

因此，环境行政处罚与生态环境损害赔偿诉讼之间应当是一种关联和互补的关系。但由于目前缺乏具体法律文件的指引，导致鲜有政府能真正综合地运用二者解决生态环境损害问题，而更多呈现一种"非此即彼"的单一选择模式。值得注意的是，政府在面对生态环境损害案件时的路径选择可能会随着地区发展状况、

---

[1] 王树义、李华琪：《论我国生态环境损害赔偿诉讼》，载《学习与实践》2018年第11期。

政策引导等影响而发生改变,这种受外界因素左右而作出的选择会带来许多的问题：受损的环境有得不到彻底救济的风险,即政府可能会因考虑到造成污染的企业对城市发展带来的巨大经济价值,而仅处以简单的罚款或责令停止等行政手段以示警告,使企业逃过本应由其承担的环境修复责任；反过来看,对通过行政处罚手段就能达到环境保护目的的案件,政府也可能受政策鼓励的影响而小题大做地选择诉诸法院,在浪费司法资源的同时也不利于损害的及时修复。

由于政府会基于不同的价值考量而作出相反的路径选择,因此,还可能导致在面对相似的生态环境损害案件时出现"同案不同判"的情况。例如,同样是工业排放造成的环境污染且损失也大致相当,在某市仅需缴纳数万罚款的情况下,邻市却可能面临上百万的环境修复费用。这种不平等既反映出当下相关法律规定的不完善,也容易造成相应的社会矛盾。

（二）环境行政处罚与生态环境损害赔偿诉讼实践中司法权对行政权的僭越

生态环境损害赔偿诉讼的出台,在本质上是国家强调行政私法化、司法政治化和公私法协同化的缩影与体现。[1] 但这并不意味着行政权与司法权之间是没有界限的。事实上,行政权作为一种管理权,具有高效性、主动性、灵活性和专业性,因此对法律事实的判断更为准确与便捷,适合在第一时间去解决问题；而司法权只是一种监督权,其谦抑性、中立性等特点决定了它更适合处在"最后一道防线"的位置,从而使二者达到一种"功能互补"的作用。

但就目前实践来看,即使许多环境损害案件通过环境行政处

---

[1] 张辉：《环境行政权与司法权的协调与衔接——基于责任承担方式的视角》,载《法学论坛》2019年第4期。

罚就能得到解决，可政府却仍希望进入生态环境损害赔偿诉讼的轨道。这种刻意使用司法途径解决问题的做法既混淆了行政权与司法权之间的边界，也确有利用司法机关审判权代替行政机关执法权的嫌疑，使司法权超越了与行政权之间的边界从而造成对政府权力的侵蚀；同时也会产生政府怠于行使其环境监管职能的怀疑，即政府是否将原本属于自己职责范围内的事务推诿给法院去完成。

此外，在面对环境损害问题时，刻意追求司法途径而淡化行政手段，从而让司法机关直面问题本身，既容易造成不同主体在角色分工过程中的混乱，也可能导致对有限司法资源的严重浪费。因此，如果行政权能够有效地解决问题，那司法权理应避免介入。[1] 就算行政权不能彻底解决问题，也应当在穷尽行政手段之后再请求司法权介入。可当前行政机关放弃对其法定行政监管职责之行使而直接诉诸司法救济，或者司法机关跃过行政机关而直接介入公共事务的情况却屡见不鲜，这是亟待解决的问题。

（三）环境行政处罚与生态环境损害赔偿诉讼实践中适用的错位与混乱

在一个生态环境损害的案件中，政府可能需要扮演三个不同的角色——行政处罚中强势的监管者，磋商过程中平等的协商者，以及诉讼过程中对立的起诉人。这种"强势—平等—对立"的地位转变确实难以把握，因此容易出现政府角色错位与混乱的情况。比如，政府一旦认为只通过行政处罚不足以弥补行为人所造成的损害，从而选择启用生态环境损害赔偿诉讼，那么在诉前的磋商阶段政府就应该去平等地与行为人就损害与赔偿等问题进行协商。但在实践中，政府通常很难从之前行政监管者的角色中抽离出来，

---

[1] 彭中遥：《论政府提起生态环境损害赔偿诉讼的制度空间》，载《华中科技大学学报》2021年第4期。

导致整个协商过程往往只存在形式上的平等，而事实上损害者却仍旧处于绝对弱势的地位并很难与政府进行平等的对话与沟通，从而使磋商的结果大打折扣。

政府角色的混乱还体现在整个诉讼过程中。依照《推进绿色文明建设与绿色发展的意见》的说法，政府是"基于国家自然资源所有权提起的生态环境损害赔偿诉讼"，但并非所有类别的自然资源都可以归于国家所有，如空气、阳光等自然资源是无法被视作私有化财产的，那是否意味着政府在面对大气污染等环境问题时并不具备起诉资格，而只能使用环境行政处罚这一种手段？

在以上不同路径中政府角色定位的混乱进一步加剧了环境行政处罚与生态环境损害赔偿诉讼之间的割裂，让政府更趋向于单一模式的选择，从而无法发挥这两类制度间的互补作用，成为生态环境损害案件面临的又一大问题。

二 环境行政处罚与生态环境损害赔偿诉讼之间存在冲突的原因

（一）环境行政处罚与生态环境损害赔偿诉讼自身的规定尚存欠缺

1. 环境行政处罚的手段过于单一且效果不好

在行政处罚的诸多种类中，警告作为一种声誉罚，惩治力度较弱，受到该处罚所产生的不利影响也很小，对纠正环境违法行为帮助不大，因此很少被使用；而责令停产停业等这类处罚方式却因为环境主管部门缺乏相应权力而需要上报政府批准才可实施，而政府有可能会出于地方经济发展的考量而不批准此类处罚，以致在现实中这类手段也很少被使用；在这种种原因之下，罚款就成为政府解决生态环境破坏问题的主要手段，在几乎所有的环境法律法规里都能找到罚款的字眼。这是因为"损害—矫正—修补"的逻辑思路较为周延，既能通过罚款使生态环境的修补获得资金来源，又能以处罚的方式对损害者进行惩戒与教育。但目前有关罚款数额限定，使得最终的罚款金额相比于巨大的资金修复缺口来说显得过于单薄，甚至有顶格处罚也无法全面弥补损害的案例出现，如泰州的天价公益诉讼案件。在这种背景下，政府显然更愿意诉诸司法途径去解决生态环境损害问题而忽视行政手段。

此外还需注意的是，除了威慑性不大、审批程序复杂以及对地方经济发展等考量因素外，各环境保护单行法对其他类型的行政处罚措施规定过于模糊而导致实践中政府缺乏具体的裁量标准，也是使其更多依赖财产罚的一大原因。诚然，罚款本身具有程序便捷高效的特点，但如果是由于其他措施缺乏可操作性而不得不选择财产类处罚的话，将很难实现环境保护的最终目的。

2. 生态环境损害赔偿诉讼法律化进程缓慢导致很多问题存在争议

对生态环境损害赔偿诉讼的请求权基础未达成共识，也是导致政府的两条路径衔接不顺畅的重要原因。国家自然资源所有权说作为立法者所提出的诉权基础，其将自然资源视为一种有别于传统私权的特别化私权进行保护，看似为政府在处理环境损害问题时提供了新的思路，但也因此带来了许多问题：首先是立法目的问题。自然资源本身应是同时涵盖经济价值与生态价值的，而将两种价值进行理论上的分割并没有现实的意义。[1] 其次是起诉主体的问题。自然资源的所有权包括了国家所有和集体所有两方面，而一旦认定政府可以代表国家对其享有的自然资源损害提起诉讼，那集体也理应享有同样的救济权利。最后是起诉范围的问

---

[1] 彭中遥：《生态环境损害赔偿诉讼的性质认定与制度完善》，载《内蒙古社会科学》2019 年第 1 期。

题。如前文所述,并非所有类型的自然资源都能归为国家所有,空气、阳光等自然资源是无法被视作私有化财产的,那该制度是否从创设起就存在缺陷?

此外,如果肯定行为人对生态环境造成了严重的破坏后将面临行政罚款与修复金缴纳的双重资金罚,那就不得不考虑到巨大的数额往往会超出企业或个人的承受能力,并足以使其濒临破产。面对这种情况,由于法律对行政处罚金和环境损害赔偿金的顺序未予规定,因此当企业或个人的资金不足以全面缴纳时,如何把获得的资金分配到这两条截然不同又十分相似的救济轨道中就成了难题。[1] 同时,当上述情况出现时,是否可以允许行为人延期支付、资产抵押或银行借贷等一系列问题,都需要法律作出进一步的明确规定。[2]

(二)环境行政处罚与生态环境损害赔偿诉讼连接的渠道还未打通

《改革方案》规定对生态环境损害的追责将不同于刑事或行政领域的"一事不二罚",即损害者在承担了行政责任或刑事责任后,仍可能要承担损害赔偿之责任。[3] 这正是认识到当前传统监管模式下即便损害者受到了惩罚,所致损害却也基本得不到修复的尴尬境况,意在发挥民事责任的修补功能以实现公益救济。然而,由于环境行政处罚与生态环境损害赔偿诉讼所指向的对象相同,且相关活动也都围绕政府和损害者展开,导致在面对生态环境损害案件时,会让政府掉入"有新选新"的思维定式中。

---

[1] 裴丽萍、李森、杨永梅:《我国生态环境损害赔偿磋商制度的现实困境与逻辑进路——基于多案例分析》,载《河南工业大学学报》2020年第5期。

[2] 潘佳:《生态环境损害赔偿磋商制度结构》,载《法律适用》2020年第6期。

[3] 戴建华:《生态环境损害赔偿诉讼的制度定位与规则重构》,载《求索》2020年第6期。

此外，由于国家鼓励地方积极摸索和总结生态环境损害赔偿诉讼的相关经验，而环境行政处罚也被不断证实在处理生态环境损害问题时常力有不逮。因此，在未打通两者连接渠道的情况下，容易使政府选择性地放弃行政监管手段，对能否通过监管措施实现生态环境损害的救济不再关注，从而达到绕过探讨两种制度存在适用冲突的场景之目的。如在重庆市政府诉首旭环保公司与藏金阁物业公司水污染一案中，环保部门未采取任何如限期治理、代履行等行政手段对生态环境损害进行救济，而是直接由政府和环保组织提起生态环境损害赔偿诉讼。这种做法显然是忽视了行政监管措施所不可替代的优越性，也与《改革方案》想要实现的目标相悖，不利于对生态环境的保护。

事实上，生态环境损害赔偿诉讼出台的目的并不是取代环境行政处罚的地位，而是弥补其在生态保护领域的不足。首先，由于行政处罚更多体现的是惩戒而非救济作用，故其更侧重于对损害者行为的矫正，而对生态环境本身的救济是不彻底的。[1] 正因如此，生态环境损害赔偿诉讼才得以进场，以修复生态环境作为诉讼之目的，将赔偿的数额与所造成的损害直接挂钩，从而达到对环境的全面救济；其次，行政处罚的"违法性"特征也决定了其对合法行为无法进行有效的管治而容易出现"失灵"的状况。最为典型的就是政府对企业合法排污所造成的生态破坏毫无办法，因为损害者并未真正违反了相关规定，只不过损害却真实地发生了，此时对企业科以行政处罚，显得既不合情理又缺乏依据。而生态环境损害赔偿诉讼的请求并不以行为的违法为前提，就给政府解决此类行为造成的损害提供了新的思路。

但是，环境行政处罚自身的优势也是诉讼所不具备的。处罚

---

[1] 裴敬伟：《环境行政处罚发展趋势探析》，载《黑龙江省政法管理干部学院学报》2010年第6期。

本身就代表了政府对单位或个人行为的消极或否定性评价，对经济利益的剥夺只是其中的一方面，另一方面更重要的是对其名誉的减损，这也正是行政处罚的独特价值所在。此外，通过公权力的运转不仅能对损害者的经济与声誉造成双重打击，也会对其他个体产生相应的教育与威慑作用，从而间接起到维护生态环境的目的。

因此，只有打通环境行政处罚与生态环境损害赔偿诉讼连接的通道，才能实现对生态环境损害的充分救济。而政府如果将两者分立地看待，则无论哪一条渠道都无法对损害者的行为作出较为充分的评价，也不利于对生态环境的保护。

三　环境行政处罚与生态环境损害赔偿诉讼协同的提出及理论证成

（一）环境行政处罚与生态环境损害赔偿诉讼协同的提出

1. 二者协同是生态环境损害多元化救济的必然选择

通过对《改革方案》等相关文件的解读，不难发现，生态环境的损害者所要承担的行政责任与损害赔偿责任是并行不悖的。这就需要建立一套形式多元、内容互补的生态环境损害救济机制，让政府能在联合多方力量的同时统筹协调自身拥有的不同救济手段，从而充分发挥行政机关在生态环境保护方面的优势作用。而法律规定行政机关在处理生态环境损害案件时可以扮演不同的角色，实际上就是赋予其多样化的手段去解决环境损害问题。

此外，生态环境损害还往往会牵扯到不同的利益纠葛，这导致仅凭借单一的私法手段或公法手段有时难以彻底地解决问题，故需要用不同的方式与路径去实现环境救济这一目的。所以，行政手段与司法手段之间不应当彼此对立平行，而是要相互协同补充。这其中政府作为衔接环境行政处罚与生态环境损害赔偿诉讼的关键，具有不可替代的桥梁作用，只要政府在实践中能处理好二者的关系，就能够实现行政力量与司法力量在生态环境救济方面的联合，为实现生态环境损害的多元化救济之目的迈出重要的一步。

2. 二者协同能使不同手段之间协调适用并形成有效互补

由于环境行政处罚和生态环境损害赔偿诉讼的性质不同，因而二者在实行过程中有着不同的侧重。环境行政处罚意在通过对损害者的行为进行惩罚和矫正来达到制止损害的目的，而生态环境损害赔偿诉讼则侧重于对损害的赔偿和补救，这两种手段刚好可以互相补充，促成生态环境的保护。

具体来看，如果把"行为是否违法"与"损害是否存在"进行分类讨论，则行为人的行为大致可以分为"存在违法行为但未出现损害后果、存在违法行为且出现了损害后果、不存在违法行为但出现了损害后果"三种情形。但是，追求损害救济的生态环境损害赔偿诉讼在面对第一种情况时会由于未出现损害后果而失灵，追求矫正违法行为的环境行政处罚在面对第三种情况时也同样会由于不存在违法行为而失灵。这不仅说明了二者之间存在相互补充的关系，也同时要求政府在面对不同的情况时能合理使用对应的手段。至于现实中最常出现的第二种情况，由于其同时触发了违法与损害两个要件，则当然要受到行政处罚与损害诉讼的双重追责，以实现对损害者行为的全面评价及对生态环境的充分保护。因此，不同制度间的协调与配合是大势所趋，社会发展的复杂性决定了多元化纠纷解决机制存在的合理性，任何一种救济手段想要独善其身都很难真正实现生态环境的保护。

（二）环境行政处罚与生态环境损害赔偿诉讼协同的理论证成

1. "双阶构造说"为政府协调不同救济手段提供理论基础

"双阶理论"一开始是为了解决因政府向私人提供津贴而引发

的争议，它将"一个生活关系纵向的拆解为不同的阶段并分别使用不同性质的法律规范"[1]。故"双阶构造说"认为政府应当能够自由地选择相应的行政形式以达到行政效果的最大化，这其中包含了行政组织形式的选择自由与行政行为形式的选择自由两种。前者是指行政机关能够自由地决定使用公法或者私法的形式去保障公众合法的权益；[2] 后者则指为了完成行政目的，行政机关可以在法律允许的范围内从事不同法律属性的法律行为。该学说并不纠结于政府本身的公权或私权定位，政府切换自身公私身份的唯一依据是"保障公众权益"。

借助多方力量解决生态环境损害问题是由生态环境损害本身的复杂性与特殊性决定的，这也导致政府需要在其中扮演不同的角色。因此，我们应当为本身作为公权利主体的政府以民事主体的身份主张生态环境索赔权提供相应的正当性说明，而双阶构造理论恰好能回应政府基于同一案件中不同身份所产生的公私交错适用的情况，为行政机关脱去公职外衣化身民事赔偿权利人提供一些依据与启发，使这类因公私属性交叉而产生的法律问题有了解决的思路。

2. "环境公共利益说"为政府扮演双重角色提供合理解释

要想让环境行政处罚与生态环境损害赔偿诉讼共同发挥积极的作用，就必须明确政府在其中扮演的角色以及解释不同角色间转换的合理性。目前来看，环境行政处罚是政府以企业监管者身份而作出的行为已成公论，但生态环境损害赔偿诉讼中关于政府的权利来源与角色定位却仍存争议，在国家自然资源所有权说与环境监管职责说均存在理论瑕疵的情况下，我们需要重新去对政

---

[1] 严益州：《德国行政法上的双阶理论》，载《环球法律评论》2015 年第 1 期。

[2] 陈军：《行政形式选择自由理论探析——基于公私合作视角》，载《北方法学》2014 年第 10 期。

府的权源与角色进行解读与分析，笔者认为"环境公共利益说"能够提供一个新的思路。

这是一项基于美国的"公共信托理论"发展而来的学说，该学说认为"公共所有的财产包括了大气、水、阳光等环境要素，因此在未经全体共有人同意前，任何人都无权对其进行占有、支配和损耗。为合理地利用和保护这种公有财产，全体人民出于信任将其委托于国家进行管理。所以，国家作为受托人有责任为实现人民的公共利益而对受托的财产进行管理和保护"[1]。在全民所有的生态环境利益受到个别主体的侵害时，政府得以作为人民的代表，以受托人的身份向损害者提起诉讼索要赔偿。

该学说的优势在于不仅让政府避免了陷入维护国家私益的桎梏中，也对将诉讼视为监管职责的延伸这一说法进行了反驳。另外，"环境公共利益"说还为政府协同运用两种手段解决生态环境问题提供了合理的理论基础——政府在发现确有行为对生态环境造成损害后，首先亮出第一重身份（即生态环境监管者）对损害者进行罚款等惩戒，如果此时损害已得到补救，则行为到此宣告结束；但若该行为无法完全消除对环境损害的影响，那政府可进而亮出第二重身份（即全民所有环境利益的受托人）去要求损害者继续承担环境修复的责任。如此一来，便为政府双重角色的转换提供了合理的解释。

四 环境行政处罚与生态环境损害赔偿诉讼协同的路径展开

（一）优先适用环境行政处罚

强调环境行政处罚与生态环境损害赔偿诉讼手段之间的协同运作，并不意味着政府在面对生态环境损害时可以对这两个手段

---

[1] 蔡守秋：《从环境权到国家环境保护义务和环境民事公益诉讼》，载《现代法学》2013年第6期。

进行任意的使用与舍弃，而是应坚持以行政处罚手段为主导，这是由政府的监管者角色所决定的。因为对社会主体行为的监管本就是政府职责的一部分，也更能发挥政府行政职能的优势。所以在面对破坏生态环境的行为时，应当首先穷尽行政手段进行补救，一旦行为奏效且对环境的补救到位，则其余的救济手段便无须再使用。

如果在面对环境损害问题时不具体考虑行为所造成损害状况，便对行为人同时施以两种手段，则虽然能通过"惩罚"与"赔偿"两方面保证救济的充分性，但也有导致救济过度以及行政、司法资源浪费的可能，更有造成重复救济的风险。而若以生态环境损害赔偿诉讼为主导则更不可取，因为监督企业的行为本就是政府职责，如果政府不将行政处罚作为优先手段，而只想进入损害诉讼的轨道，不但会滋养行政机关的懒政情绪，更可能造成司法权对行政权的僭越。

因此，政府在协同运用环境行政处罚与生态环境损害赔偿诉讼去应对环境损害问题时，应将前者作为优先适用的手段，而把磋商、诉讼等其他手段视作相应的补充，形成以最大限度发挥执法效能为基础，辅以司法手段对损害的救济进行保障的良性模式。

（二）优化行政处罚的方式与作用

在明确政府面对环境损害问题时以行政处罚为主导的同时，也不能忽视当下这一手段在面对生态破坏问题时存在的缺陷。具体来看，环境行政处罚目前需要补足以下两方面的短板。

首先是处罚方式的单一。目前政府对造成环境损害的企业大多只采用"罚款"式的手段进行惩治，对"责令"式的手段则使用得较少（如责令停产停业、责令限期改正等）。而后者不但能丰富政府的救济方式，也同样可以起到挽回损失的作用。但目前法律对这类处罚方式的规定却比较模糊，导致环境主管机关缺乏相应的可操作性。所以行政处罚法与各环境保护法应细化相应的规定，使政府能更加明确地开展工作。

其次是处罚作用的欠缺。虽然罚款因其省时省力的特性而被政府广泛采用，但却受限于各部法律中的规定而无法对损害后果进行直接的救济。另外，法律中规定的具体数额在天价的修复费用面前也略显杯水车薪。尽管只依靠罚款想彻底规范行为人的行为并不现实，但当下企业在逐利的本质驱使下宁愿选择缴纳罚款金也要以损害环境为代价进行发展，足以说明罚款的惩戒与矫正作用正逐渐丧失，因此对罚款的数额进行重新设计是很有必要的，"按日计罚"制度正是基于这一思路而出台的。此外，取消罚款金额的上限，转而以损害的倍数予以确定具体的数额，在确有必要再次启动生态环境损害赔偿诉讼时再将罚款结果作为赔偿金额酌减的因素显然也是更加合理的。

综上，要想达到对环境损害进行救济之目的，就应当考虑对行政处罚中的处罚种类与罚款数额进行重新设计，使之能充分发挥独特的价值，并与生态环境损害赔偿诉讼共同实现修补与惩戒的作用。

（三）尽快实现生态环境损害赔偿诉讼制度的法律化

生态环境损害赔偿诉讼的法律化进程缓慢也一定程度上影响了政府协同运用二者解决环境损害问题的效果。目前生态环境损害赔偿诉讼仍只是一项政策性的规定而尚未被法律正式明确，这便出现了理论与实践的双重困境。理论上，学界对该诉讼的权源问题争论不休，而不同的学说观点对诉讼性质及政府角色的认定必然不同，这容易让政府在用诉讼手段解决环境问题时难以把握自身的定位，进而无法较好地与环境行政处罚进行衔接。

实践中，政府赔偿权利人的正当性也饱受诟病，且目前生态环境损害赔偿诉讼的运用也有违反《立法法》第8条的嫌疑。[1] 此外，就该诉讼的管辖问题，特别是跨地域管辖缺乏专门的规定去参考；证据的证明力与提交方式的程序也没有明确；关联诉讼的衔接问题也未予规定等，都成为政府运用诉讼手段去解决环境损害问题的掣肘。

所以，只有对生态环境损害赔偿诉讼进行法律化的完善，并明确诉讼权利人的地位与诉讼的相关规则，才能真正发挥该诉讼的价值，并为政府协同运用不同手段解决环境损害问题提供理论支持。

（四）加强磋商制度在其中的衔接作用

虽然磋商仅作为生态环境损害赔偿诉讼的一部分，但若从政府协同运用行政处罚与赔偿诉讼去解决环境损害问题这一宏观视角来看，该制度却有承接行政与司法的效果，因此，在具体的设计上不应忽视其"桥梁"的作用。

磋商制度是政府在运用行政手段后，仍无法对环境损害作出全面救济而启用的一项诉前程序。如果磋商介入后政府与损害者达成了磋商协议，则诉讼程序就止于此，剩下的执行部分也将在政府的督促下进行，直至赔偿义务人履行完协议的内容后宣告救济完成。这一过程中法院并未真正地介入其中，司法力量仅是提供了强制力的保障，参与的主体事实上仍然是政府与损害者，因此避免了冗长的诉讼过程，也为政府在切换行政手段与司法手段时提供了衔接的桥梁。而如果磋商并未能达成协议，那么法院将可以根据磋商过程中所形成的环境损害评估报告等作出盖棺定论的判决，然后再转入执行阶段，由政府督促损害者履行修复的责

---

[1] 根据《立法法》第8条第9项，诉讼和仲裁制度的具体内容只能制定法律。

任。可见，即使双方的磋商最终并未解决问题，但在这一阶段所形成的调查报告与损害鉴定也能为后续的诉讼提供相应的判决依据，从而实现生态环境损害的全面救济之目标。

鉴于磋商制度能在政府协同环境行政处罚与生态环境损害赔偿诉讼解决问题时发挥重要的作用，因此在鼓励政府积极通过磋商程序解决问题的同时，也确有必要对其中的内容进行细化与扩展，比如引入第三方参与机制以提供较为中肯的治理意见，再比如重视赔偿义务人的权利救济以确保所达成协议的公平与合作性等。

五　结论

在对政府的两种生态损害救济模式进行了细致的分析与比较后，笔者得出仅靠单一手段无法对损害进行全面的救济这一论断，并提出了以行政处罚为主导并运用多元化途径解决生态环境问题的构想，认为只有找准不同制度间的内在联系，并建立起系统协调、互为补益的生态环境损害救济机制，才能发挥出各自优势并最大限度实现生态环境损害的救济。

生态环境损害赔偿磋商制度的
理论困境与突破*

程欣怡**

一 问题的提出

晚近数年，环境司法在我国发展迅速。表层看，是司法在应对日益严重的生态环境形势的积极作为；深层说，则是针对生态环境监管的"政府失灵"，我国设计出了"立法+司法创新"的新思路与新模式。[1] 详言之，首先通过立法，加强政府的环境责任；与此同时，不断推动环境司法创新措施以弥补环境执法的不力。在此背景下诞生的生态环境损害赔偿制度作为近年来我国法治发展中的组成部分，[2] 恰恰就体现了这种"立法+司法创新"的特点。

---

* 本文为研究和阐释党的十九大精神国家社科基金重大专项课题"新时代生态环境监管体制的法治创新研究"（18VSJ039）的阶段性成果。

** 程欣怡，北京大学深圳研究生院国际法学院硕士研究生。

〔1〕 陈海嵩：《国家环境保护义务的溯源与展开》，载《法学研究》2014年第3期。

〔2〕 陈海嵩：《生态环境损害赔偿制度的反思与重构——宪法解释的视角》，载《东方法学》2018年第6期。

该制度根源于对英美法中自然资源损害赔偿制度的借鉴,[1]不过因为我国土地、自然资源公有制等原因,赔偿权利人的诉权基础不可与英美法等同;所以生态环境损害赔偿制度做了相应调适。[2] 其基本框架主要由 2015 年 12 月《关于生态环境损害赔偿制度改革试点方案》(以下简称《试点方案》)、2017 年 12 月《关于生态环境损害赔偿制度改革方案》(以下简称《改革方案》)、2019 年 6 月《最高人民法院关于审理生态环境损害赔偿案件的若干规定(试行)》(以下简称《若干规定》)构成。生态环境损害赔偿诉讼作为一种新型的诉讼模式,特别强调了磋商前置这一程序,也即只有当磋商未达成一致或者无法进行磋商的,方存在进入诉讼程序的可能性。

因何如此?是否源于赔偿权利人与赔偿义务人之间的地位过于悬殊,直接进入司法环节不易做到公平对抗?若是如此,磋商的性质是什么?行政机关与企业就环境修复责任进行磋商,是否意味着公权主体对自身管理职责的妥协抑或对公共利益的处分?就此达成的磋商协议究竟是民事协议还是行政合同?磋商机制与诉讼程序之间是彼此独立还是相互兼容?凡此种种,不一而足。

---

[1] 李晖、杨雷:《生态环境损害赔偿制度研究——兼论其与环境公益诉讼的衔接》,载《西部法学评论》2018 年第 3 期;王树义、刘静:《美国自然资源损害赔偿制度探析》,载《法学评论》2009 年第 1 期。《试点方案》提出的改革措施明显受到域外经验尤其是美国做法的启发,即政府机构可以基于公共环境(资源)受托者的管理权、所有权或者控制权针对自然资源或者生态环境损害提起诉讼,要求责任人赔偿修复费用、过渡期损失和评估费用。

[2] 在我国,赔偿权利人的诉权基础应为国家自然资源所有权而非英美法中的公共信托义务。2016 年 6 月最高人民法院发布的《关于充分发挥审判职能作用为推进生态文明建设与绿色发展提供司法服务和保障的意见》第 19 条中提出:按照《生态环境损害赔偿制度改革试点方案》,试点地方省级政府经国务院授权后,作为本行政区域内生态环境损害赔偿权利人,可以对违反法律法规造成生态环境损害的单位或者个人提起民事诉讼。认真研究此类基于国家自然资源所有权提起的生态环境损害赔偿诉讼案件的特点和规律,根据赔偿义务人主观过错、经营状况等因素试行分期赔付,探索多样化责任承担方式。

如若回答这些问题，务必首先厘清磋商制度的理论基础，包括其构造机理、运行逻辑等诸多方面。

二 生态环境损害赔偿磋商制度的构造机理

生态环境损害赔偿磋商作为生态环境损害赔偿制度的关键环节，其构造机理的探究包括两个方面：一是宏观上如何厘清生态环境损害赔偿制度与外围诸多相关概念之间的边界。二是微观上如何细究磋商制度本身的构成要素及彼此间的逻辑关联。

（一）生态环境损害赔偿磋商制度的外围因素

从生态环境损害赔偿磋商制度的外部构造平面初步观察，它是几个环境法概念的拼接，包括生态环境损害、生态环境损害赔偿、磋商等要素；其中，生态环境损害的界定最受学界所关注，尤其是其科学属性与法律属性的关系。[1] 需注意的是，生态环境损害与生态环境损害赔偿并非一一对应的函射关系，换言之，不是所有造成"生态环境损害"的行为都将招致"生态环境损害赔偿"的后果，也并非所有"生态环境损害赔偿"的对象都是"生态环境损害"。根据现有文件中的规定，生态环境损害赔偿指的是国务院授权的省级和市地级政府或被授权政府再次指定的相关部门或机构，在特定的行政区域内，对严重影响生态环境的事件所进行的调查取证、鉴定评估、修复方案编制以及对赔偿义务人进行司法追责的一系列工作过程的总和，是对"企业污染、群众受害、政府买单"结果的修正。

生态环境损害赔偿中的"损害赔偿"与现有法律中多个概念重合，但含义并非全然一致。首先，该"损害赔偿"与民法上的损害

---

[1] 南景毓:《生态环境损害：从科学概念到法律概念》，载《河北法学》2018年第11期。

赔偿请求权不同，否则将混同公法与私法，直接意味着让行政机关拥有了民法上的损害赔偿请求权；[1]进而昭示着行政机关对于自身监管职责事实上的逃避甚至是全然放弃，具有通过私法形式规避公法约束的危险，此为对行政权与司法权在宪法秩序中功能边界的逾越，会导致认定行政不作为的消极后果。[2]因此，在民事诉讼的"外衣"包裹下的"损害赔偿"，本质仍为行政执法的延伸。其次，该"损害赔偿"与环境侵权法上的"恢复原状"不同。根据现行的司法解释，在环境侵权和环境民事诉讼等领域，如果主张恢复原状，则事实上意味着要求责任主体修复生态环境到原来的状态与功能，如若不能，则适用替代性修复。[3]2016年《民法总则（草案）》在征求意见过程中，各方对增加"修复生态环境"这一责任方式争议较大，其中重要的反对理由之一即认为恢复原状的含义可以包含修复生态环境。[4]但其实，我国的法律法规并未对恢复原状的含义作出明确的解释，故在适用的时候有无权解释之嫌。一般来说，恢复原状作为法院判令行为人通过修理等手段使受到损坏的财产恢复到损坏前状态的一种责任方式，往往需要满足恢复可能性、必要性和经济合理性等条件，否则其价值将大打折扣。[5]然而，生态环境的修复断然不能简单等同于恢复原状，因为修复生态环境往往并不考

---

[1] 正如冯·巴尔教授指出的，"生态损害实质上涉及的是公法问题，只不过在这类公法中保留了一些私法概念，如因违反以环境保护为目的之法的赔偿责任"。详见[德]冯·巴尔《欧洲比较侵权行为法（下卷）》，张新宝等译，中国法制出版社2010年版，第79页。

[2] 陈海嵩：《生态环境损害赔偿制度的反思与重构——宪法解释的视角》，载《东方法学》2018年第6期。

[3] 详见《最高人民法院关于审理环境侵权责任纠纷案件适用法律若干问题的解释》第14条、《最高人民法院关于审理环境民事公益诉讼案件适用法律若干问题的解释》第20条。

[4] 吕忠梅、窦海阳：《修复生态环境责任的实证解析》，载《法学研究》2017年第3期。

[5] 张梓太、李晨光：《生态环境损害赔偿中的恢复责任分析——从技术到法律》，载《南京大学学报》（哲学·人文科学·社会科学）2018年第4期。

虑经济合理性，即使修复成本可能大大超出责任人因污染环境或破坏生态而获得的收益，责任人也并不因此免责。[1] 追根溯源，这是因为生态环境不仅仅具有财产属性，更具有生态、美学等其他属性，加之其作为特定物，不可能如种类物一般完全做到恢复原状。因此，现行的恢复原状无法涵盖修复生态环境，从而无法涵盖主要范围为修复生态环境费用的"损害赔偿"概念。[2]

(二) 生态环境损害赔偿磋商制度的内在构造

1. 主体

根据《改革方案》，生态环境损害赔偿磋商的主张人为国务院授权的省级、市地级政府（包括直辖市所辖的区县级政府），以及省级、市地级政府及其指定的部门或机构；磋商对象则是违反法律法规，造成生态环境损害的单位或个人。与其他解决环境问题的行政手段相较而言，磋商制度的主体具有特殊性。首先，发起主体有限，只能是由有权机关授权的政府或部门机构，范围上不包括私主体、社会组织和检察院，这点上迥异于环境公益诉讼。其次，相比于环境公益诉讼的双向性，也即主张人既可以针对民事主体提起环境民事公益诉讼又可以针对行政主体提起行政公益诉讼，磋商制度是单向的，只能由行政主体针对民事主体来启动，也即只能是政府或政府授权的机构作为赔偿权利人向企业或个人提起。最后，磋商的发起主体与其环境监督管理职责并非全然对应，有权的发起人往往是对地方环境质量负总责的政府，而非具体履行统一环境监管职责的环境保护主管部门。

2. 客体

根据《试点方案》和《改革方案》，磋商客体为损害事实和程

---

[1] 万挺：《环境民事公益诉讼民事责任承担方式探析》，载《人民法院报》2014年12月31日第8版。

[2] 一个很好的例证就是：最终通过的《民法总则》第179条没有规定修复生态环境，而《民法典》侵权责任编第1234条规定了损害生态环境后如何修复。

度、修复启动时间和期限、赔偿的责任承担方式和期限等具体问题，以及修复方案技术可行性、成本效益最优化、赔偿义务人赔偿能力、第三方治理可行性等具体情况。抽象来看，磋商的客体包括损害事实与责任承担两个部分，且前者是后者的前提与基础；根据对两方案的体系观察，该损害事实特指生态环境损害。"生态环境损害"是对生态环境资源的破坏或减损，而"生态环境损害赔偿"则是将污染环境或破坏生态者造成的外部成本内部化的过程。两方案通过列举性规定将三种严重影响生态环境后果的情形纳入追究生态环境损害赔偿责任的范围，[1] 排除了两种适用其他法律规定的情形；[2]《民法典》第1235条与这两个方案遥相呼应，具体规定了赔偿损失的范围。[3] 由此可见，较之于民事侵权，磋商客体仅包含受损的环境公共利益。由于公共利益是从私人利益中抽象出来，能够满足共同体中全体或大多数成员的公共需要，经由公共程序确定并以公权力为主导所实现的公共价值，具有不特定性，[4] 那么特定多数人的利益就被排除在作为公共利益的生态环境的范围之外，且鉴于赔偿权利人追责时产生的合理费用，即行政机关的特定利益并未纳入磋商的客体范畴，说明行政机关

---

〔1〕《试点方案》《改革方案》均规定，有下列情形之一的，依法追究生态环境损害赔偿责任：（1）发生较大及以上突发环境事件的；（2）在国家和省级主体功能区规划中划定的重点生态功能区、禁止开发区发生环境污染、生态破坏事件的；（3）发生其他严重影响生态环境事件的。

〔2〕《试点方案》《改革方案》均规定，以下情形不适用生态环境损害赔偿：（1）涉及人身伤害、个人和集体财产损失要求赔偿的，适用侵权责任法等法律规定；（2）涉及海洋生态环境损害赔偿的，适用海洋环境保护法等法律规定。

〔3〕《民法典》第1235条规定："违反国家规定造成生态环境损害的，国家规定的机关或者法律规定的组织有权请求侵权人赔偿下列损失和费用：（一）生态环境受到损害至修复完成期间服务功能丧失导致的损失；（二）生态环境功能永久性损害造成的损失；（三）生态环境损害调查、鉴定评估等费用；（四）清除污染、修复生态环境费用；（五）防止损害的发生和扩大所支出的合理费用。"

〔4〕吕忠梅：《"生态环境损害赔偿"的法律辨析》，载《法学论坛》2017年第3期。

本身并不能完全等同或代表公共利益。

3. 内容

根据《改革方案》，磋商内容主要包括：明确赔偿范围、确定赔偿义务人、明确赔偿权利人、开展赔偿磋商、达成赔偿协议。与《民法典》相比，此处的赔偿范围增加了生态环境修复费用，减少了对防止损害的发生和扩大所支出的合理费用的列举。由此可见，赔偿范围受到两个方面的约束：一为方案所列举的类别；二为对于合理的判定。对于前者，目前的列举尚未穷尽；而对于后者，我们认为不妨参照合同法中对于限制赔偿责任的原则性规定，因为解释形容词无外乎通过多项原则予以限定。详言之，"合理"的解释可以遵循可预见性原则、完全赔偿原则（不仅要赔偿生态环境修复费用，还可能赔偿对于其造成的风险扩大所增加的预防费用）、减轻损害原则（若负有监管职责的行政机关没有及时采取措施阻止并减轻损害的发生，则对于该部分损失赔偿义务人不应当承担赔偿责任）以及责任相抵原则（若部分损失是由于行政机关的不作为或是过失作为所导致的，那么对该部分损失行政机关也无权根据生态环境损害赔偿制度向义务人索赔）。

赔偿协议是磋商内容的最终承载介质，其被《改革方案》赋予了如同调解协议一般的地位，也即，经磋商达成的赔偿协议，可以依照民事诉讼法向人民法院申请司法确认；经司法确认的赔偿协议，赔偿义务人不履行或不完全履行的，赔偿权利人及其指定的部门或机构可向人民法院申请强制执行。由此观之，目前对于磋商协议的性质界定更倾向于民事属性，因为我国司法确认制度的产生和运行依据皆为民事诉讼。然而，对于协议中的主要标的——赔偿范围的确定权却仅仅赋予了赔偿权利人一方。客观上的地位不平等可能会削弱，引发主观上的自愿性瑕疵；虽然这并不绝对，但不可小觑的或然性使得磋商协议是否如民事协议一般具有平等自愿的基础，成为一个值得商榷的问题。

4. 程序

《改革方案》规定，生态环境损害发生后，赔偿权利人组织开展生态环境损害调查、鉴定评估、修复方案编制等工作，主动与赔偿义务人磋商；磋商未达成一致，赔偿权利人可依法提起诉讼。由此可见，赔偿权利人一方对于磋商和诉讼程序的启动、变更及终止拥有完整的控制权，而赔偿义务人无权在磋商和诉讼程序之间进行自由选择，这充分体现了公权力行使的单方意志性，也间接淡化了磋商协议的"私权"色彩，反倒佐证了其作为行政执法的延伸，具有了不同于其他民事协议的属性。

三 生态环境损害赔偿磋商制度的理论困境

从生态环境损害赔偿磋商制度的构造机理来看，生态环境损害赔偿的核心和创新皆在于磋商以及磋商与诉讼的衔接。然而，磋商制度运行起来，难免遭遇四大理论困境。

（一）主体职责的非妥协性与职能的可裁量性之矛盾

磋商主体一方面负有损害调查、鉴定评估、修复方案编制、确定赔偿义务人等行政工作职责，另一方面又具备就损害事实和程度、修复启动时间和期限、赔偿的责任承担方式和期限等具体问题与赔偿义务人进行磋商、磋商不行转而起诉的类司法职能，二者结合起来，既是磋商制度主体的特点，也是理论构建的核心。

行政机关作为磋商主体的特殊性在上文已有论述。根据《改革方案》以及相关的规范性文件，[1] 磋商主体的权利来源以及后续起

---

[1]《改革方案》做了"行使全民所有自然资源资产所有权"的表述；2016年6月最高人民法院发布的《关于充分发挥审判职能作用为推进生态文明建设与绿色发展提供司法服务和保障的意见》第19条中也指出：认真研究此类基于国家自然资源所有权提起的生态环境损害赔偿诉讼案件的特点和规律，根据赔偿义务人主观过错、经营状况等因素试行分期赔付，探索多样化责任承担方式。

诉的诉权基础为《宪法》第9条及《民法典》物权编所规定的"自然资源国家所有权"。[1]然而，即便自然资源与生态环境是一体两面的关系，将其与民法上的物完全等同在理论上仍会产生不可调和的矛盾。因为无论是大气、水、海洋、森林这些自然资源，还是自然资源背后的生态价值，都属于不特定多数人共有的"无主物"，其既无法归属于特定私权对象，也难以被界定为公民所有财产，国家更不可能成为通过占有自然资源来获取利益的纯粹经济组织体。为了弥合这一点，学者提出了多种学说来予以阐释，有代表性的主要有：责任说、[2] 所有制说、[3] 物权说、[4] 公权说、[5] 复合权说[6]。上述学说都从某一或者某几个侧面回应了自然资源国家所有权的性质、实现等问题，然而落脚到生态环境损害赔偿磋商制度本身，尤其是如何来阐述行政机关得以作为国家的代表人来主张生态环境损害赔偿磋商，则解释逻辑恐无法自洽。

于是又出现两种学说，政府职能说[7]及公益代表人说[8]，试

---

[1] 自然资源国家所有权说认为环境与自然资源是一体两面的关系。根据《民法典》第247—252条的规定，所有权的客体包括土地、海域、山岭、森林、草原、滩涂等自然资源，在受损时国家可以以所有权受侵害为由提起生态环境损害赔偿诉讼。

[2] 参见王旭《论自然资源国家所有权的宪法规制功能》，载《中国法学》2013年第6期。

[3] 参见徐祥民《自然资源国家所有权之国家所有制说》，载《法学研究》2013年第4期。

[4] 参见程雪阳《中国宪法上国家所有的规范含义》，载《法学研究》2015年第4期。

[5] 参见巩固《自然资源国家所有权公权说》，载《法学研究》2013年第4期；巩固《自然资源国家所有权公权说再论》，载《法学研究》2015年第2期。

[6] 参见刘练军《自然资源国家所有的制度性保障功能》，载《中国法学》2016年第6期。

[7] 张梓太、李晨光：《关于我国生态环境损害赔偿立法的几个问题》，载《南京社会科学》2018年第3期；徐祥民、巩固：《环境损害中的损害及其防治研究——兼论环境法的特征》，载《社会科学战线》2007年第5期。

[8] 罗丽：《我国环境公益诉讼制度的建构问题与解决对策》，载《中国法学》2017年第3期。

图解决上述问题。前者认为环境利益属于公共利益，应由政府通过法律赋予的行政职权来实现环境损害的防治，相应的索赔模式即为行政处理模式；后者认为生态环境损害赔偿诉讼属于公益诉讼，国家是作为公益代表人参与诉讼。政府职能说通过行政处理模式来对应生态环境损害赔偿制度中的索赔模式，体现了生态损害的公共性以及国家负有的环境保护义务，[1]从而推导出政府作为主体不可妥协的职责。然而，这种行政处理模式未能有效体现其职能可裁量性的特点。既然出发点是公权力，那就势必要对裁量空间有所限制。换言之，行政机关有权对具体的赔偿数额、方式、幅度等作出调整，可无权就赔偿的范围、种类以及是否放弃起诉进行妥协。既然查明因果关系、损害事实，对侵权行为人予以追诉是行政机关承担的职责和义务，并非自由裁量权的行使情形，那么将其作为磋商的筹码与可能的侵权行为人予以交易的行为就不再具有正当性。公益代表人说同样存在矛盾之处，如果磋商的主体背后是公共利益，那么代表人为何仅局限于地方政府，而将社会组织等排除在外呢？按照目前《环境保护法》《民事诉讼法》及《行政诉讼法》的制度设计，立法者对公共利益代表选择皆为社会组织和检察机关，而非地方政府；毕竟从理论上说，地方政府更有优先发展经济的意愿，故基于就业、税收等原因可能会减损磋商的效果。

（二）客体的可协商性与非处分性之冲突

磋商的客体包括损害事实与责任承担两个部分。对于损害事实而言，其是否具有可协商性，取决于生态环境损害赔偿制度的首要目的是查明真相还是解决纠纷抑或是修复环境。例如，我国刑事司法制度首先要求查明真相，因此检察机关无权与犯罪嫌疑人达成任何和解协议，纵然在侦查阶段，关于是否起诉也少有回

---

[1] 陈海嵩：《国家环境保护义务的溯源与展开》，载《法学研究》2014年第3期。

旋余地；民事司法制度则不然，不仅诉权具有可处分性，事实也适用自认制度，究其本质，还是缘于制度首要目的是解决纠纷而查明真相次之。相较于前两者，环境司法制度就更为特殊，因为受损环境的修复往往具有紧迫性，然而司法的滞后性与程序的复杂性导致在效率方面难免有所迟延，因此，生态环境损害赔偿制度的首要目的并非查明所有真相，而是尽快修复环境，避免不可逆转的损害；考虑到上述原理，损害事实应当具有可协商性。

不过，对于责任承担而言，所谓的协商处理就不再那么顺理成章。生态环境受损事实所产生的修复责任总量应当是固定的，且往往会随着情况的持续恶化越来越重而不会自然减少。如果责任承担作为磋商中权利主张人进行妥协的交易对价，那么赔偿义务人因此而少承担的部分责任，必然需要其他主体予以分担，否则责任总量不足以达到修复环境的标准；实际上是将妥协的代价转嫁给了已受损的生态环境，则势必戕害到全体公民的利益。这样处理存在的问题是：首先，前文已述，因为自然资源、生态环境不完全等同于民法上的"物"，所以政府并不具有处分生态环境责任的权力（权利）。其次，生态环境受损往往伴随政府的监管失职，此时若片面地赋予其磋商的主导性，反倒给了规避责任以可乘之机。最后，即使政府考虑到调查成本的连日攀升，豁免了赔偿义务人部分责任以换取修复方案的及早履行，那么在责任总量不变甚至增加的情况下，赔偿义务人少承担的责任，也应当由政府进行兜底，而非放任不理。换言之，纵使认可责任承担的可协商性，制度设计也应当体现负有监管责任的政府与赔偿义务人之间对责任的分担进行协商，而非政府作为第三方或者说是所谓公共利益的代表，将环境修复责任作为客体与赔偿义务人进行处分。因此，在目前的制度框架下，损害事实的可协商性符合制度目标，但责任承担的非处分性与有关磋商客体的规定却并不兼容。

(三) 磋商协议的行政性与民事性之抵触

磋商协议在发起和生效上兼具了公法的强制性与私法的自愿性，协议的效力也因此体现出行政性与民事性并存的特点。学界对于磋商协议应该解释为环境行政权力的柔性运作还是民事协议的公法化修正颇有争议，也因此衍生出对其性质的讨论，主要观点分为纯粹的民事性质论[1]、公法化民事性质论[2]以及行政性质论[3]三种。

纯粹的民事性质论强调了行政机关与责任者之间的平等地位，认为协商过程属于私法自治的民事事务，但实质上磋商协议并不"私法"，当事人也不能全然"自治"。若认为磋商达成的协议为民事合同，那么司法确认赋予其强制执行的效力就如同无本之木。首先，对于一般的民事合同，司法是不能预先干涉的，只有当合同产生纠纷且当事人诉诸法院，司法才得以介入。能够通过司法

---

[1] 纯粹的民事性质论认为根据《宪法》和《民法典》等法律的规定，我国自然资源属于国家所有，因此，生态环境损害是国家作为自然资源所有权主体所遭受的权利损害。政府作为国家的代表与责任主体进行磋商实质是权利受害方与侵害方就赔偿责任进行协商和解的过程，政府在磋商程序中是与责任主体处于平等地位的民事主体。详见刘倩《生态环境损害赔偿磋商法律属性探析》，载《环境保护》2018年第17期。

[2] 公法化民事性质论认为生态环境损害是对公共环境利益的损害，政府作为公共环境利益的维护者和代表人，通过磋商的途径向责任者进行索赔应民事性质。该学说还认为，因为政府并非因自身利益受损而是为维护公共环境利益开展磋商，所以磋商虽为民事性质但并非私法上自由意志的讨价还价，应通过公众参与等途径对磋商事项进行限制并对磋商过程进行监督，从而保障磋商实现公共环境利益的填补。详见王金南、刘倩、齐霁、於方《加快建立生态环境损害赔偿制度体系》，载《环境保护》2016年第2期。

[3] 行政性质论认为生态损害赔偿磋商制度实质上是一种行政机关借用私法领域的协商与填补机制来维护环境公益的行政权行使的新样态。生态环境损害赔偿磋商虽蕴含着自由协商的私法特质，但行政机关采取的主动磋商行为应被视为具有一定自由裁量弹性的行政权行使，不能将协商手段的私法性质等同于磋商制度的法律性质。详见黄锡生、韩英夫《生态损害赔偿磋商制度的解释论分析》，载《政法论丛》2017年第1期。

确认获得强制执行效力的合同，如刑事和解或民事调解协议，或多或少都带有公权色彩，毕竟其在产生之初就已是私法领域无力自行内部解决的事务，司法仍属于事后而非事先介入。其次，行政机关与责任者之间地位并不平等。无论是程序启动还是程序选择，都体现了行政机关单方意志的特点，责任者并无主动权；不仅如此，双方在信息优势上也不对等，责任人并不知道行政机关的调查进展等情况，从而很难对其妥协的程度作出合理预测；况且，一旦未能达成一致，责任人就会遭到起诉，这种后顾之忧对于其谈判力量也是一种削弱。因此，纯粹的民事性质论与磋商协议的属性不能完全契合。

行政性质论将磋商等价为具有自由裁量弹性的行政权力行使，体现了协商前行政调查阶段以及合意后行政执行阶段的特点，但却未能凸显磋商本身特质，即双方利益的最大化。详言之，由于此类案件中最为困难的往往是因果关系的判断，理论上行政机关可以通过磋商节省一定的调查成本；而赔偿义务人通过磋商也可以避免陷入旷日持久的诉讼程序，维护企业形象，与行政机关共同商讨兼具成本最优化和修复可行性的方案，未尝不是一个更好的选择。因此，双方的磋商本质上更类似于某种交易，行政权力在其中的用武之地有限；况且，赔偿义务人也许可以对前期的行政调查行为或是后期的行政执行行为提起行政复议或行政诉讼，但很难对磋商行为申请救济程序，这也从另一个角度说明了磋商行为的非行政性。

由此观之，公法化民事性质论较前两者更为合理。该理论认为磋商协议的底色仍是民事属性，尽管索赔过程具有公法性，但难以掩盖其在索赔方式上的民事性。如果要避免公法向私法逃逸的结论产生，那么政府与企业之间应当具有某种民事关系，从而使磋商内化为行政职能的行使而非监管职责的逃避。当然，这种民事关系如何界定，有待于该理论予以进一步解释。

（四）磋商与诉讼间的排斥性与兼容性之并存

《改革方案》将磋商机制明确为提起生态环境损害赔偿诉讼的必经前置程序，而根据最高院的官方措辞，[1] 该诉讼更偏向于民事诉讼，且与环境公益诉讼的关系并不明朗；后来出台的司法解释，虽然提及了与环境民事公益诉讼的衔接，但依然没有明确界定该诉讼的性质。[2] 由此衍生出了两个问题：第一，生态环境损害赔偿诉讼是否属于环境民事公益诉讼？第二，如果不是，那么磋商阶段其他主体是否可以提起环境民事公益诉讼？

对于第一个问题，普遍的观点是这两种诉讼相互独立，[3] 少数学者认为生态环境损害赔偿诉讼属于民事私益诉讼。[4] 之所以将这两种看似趋同的诉讼分离看待的原因，可能要归因于其权力的归属不同。环境民事公益诉讼本质上是通过司法权的被动运作来解决问题，而生态环境损害赔偿磋商及诉讼所隶属的生态环境损害赔偿制度则更强调行政权的积极作为。对于环境公共利益的保障，其实由行政权来承担第一顺位的保护责任更为恰当。[5] 对

---

[1] 2016年6月最高人民法院发布的《关于充分发挥审判职能作用为推进生态文明建设与绿色发展提供司法服务和保障的意见》：19.积极探索省级政府提起生态环境损害赔偿诉讼案件的审理规则。按照《生态环境损害赔偿制度改革试点方案》，试点地方省级政府经国务院授权后，作为本行政区域内生态环境损害赔偿权利人，可以对违反法律法规造成生态环境损害的单位或者个人提起民事诉讼。

[2] 参见《若干规定》第16条、第17条和第18条。

[3] 2016年6月最高人民法院发布的《关于充分发挥审判职能作用为推进生态文明建设与绿色发展提供司法服务和保障的意见》：试点地方省级政府提起生态环境损害赔偿诉讼，不影响社会组织依法提起环境民事公益诉讼，也不影响人身和财产权利受到损害的自然人、法人和其他组织提起私益诉讼。准确界定基于同一侵权行为发生的三类诉讼之间的关系，做好诉讼请求、事实认定、责任承担以及判决执行等方面的协调、对接。

[4] 汪劲：《论生态环境损害赔偿诉讼与关联诉讼衔接规则的建立——以德司达公司案和生态环境损害赔偿相关判例为鉴》，载《环境保护》2018年第5期。

[5] 张宝：《生态环境损害政府索赔权与监管权的适用关系辨析》，载《法学论坛》2017年第3期。

于第二个问题，有学者认为磋商阶段其他主体不能提起环境民事公益诉讼，只有在赔偿权利人既不履行磋商职责，又不采取诉讼程序维护生态环境的情形下，社会组织等主体才能提起环境民事公益诉讼。[1] 当然，也有学者认为地方政府提起生态环境损害赔偿诉讼并不必然优先于社会组织提起环境民事公益诉讼。[2] 最新的司法解释态度十分明朗，生态环境损害赔偿诉讼与环境民事公益诉讼相互并不排斥；但磋商机制与外部可能的诉讼程序之间并不兼容。

磋商机制相对于外部其他公益诉讼而言，程序相互排斥；对于与其一同衍生的诉讼而言，也非全然兼容。一方面，磋商机制与诉讼制度的核心要求不同，即行政权与司法权的本质相异，使得这两者适用的前提、产生的后果截然不同。例如，磋商的前提是行政机关对于损害事实并未掌握有足够证据，而诉讼往往要求证据充分方能起诉，证据不足贸然起诉的后果极有可能就是不能胜诉，反受"一事不二诉"的程序制约。另一方面，磋商机制与诉讼制度又同属于生态环境损害赔偿制度中的一环，磋商机制与其说类似"诉前和解"，毋宁说是行政执法手段之丰富。

四 生态环境损害赔偿磋商制度理论困境的突破

（一）结合国家环境保护义务来处理职能与职责的统一

行政机关作为磋商发起人和诉讼主体向赔偿义务人进行追责，究竟是监管职责的体现还是索赔职能的行使，是前述理论争议的聚焦所在；而如何处理职责的非妥协性与职能的可裁量性，则是

---

[1] 罗丽、王浴勋：《生态环境损害赔偿磋商与诉讼衔接关键问题研究》，载《武汉理工大学学报》（社会科学版）2017年第3期。

[2] 王小钢：《生态环境损害赔偿诉讼的公共信托理论阐释——自然资源国家所有和公共信托环境权益的二维构造》，载《法学论坛》2018年第6期。

解决这一问题的关键。目前,有学者将目光投向了"公共信托"原理,希冀借此来厘清自然资源国家所有权与自然资源国家管理权之间的关系,从而解释行政机关作为赔偿权利人的诉权来源问题。[1]然而,在我国宪法条款明文规定自然资源属于国家或集体所有的情况下,政府并非为他人利益而间接持有公共信托的自然资源;[2]况且,最高人民法院也将生态环境损害赔偿诉讼定位为基于自然资源国家所有权而提起的诉讼。因此,该理论欠缺解释力。事实上,由省级、市地级政府及其指定的部门或机构代表国家向赔偿义务人对损害事实及责任承担进行磋商,与其说是在强调国家对自然资源的所有权,不如说其意在凸显国家对公民和社会所承担的环境监管义务,磋商机制尤其体现了政府未能履行好管理责任时的损害填补与责任分担,因此,其在性质上更接近于义务履行瑕疵时的补救与追偿。

从很大程度上讲,生态环境遭到污染或破坏本就应该让政府先担责,因为森林、河流等环境介质作为公共财产,理应强调地方政府作为代为管理者的责任,否则可能导致其无心采取适当的补救措施,故"政府先买单"是其监管职责的体现。之所以职责具有不可妥协性,是因为所在辖区内的生态环境遭到破坏,属于政府履行相关义务的失职,如要救济,则其承担的责任就应当等于修复生态环境所需的总量;而政府在着手防止损失扩大、修复环境、花费成本调查鉴定设计方案后向企业追究责任的行为,则是对预先垫付费用的追索,即索赔职能的行使。换言之,政府并非作为所有者抑或是代表人对企业进行追责,企业也并非直接对

---

[1] 王世进、王蔚中:《论环境请求权与生态环境损害赔偿》,《江西社会科学》2016年第10期。

[2] Terry Fox, *Natural Resource Damages: The New Frontier of Environmental Litigation*, Tex. L. Rev, 1993, 34 (521), pp. 522 – 525. 在公共信托理论下,政府为公共利益持有自然资源,因此,政府充当"受托人",公众是信托的受益者。

生态环境进行赔偿，其赔偿的对象是政府，政府相当于一个事先承担总体责任的保证人，在承担保证责任后与真实债务人——实际侵权行为人之间成立一个新债，通过生态环境损害赔偿制度来对实际债务人进行追偿。[1] 之所以索赔职能具有可裁量性：一来，由于妥协的对价是取证成本的节约和诉讼资源的保留，虽然表面上直接受益人是政府，但最终受益人还是全体公民。二来，政府本身对企业的行为有一个潜在的背书作用，根据法律，企业的行为都需要经过履行环境影响评价、排污许可等行政程序，这些程序的通过意味着政府对企业信用的肯认，相当于以行政公权力对作为公共财产的环境利益做了某种担保，如若日后出现问题，政府理应承担一定比例的责任。因此，磋商时政府可以根据自身的过错程度对企业应当承担责任的比例进行适当妥协，从而使得《改革方案》中的对损害事实[2] 及责任承担进行磋商有了合理解释的基础。

（二）贯彻有限原则以协调公共利益维护效率与维护手段的冲突

效率与公平是法律所追逐的永恒价值。相对来说，双方参与的磋商比三方牵涉的诉讼在解决问题的效率上更具优势，但公平性略有欠缺。迥异于其他的司法制度，要么旨在查明真相、要么则着力解决纠纷，生态环境损害赔偿制度更优先考虑修复生态环境，况且生态环境损害的不可逆转性使得效率应当在一定范围内优先于公平，这也是磋商机制产生的本质原因。那么如何把握这个度呢？如果一味地追求效率罔顾公平，可能导致公权力缺乏约

---

[1] 这种思路得到了最高人民法院的肯定，参见《若干规定》第19条。
[2] 《改革方案》中只提到了对损害事实的程度及承担责任的方式进行磋商，并未直言对责任承担的比例进行协商，但损害事实的程度即实际决定了修复责任的大小，因此，是可以推导出磋商内容包含责任承担比例这部分的。

束,公共资源遭到不必要的浪费。针对磋商客体的可协商性与非处分性的冲突,贯彻有限磋商原则,明确区分协商的底线和裁量的空间,不失为一种可行思路。

如前所述,《改革方案》中需要磋商的具体问题包括损害事实与责任承担两个部分,且两者具有因果关系。对于损害事实而言,由已查明事实与未查明事实组成,已查明的损害事实在协商中原则上不能让步,除非是因果关系不明导致责任不确定,此时方具有裁量空间;确定的损害事实和确定的责任关系属于政府的监管职责,不具有可妥协性。而未查明的事实属于磋商制度设计的主要交易对象,因为对此部分事实进行再一次的深度查明将可能导致对环境公共利益维护效率的减损,故通过适度放弃以换取修复启动时间的提前可能对于节约有限资源、维护环境利益而言更为妥帖。对于已确定和未确定的责任承担部分,在保证总修复责任承担量不变的基础上,政府可以进行妥协,但前提是允许赔偿义务人少承担的部分责任须由政府来负责填平,一来保证总量不减、实际责任不至于落空;二来确保政府和企业之间留有利益冲突,可以相互掣肘,从而避免"政企合谋"。

此外,《改革方案》提及,磋商的具体内容还包括修复方案技术可行性、成本效益最优化、赔偿义务人赔偿能力、第三方治理可行性等,这些属于与赔偿权利人和赔偿义务人无直接利益关联的客观事实,往往不存在讨价还价的空间,也没有必要进行权衡与妥协。况且,修复方案可行、成本效益最优其实是双方共同追求的目标,因此,对该部分具体实操细节的磋商并不会导致公共利益维护效率与维护手段之间的冲突,可以不放在有限原则下予以特别关切。

(三)对比行政和解以明确磋商协议的效力基础

随着政府由"管理行政"到"服务行政"的角色转变,"消极行政"向"积极行政"的职能迁移,行政和解的障碍渐渐被弱化,人们越来越能接受行政自由裁量权日益增长的现实需要。[1]由于磋商机制所体现的"公共利益与个人利益具有可交换性,且公共利益与私人利益的妥协和交换可以达到社会利益的最大化"[2]与行政和解产生的理由具有本质相似性,因此,对于磋商协议的效力界定,行政和解的理论基础存在可借鉴之处。

最高人民法院态度虽不明朗,但从《若干规定》的相关内容看,基本上将生态环境损害赔偿诉讼定性为民事诉讼,那么,在磋商中,政府所交易的究竟是民事诉权还是行政执法权?如果认为磋商属于对民事诉权的处分,那么将很难有效引入对此环节的公众监督,也会导致环境法上公众参与这一基本原则的落空。若不再将行政执法权的不可处分性与行政执法方式的灵活性进行对立,将政府与赔偿义务人之间的磋商作为协商民主的一种表达形式,[3]那么磋商协议的效力就可以得到很好的解释。

磋商机制与行政和解之间存在的共性如下:第一,都反映了公共利益与私人利益的妥协与交换。赔偿义务人追求的是个人利益最大化,而对于承担管理职责的政府而言,公共利益则是其需要捍卫的首要目标。当二者因为生态环境发生冲突时,不宜一味采取对抗,通过有限度的交换、选择性的行使公权力,反而更容易达到总体上社会利益最大化的效果。第二,都达到了节约社会资源的目的。无论是行政和解还是磋商机制,都是为避免进入漫长复杂的司法程序,耗费巨大的人力、物力和财力,并面对诉讼

---

[1] 吴立亚:《行政和解的正当性质疑及其消解——公众参与视角下的行政争议化解》,载《理论与改革》2014年第1期。

[2] 温辉:《论行政和解的理论基础》,载《法学杂志》2008年第3期。

[3] 协商民主强调公民的民主参与,以及公民对于公共利益的责任,通过不断地公共协商,使各方都能了解彼此的立场,拓宽彼此的心胸,进而把私利提升为公利,以弥补选举民主多数决策的制度缺陷。陈剩勇:《协商民主理论与中国》,载《浙江社会科学》2005年第1期。

结果的不确定性。但也正是因此,和解和磋商内容只能针对事实不清的争议,而非适用法律的争议。这是行政权与司法权互不僭越的要求,同时也从侧面限制了行政权的行使边界。第三,在私法契约的外壳下行政权滥用的可能性高。[1] 表面上的平等与实质上的不平等容易成为公权力机关规避调查义务的避风港,因此,行政和解和生态损害赔偿磋商,都需要强调其公开性以确保其有效运行。第四,协议的非终局性。无论是和解协议还是磋商协议,皆非可强制执行的终局结果,还要接受司法确认、行政复议、行政诉讼等后续程序的监督与纠正。因此,与其说磋商协议属于公法化的民事协议,毋宁说其本质是私法形式的行政合同,通过监管职责的行政行使与索赔职能的民事处分,来实现社会利益的最大化。

(四)借鉴双阶理论以衔接磋商和诉讼阶段

双阶理论[2]最早由德国学者伊普森提出,用以解决政府向私人提供补贴所引发的争议中私主体如何寻求法律救济的问题。该理论认为,政府向私人提供补贴的过程被人为分割为两个性质不同的阶段:第一个阶段是决定阶段,即前阶公法阶段,此阶段国家决定是否向私人提供补贴,此阶段政府的行为被视为公法行为,受到一般公法原理的约束;第二个阶段是履行阶段,即后阶私法

---

[1] 江凌、卢申伟:《和谐语境下的权力运作——行政和解制度探析》,载《行政法学研究》2012年第1期。

[2] 双阶理论的产生立足于行政形式选择自由,行政形式选择自由包括行政组织形式选择自由与行政行为形式选择自由两种表现形式。行政组织形式选择自由系指具有工具性格的行政组织的目的是完成行政任务保障人民的合法权益,在法律无明文规定或未禁止的情况下,行政机关可以自行决定以公法形式或私法形式组织行政组织完成行政任务。行政行为形式选择自由系指行政机关为了适当地履行公行政之任务,达成公行政目的,得以选取适当之行政行为,甚至也可以在法律所容许之范围内选择不同法律属性的法律行为。详见陈军《行政形式选择自由理论探析——基于公私合作视角》,载《北方法学》2014年第6期。

阶段，此阶段国家以借贷的形式向私人提供补贴，此阶段中政府与被补贴人之间的关系被视为私法借贷关系，受到私法约束。[1]对于公权与私权难以进行明确划分的"第三法域"而言，该理论颇具解释力。

在生态环境损害赔偿领域，磋商制度可以理解为"前阶公法阶段"，即以行政公权运行，达成包含监管职责和索赔职能在内的公权任务；诉讼程序则属于"后阶私法阶段"，以民事诉讼的私权形式，继续达成索赔的公行政任务。[2]对于磋商机制而言，本质上公权色彩更为浓厚。虽然政府改变了往常的命令—服从式的环境监管手段，给予赔偿义务人充分话语权，双方共同面向修复生态环境损害之目标，在公私利益博弈的过程中达成生态环境损害赔偿协议；但是，环境公共利益的非处分性以及程序的单方选择性使得行政权力在生态环境损害赔偿磋商过程中占据了绝对的主导地位，且决定了生态环境损害赔偿磋商区别于平等主体之间的意思自治。因此，磋商前的行政调查、磋商后的行政执行、磋商过程中的行政指导都体现了行政公权的运行，虽然磋商运作中的互易行为带有民事性质，但整个过程中得以运作的都是公权，没有私权运行之余地。因此，磋商时政府行为应当受到一般公法原理的约束，这也是很多学者提倡信息公开贯穿该阶段，并且通过行政公益诉讼对该阶段进行监督的原因所在。[3]对于一同衍生的诉讼而言，其目的与磋商相同，都是向赔偿义务人行使索赔职能，只是此时双方理论上处于平等对抗的地位，约束政府行为的不再

---

[1] 严益州：《德国行政法上的双阶理论》，载《环球法律评论》2015年第1期。

[2] 刘巧儿：《生态环境损害"赔偿权利人"的解释论分析》，载《中南林业科技大学学报》（社会科学版）2018年第4期。

[3] 张宝：《生态环境损害政府索赔权与监管权的适用关系辨析》，载《法学论坛》2017年第3期。

是公法，而是民事诉讼规则。虽然在形式上，生态环境损害赔偿诉讼中政府处于原告地位，但实质上该诉讼是政府在磋商无果的情况下，基于其行政能力的二次选择，也即放弃公权方式，转而以提起诉讼的方式恢复受损生态环境的行为。此阶段中政府所为应定性为私法行为，尤其是对于事先承担了修复环境责任的政府而言，实际赔偿义务人与之存在一个债的关系，故赔偿权利人作为民事权利人的诉讼属于"后阶私法构造"。

五 结语

生态环境损害赔偿磋商制度中的诸多二元矛盾，究其根源，是因为法律移植过程中本土化改造不充分所致。此时，强调磋商机制的重要性、适度弱化诉讼在生态环境损害赔偿制度中的地位，是促使该制度发挥其设计初衷、更加契合实际国情的当然之举。具言之，在磋商机制的运行中，主体职责非妥协性与职能可裁量性之间的冲突可以通过国家环境保护义务的解释以进行监管职责和索赔职能的独立考察，在政府先担责的语境下成立其与赔偿义务人之间的追偿关系，从而使得裁量空间具有合理基础；客体的可协商性与非处分性则在有限原则的指导下予以弥合，在保证总修复责任承担量不变的基础上，妥协的前提是允许赔偿义务人少承担的部分责任必须由政府来负责填平，使得利益冲突的双方相互制约；作为内容的磋商协议兼具行政性与民事性的特点，对比行政和解可知其效力实为私法形式下的行政合同，在双方实际地位并不平等的情况下，贸然将之划入民事范畴并无裨益，只有正视其公法性并引入公众参与原则进行监督才能达到真正的自愿协商平等谈判的效果；在程序的衔接上，借鉴双阶理论以阐明磋商与诉讼之间的关系，体现磋商以及诉讼皆为达成公权任务的本质，保留不必要的私权外壳反而容易成为公权滥用的来源。

论环境侵权惩罚性赔偿的数额确定

周欣琦[*]

一 问题的提出

《民法典》第1232条确立了环境侵权惩罚性赔偿制度，回应了长期以来理论和实务界对环境侵权惩罚性赔偿的期待。2022年1月12日出台的《最高人民法院关于审理生态环境侵权纠纷案件适用惩罚性赔偿的解释》（以下简称《解释》）适时地为《民法典》第1232条提供司法实务的指引，《解释》第9条、第10条确立了环境侵权惩罚性赔偿数额确定的基数倍数法，以环境污染、生态破坏造成的人身损害赔偿金、财产损失额为计算基数，以"列举+兜底"的方式规定基数的倍数综合衡量需要考量的因素，包括侵权人的恶意程度，侵权后果的严重程度，侵权人因污染环境、破坏生态行为所获得的利益或者侵权人所采取的修复措施及其效果等因素，同时规定数额一般不超过基数的两倍。另外，明确了罚金、罚款的判罚不排除环境侵权惩罚性赔偿的适用，但在确定惩罚性赔偿金数额时可以综合考虑。

---

[*] 周欣琦，华南理工大学法学院硕士研究生。

笔者认为，环境侵权惩罚性赔偿的数额确定研究不因《解释》的出台而终止，其具有重要意义的原因在于：第一，司法解释具有立法成果属性，其效力来源于全国人大的授权。[1] 有学者认为司法解释是实实在在的授权立法的产物。[2] 其实质内容具有较强的创造性，对司法解释进行"再解释"具有重要意义。第二，《解释》提供的基数倍数法仅是数额确定的外在形式，法官在一定的外在形式下，仍有可能就同一案件得出不同的结论。如何在基数倍数法的外在形式下，作出案件事实与法官结论的合理链接，是环境侵权惩罚性赔偿数额确定的内在实质。而为阐明案件事实与最终环境侵权惩罚性赔偿数额确定结论的链接过程，我们必须将目光聚焦环境侵权惩罚性赔偿制度的内在原理，将其作为数额确定的论证过程的前提。

二 环境侵权惩罚性赔偿数额的确定方法[3]

以基数倍数法作为环境侵权惩罚性赔偿数额的计算方法，惩罚性赔偿数额与补偿性赔偿数额之间保持一定的比例，使司法实践中的数额确定以易于观察的形式呈现，并且通过倍数范围限制的方式体现了"惩罚性"的限制思路，是对环境侵权惩罚性赔偿的私法责任属性的强调和回应。

然而，仅是确立了数额的计算方法以及倍数衡量的参考因素，仍无法解决在具体案件中应当判决数额多少的问题，在基数倍数法的外在形式下，如何作出将案件事实与法官结论链接的合理论

---

[1] 参见刘风景《司法解释权限的界定与行使》，载《中国法学》2016年第3期。

[2] 参见聂友伦《论司法解释的立法性质》，载《华东政法大学学报》2020年第3期。

[3] 笔者将《解释》第9条、第10条中基数倍数法称为环境侵权惩罚性赔偿数额的"计算方法"，而不称为"确定方法"，与本文论述的动态体系论框架下的环境侵权惩罚性赔偿数额的确定方法相区分。

证，是环境侵权惩罚性赔偿数额确定的实质方向。下文将运用动态体系论的法技术框架，论述环境侵权惩罚性赔偿的确定方法。

(一) 环境侵权惩罚性赔偿要素的动态体系化

环境侵权惩罚性赔偿数额确定的难题在于在脱离了损害范围的框架下，赔偿数额的确定不得不向内部体系回溯，以内在体系作为评价的基础进行赔偿数额的合理性论证。侵权人应当要赔偿多少的问题，选择动态体系论作为法技术框架。动态体系论的基本构想是，特定在一定的法律领域发挥作用的诸"要素"，通过"与要素的数量和强度相对应的协动作用"来说明、正当化法律规范或法律效果。[1]

建立环境侵权惩罚性赔偿数额确定的动态体系化的分析框架，首先，要求对环境侵权惩罚性赔偿制度的内在体系中的原理进行明晰，究竟在环境侵权惩罚性赔偿制度中哪些原理可以决定数额确定？其次，在阐述论证原理的妥当性的基础上，细化原理的表现形式，得出原理指导下若干因子，并对因子不同的意义和重要性进行分析，以明确不同因子对数额确定结果影响的权重和比例。最后，尝试进行若干因子的动态化构造的建构，演示因子在数额确定中的动态化协动机制。

(二) 环境侵权惩罚性赔偿数额确定的要素选择[2]

动态体系论中的原理是实现法价值过程中被广泛承认的规范

---

[1] 参见[日]山本敬三《民法中的动态系统论——有关法律评价及方法的绪论性》，解亘译，载梁慧星主编《民商法论丛》第23辑，法律出版社2002年版，第177—200页。

[2] 下文所称的"要素"是指动态体系论中在某一法律领域发挥说明、正当化法律规范或法律效果的要素，从形态上可以分为因子和原理两种类型。因子与原理从属于不同层次，但不同层次之间的因子和原理是可以相互沟通的，原理可以提炼出因子，而因子的"根本性根据"又是原理。因子是原理的具体化，用以衡量原理在多大程度得到满足或受到背离。故无论要素的形态采用因子还是原理，动态体系都以原理为基础。因此，本文的要素采用原理的形式，在明晰环境侵权惩罚性赔偿制度内在体系中的原理的基础上，细化原理的表现形式，将原理具体化为因子，使之更好地应用于司法实践中，以因子评价要素的满足程度。

形态，意在揭示直接支配法律规则的规范原理。[1] 原理的提取应紧密结合特定法律问题的规范旨趣。[2] 解决环境侵权惩罚性赔偿数额确定问题，应当提取其制度的原理。环境侵权惩罚性赔偿制度目的的实现原理决定了在规则体系的构建中私法属性的中心位置，私益保护为个案裁判着眼点。因此，可以将该制度置于侵权损害赔偿法与惩罚性赔偿体系之下作法律价值的思考。

侵权责任法以保护受害人、弥补受害人的实际损失的救济法为基本定位，[3] 而侵权责任法所保护的权益范围反向划定了行为人行为自由的边界，因此权益保护与行为自由总是处于相互约束的紧张关系中。侵权法的目标在于缓和权益保护与行为自由的紧张关系。[4] 主张受害人的民事权益与行为人的自由予以均衡、恰当的保障。衡量责任的适当性总是在权益保护与行为自由价值的平衡当中，是宏观意义上比例原则于侵权法的引入，避免责任的过分严苛是侵权法作为一个公正有效的赔偿体系的内在要求。[5] 具体至环境侵权惩罚性赔偿数额确定中，对行为人的损害（惩罚性赔偿金）应当与其所保护的利益成比例。环境侵权惩罚性赔偿制度置于侵权法与损害赔偿法体系之中，亦受到权益保护与行为自由平衡目标的约束，仅在两者平衡的边界上具有一定的特殊性。

1. 环境侵权惩罚性赔偿数额确定的有责性要素

私法自治原则下，行为自由乃侵权法的出发点，享有利益之

---

[1] 参见［日］山本敬三《民法讲义Ⅰ》，解亘译，北京大学出版社2012年版，第497页。
[2] 参见王磊《动态体系论：迈向规范形态的"中间道路"》，载《法制与社会发展》2021年第4期。
[3] 参见王利明《我国侵权责任法的体系构建——以救济法为中心的思考》，载《中国法学》2008年第4期。
[4] 参见朱岩《侵权责任法通论（总论）》，法律出版社2011年版，第86页。
[5] ［德］克雷斯蒂安·冯·巴尔：《欧洲比较侵权行为法》（下卷），张新宝译，法律出版社2004年版，第1页。

人（首先）承担损失，意味着其应承担自身的"一般生活风险"，而非直接转嫁于其他私法主体。原则上，任何损害都必须由法益享有者承担，但允许一种"特别的理由"能将损害责任归于他人。何为打破"损失自负原则"的"特别理由"？在侵权法中，这种"特别理由"就是归责事由或归责原则，行为人须对以某种方式归咎于己的损害负责。[1]

所谓有责性，是侵权法中解决行为人为何及在何种条件下承担责任的概念，关注的是实施侵害的行为人的内心状态，是归责的主观方面。[2] 耶林认为，使人负损害赔偿的，不是因为有损害，而是因为有过错。惩罚性赔偿多用于严重违反法律且加害人主观过错较为严重，尤其是动机恶劣，具有反社会性和道德上的可谴责性的场合。例如，《布莱克词典》中对于惩罚性赔偿的定义即强调了"鲁莽、恶意或欺诈"[3]，侧重于行为人主观态度的总结。《美国侵权法重述》（第二版）使用了"邪恶的"表现惩罚性赔偿的主观恶意要件。[4] 我国学者张新宝、李倩对于惩罚性赔偿的定义亦关注到了侵权人的主观态度方面。[5] 可见，侵权人的主观上的道德可谴责性，表现为法律概念上的有责性是惩罚性赔偿的基础。[6] 侵权人的主观恶意，昭示了其对他人利益状态的极端漠视与不尊重，形成了道德上的应受谴责性，最终受到法律的否定评价，成为"惩罚"成立的构成要件，同时在"惩罚"的法律效果

---

[1] 参见朱虎《过错侵权责任的发生基础》，载《法学家》2011年第1期。

[2] 参见朱虎《过错侵权责任的发生基础》，载《法学家》2011年第1期。

[3] See Garner B. A. (ed.), *Black's Law Dictionary*, London: West Group, 1997, p.396.

[4] See Restatement (Second) of Tort 908 (1977).

[5] 参见张新宝、李倩《惩罚性赔偿的立法选择》，载《清华法学》2009年第4期。

[6] 有学者提出认为多倍赔偿与不法行为人的道德问题无关，而仅是作为一种遏制不法行为的制度发挥作用，区别于惩罚性赔偿。参见［日］田中英夫、竹内昭夫《私人在法实现中的作用》，李薇译，法律出版社2006年版，第146页。

也即数额的衡量中的重要因素，否则不足以实现对尊严损害的矫正。[1]通过对主观恶意的惩罚实现公平、自由、平等社会价值和秩序的恢复，是报应主义的应有之义。

过错中故意的有责性无疑高于过失，行为人内在的意志行为导致了一个确定的后果，故意的道德可谴责性深刻地体现于行为人对于"恶"的认识和意志中，[2]是一种"深深扎根于正义感的过错"[3]。有责性程度上的要求取决于制度的目的与功能，是基于制度目的与功能下行为自由与权益保护的平衡点的判断。环境侵权惩罚性赔偿制度作为实质维护公共利益的私法机制，容易造成行为自由的不当侵犯，因此环境侵权惩罚性赔偿制度的有责性要求过错程度须达到故意。有责性是一个程度的概念，有责性越强，则环境侵权惩罚性赔偿数额应该越大。有责性要素主要以过错程度体现，过错具有多层次的特点，"过错由轻到重连绵不断，相应赔偿范围亦由小到大连绵不断"[4]。

2. 环境侵权惩罚性赔偿数额确定的权益保护性要素

权利本位是民法的核心，侵权法以维护权利为核心，维护私人利益是民法的目的，也是民法赖以立足的基石。随着社会经济的发展，国家对经济社会进行调节和干预，法律作为社会关系调整和控制的工具，亦发生了功能和目的的转向。民法开始关注社会公共利益，强调个人利益与社会利益的平衡，矫正了权利的绝对自由和保护倾向，对民法的权利本位作出修正，使其接纳国家权力对民事活

---

[1] 张诺诺：《惩罚性赔偿制度研究》，博士学位论文，吉林大学，2010年。

[2] 叶名怡：《侵权法上故意与过失的区分及其意义》，载《法律科学》（西北政法大学学报）2010年第4期。

[3] [奥]瓦尔特·维尔伯格：《私法领域内动态体系的发展》，李昊译，载《苏州大学学报》（法学版）2015年第4期。

[4] 刘海安：《过错对侵权法上填补性责任之赔偿范围的影响》，载《政治与法律》2009年第11期。

动的干预和对个人权利的限制。[1] 惩罚性赔偿责任也是在这种社会背景下民法调整的产物,作为"私人执法"的工具,惩罚性赔偿责任发挥了民法的惩罚、制裁功能,但不意味着惩罚性赔偿责任背离了民法的权利本位,恰好相反,惩罚性赔偿在追求实质正义的正当性基础上实现了民法的妥当性。惩罚性赔偿在补偿性损害赔偿的基础上,增强了赔偿的威慑、遏制功能,有效预防损害的发生,使得民事权益受到更为周全的保护。除了受害人的私人利益以外,惩罚性赔偿还可以实现一般预防,保护了潜在的受害人的权益,权利本位下的民法具有了社会本位的特征,实现了民法与公共利益的接轨。

故意污染环境、破坏生态的侵权行为,造成了受害人人身权益和财产权益上的损害,受害人由于诉讼能力的差异、免受诉累的考虑,难以主张权益保护;同时由于环境侵权领域的损害难以量化,受害人亦难以获得理想的赔偿额。在此意义上,环境侵权惩罚性赔偿制度继承了侵权法权益保护的价值取向,权益保护原理下,环境侵权行为所造成权益的重要性与受损程度是衡量环境侵权惩罚性赔偿数额的两个重要向度。

(三) 环境侵权惩罚性赔偿数额确定的因子

1. 有责性要素因子:侵权人恶意程度

过错具有多层次的特点,过错内部由意志要素和认识要素构成。[2] 人类的认识和意志的连续性,使得过错的划分上不存在明显的界限。[3] 因此,在现实的理论研究和司法实践中,过错的划

---

[1] 陈年冰:《中国惩罚性赔偿制度研究》,北京大学出版社2016年版,第69页。

[2] 参见蔡颖雯《侵权过错程度论》,载《法学论坛》2008年第6期。

[3] 参见陈本寒、艾围利《怎样确定民法上的过错程度及其区分标准》,载《中国社会科学院研究生院学报》2011年第3期。

分总是截取若干不同程度之过错片段。[1] 但学者多关注过失程度的划分，对于故意程度划分的论述不多，与我国一般并不以过错程度为责任范围衡量因素有关，故意仅须达到责任成立的程度即可，至于故意之上的过错程度则并不关心。

环境侵权惩罚性赔偿以故意为构成要件，即故意为环境侵权惩罚性赔偿数额确定衡量的起始点，故意程度越深，则环境侵权惩罚性赔偿的数额应当越大。如何于故意之上考察过错程度？《解释》第10条第1款中所列出的"侵权人恶意程度"是否可以实现过错程度的衡量？所谓"恶意"的程度判断是否超出了有责性要素的范畴？在英美法系中，故意与恶意视为两个具有重大区别的概念，前者是被告明知且希望其行为损害他人权益，是一种引起确定后果的意图；后者更多考察的是行为人的动机和目的，并强调是不诚实、不道德的动机和目的。[2] 因此，笔者认为恶意为故意的严重状态，[3] 较之一般故意要承担较重的民事责任，从实质意义上，两者是过错程度的不同阶段。因此，所谓"侵权人恶意程度"较之一般过错程度的衡量，应当更加关注行为的动机和目的，着重于行为对社会秩序和个人权益的蓄意破坏，在道德可谴责性和惩罚正当性上，恶意的标准"更胜一筹"，因此，"侵权人的恶意程度"能够符合体现有责性原理满足程度的要求。

无论是故意还是恶意，都要求裁判者观察行为人隐秘的内心世界，行为人的恶意程度的考察并非易事，特别是在环境侵权领域，某些高危活动以及环境污染行为本身为社会发展所需，通常

---

[1] 刘海安：《过错对侵权法上填补性责任之赔偿范围的影响》，载《政治与法律》2009年第11期。

[2] 参见蔡颖雯《侵权过错程度论》，载《法学论坛》2008年第6期。

[3] 张新宝：《侵权责任构成要件研究》，法律出版社2007年版，第441—444页。

已获得特许或同意，难以证明加害人主观的过错。故环境侵权的过错程度只能通过外在的、客观化的要件表现行为人的主观过错，如《解释》第6条，故意的判断应当根据侵权人的职业经历、专业背景或经营范围，污染物的种类以及污染破坏行为的方式综合判断，目的是以外在客观的表现"证明"内心的意图和动机。除列举判断故意的因素以外，《解释》第7条通过对实践中的环境侵权行为类型化，使得故意的判断更为简便和清晰。《解释》第7条所列举的侵权行为的类型，结合了侵权违法性的判断，违反了环境管制的要求，是对社会秩序的蓄意破坏，因此具有充分的"惩罚"正当性。

笔者认为，《解释》第6条、第7条通过列举参考因素与类型化的方法将故意的判断客观化，可以为侵权人恶意程度的考量的借鉴。侵权人恶意程度的判断与故意成立的判断是量和质上的不同，其内在原理具有共通性。因此，侵权人恶意程度亦可参考《解释》第6条的判断因素，对行为人的认识要素和意志要素作程度上的判断。而满足了《解释》第7条所列举的侵权行为的恶意更强，是因为作为明文列举的环境侵权行为类型，必定在重要性、发生的概率上高于其他没有被列举的违法行为，这些环境侵权涉及的法律越常见、越重要意味着行为人蓄意违反社会秩序、损害个人权益的动机更显著，从而更具有负面评价的正当性。

2. 权益保护性要素因子：侵权后果严重程度

权益保护性要素以受损权益的重要性和权益受损的严重性两个维度对权益保护原理进行评价，受损权益越重要，权益受损越严重，则权益保护原理的满足程度越高，环境侵权惩罚性赔偿数额应当越大。

受损权益的重要性，首先需要进行价值位阶的判断。利益价值位阶回答了在通常情况下，发生利益冲突时，何种利益应优先得到实现的问题,简言之,是权益保护的先后顺序问题。[1] 在环境侵权惩罚性赔偿数额确定过程中,受损权益的重要性决定了权益的保护水平,故在受损权益的重要性与数额确定的比较命题中,受损权益越重要,环境侵权惩罚性赔偿数额应当越大。首先受到最全面保护的是"生命、身体和精神的完整性,人的尊严和自由"等人身权益;其次是财产权受到广泛保护;最后是纯粹经济利益及合同利益,其保护受到较多的限制。[2] 由此确立民法上的基本利益价值位阶,但这些规则并非对利益位阶的最终判断,但若要改变这些规则,应当承担论证负担。[3] 而权益受损越严重,也即行为后果越严重,与权益保护原理背离的程度越高,环境侵权惩罚性赔偿的正当性越强,在数额确定上表现为数额更高。受损权益的价值位阶和权益受损严重性的考察缺一不可,在不同案件的权益受损状况的对比中,两者应当综合衡量,价值位阶的优先性不一定意味着权益保护原理更高程度的背离,因为行为结果严重性的判断可以一定程度上补足价值位阶的不利性,因此在个案中需要受损权益的价值位阶和严重性的双重判断,以得到妥适性的权益保护原理的满足程度的结论。

由于环境侵害的二元性特征,[4] 环境侵权可能引起对人的损害和对生态环境的损害,权益保护性要素的考量是否应纳入生态环境损害?作为"私人执行"的手段,维护公共利益是环境侵权惩罚性赔偿制度的内在实质,隐藏于私人利益维护的逻辑之下,

---

[1] 参见王利明《民法上的利益位阶及其考量》,载《法学家》2014年第1期。

[2] 参见欧洲侵权法小组编《欧洲侵权法原则:文本与评注》,于敏、谢鸿飞译,法律出版社2009年版,第59页。

[3] 参见王利明《民法上的利益位阶及其考量》,载《法学家》2014年第1期。

[4] 吕忠梅:《"生态环境损害赔偿"的法律辨析》,载《法治论坛》2017年第3期。

以私法机制维护公共利益非简单地接入公法的权能，应当形成私法理论与制度体系的统一逻辑和内在秩序。环境侵权惩罚性赔偿制度处于侵权损害赔偿法体系中，制度着眼点仍应是私人利益的维护，而立法者实质期待的功能是维护环境公共利益，这种实质与形式的矛盾构成了环境侵权惩罚性赔偿制度的特征与建构的取向。

因此，笔者认为将生态环境损害纳入权益保护性要素的考量范围必然会将环境公共利益引入环境侵权中，造成环境侵权理论体系的分裂。公共利益从起源上即排斥私法，公共利益与公权力之间具有密切联系，是证明政府管制正当性的利益。[1] 公共利益作为外部限制引入私法当中，以防止行为自由过分扩张，但其并非民法内部规范。因此，在环境侵权惩罚性赔偿数额确定的权益保护性要素的衡量中，不宜将"侵权后果的严重性"考察范围扩张至生态环境损害中，侵权后果严重性的程度判断应仍以人身损害、财产损害的严重性为标准。

3. 其他要素和因子的补充

除上述有责性要素与权益保护性要素以外，环境侵权惩罚性赔偿制度内部还存在其他价值原理，其重要性不如有责性要素与权益保护性要素，可作为辅助要素得到一定的考量。

（1）侵权人的获益情况

在英美法中，返还性损害赔偿是一种旨在剥夺被告人非法所得的金钱赔偿责任。多数情况下，英美法实践中，返还性损害赔偿被包含在惩罚性赔偿金中，一并判决给原告，在理论上亦不作为一种独立的损害赔偿类型。[2] 可见，侵权人获益与惩罚性赔偿

---

[1] 参见张钦昱《〈民法典〉中的公共利益——兼论与公序良俗的界分》，载《暨南学报》（哲学社会科学版）2021年第7期。

[2] 参见黄娅琴《惩罚性赔偿研究：国家制定法和民族习惯法双重视角下的考察》，法律出版社2016年版，第11页。

之间的关系非常密切,有学者认为侵权获利返还制度指向不法行为所造成的秩序破坏的恢复,[1] 笔者认为惩罚性赔偿亦同样存在秩序恢复的面向。

从法律经济学的角度,惩罚性赔偿可以通过剥夺侵权人获利,使得其违法成本上升,并且将获利分配给受害人,形成正向的维权激励,能够根本地遏制侵权行为。因此法经济学家认为在故意侵权的情况下,惩罚性赔偿金等于加害人的非法获利,使得侵权人的不法成本高于获益。但法经济学的思路亦有可能从效率侵权的角度为之辩护——只要在赔偿损失后仍可获益,行为人就有权为加害行为且保留填补损失后的利润。

因此剥夺侵权人的获益正当性的基础仍是"禁止非法获利"的伦理性依据。"不得从错误行为中获利"的自然正义观念同样影响着惩罚性赔偿制度,发挥着剥夺侵权人获益,惩罚不法行为,恢复社会秩序的功能。环境侵权惩罚性赔偿数额确定中,侵权人的获益情况可以作为辅助性考量因子发挥作用。

(2) 侵权人的经济状况

有责性要素与权益保护性要素与侵权行为密切联系,考察侵权人的经济状况,则与行为自由和权益保护两大基本价值无关,而与损害分配的标准——需求有关。如果一个人生活中基本的、必要的需求得不到满足,成为其生活中的沉重负担,他就不能正常地参与社会互动,并且参与到分配正义中。固然,损害赔偿的数额若根据侵权人的经济状况而不同,容易导致公平原则的侵犯,但作为一种例外而谨慎适用,在比较法上并不少见。如《瑞士债法》《瑞典损害赔偿法》有如"将因给付损害赔偿而陷于窘困之状态""考量到赔偿义务人财务状况"的规定,为损害赔偿酌减的规

---

[1] 参见徐银波《侵权损害赔偿论》,博士学位论文,西南政法大学,2013年。

定。[1] 因赔偿义务主体之经济状况酌定减少赔偿额与宪法保障人民生存权及人格发展的义务有关，在环境侵权领域，侵权主体多为企业、生产者，企业、生产者的经营权在保护程度上虽不及公民生存权及人格发展的权利，但亦间接地与个人的生计、生存有关，具有一定的公益、人道或道德的性质。同时企业、生产者的排污活动伴随一定的经济利益上与社会经济发展上的正当性，对于生产主体的经济活动的保护亦应成为价值衡量的要素。高额的赔偿额、惩罚责任的叠加对于不同的企业来说效果是具有差异的，部分盈利较差、资产数额小的企业，经过各种惩罚责任的多重打击，还要背负高额的惩罚性赔偿数额，将对其生产经营造成过大的打击甚至其将面临破产的风险。

因此，对其环境侵害行为进行惩罚性赔偿责任上的遏制和惩罚，除了行为本身对于原理的满足程度，侵权人的经济状况可以作为数额确定的辅助要素因子，但其地位应低于有责性要素与权益保护性要素，否则将与环境侵权惩罚性赔偿的"惩罚"与公益保护目的相背离。另外，侵权人的经济状况仅为数额酌定减少的因子，不应因侵权人财力雄厚而加重惩罚。

（3）侵权人所采取的修复措施及其效果

《民法典》绿色原则的制定，是生态环境保护的时代需求下民法与环境法之间所实现的价值链接，深入到具体制度与规则中，特别是在侵权法领域，环境侵权的构成要件与责任承担方式等规则的特殊化处置是民法"绿色化"的表现。最高人民法院2020年修正的《关于审理环境侵权责任纠纷案件适用法律若干问题的解释》第13条明确规定"修复生态环境"为环境侵权的民事责任承担方式之一，体现了最高人民法院基于环境侵权的特殊性，以生

---

[1] 王泽鉴：《损害赔偿》，北京大学出版社2017年版，第344页。

态环境修复为中心的损害救济制度的司法理念。[1] 生态环境修复责任追求环境质量的改善以及环境权的保护，体现环境法的整体主义思维，直接指向环境公共利益的救济。[2] 《解释》将侵权人所采取的修复措施及其效果作为环境侵权惩罚性赔偿数额确定的参考因素，亦是绿色原则与环境法价值影响下的惩罚性赔偿制度的特殊性改造，强调生态环境修复于环境公益损害救济的中心位置。侵权人积极采取修复措施，或者修复措施产生效果，环境公共利益得到一定的补偿，可成为赔偿数额的酌定减少事由。

惩罚性赔偿的数额确定中少有将补救措施作为参考因素，而《解释》将侵权人采取的修复措施及效果作为数额确定的参考因素十分特殊，但笔者认为其以绿色原则下环境保护目标作为正当性依据，具有合理性。但环境保护目标与绿色原则不能与民法体系逻辑相违背，环境公共利益不可能成为民法内部构成的内容，侵权人采取的修复措施及效果可以作为环境侵权惩罚性赔偿数额确定中次要的考量因子，与侵权人经济状况、侵权人获益并列，因个案而异，起到补充论证的作用。

三 环境侵权惩罚性赔偿数额的个案认定

以动态体系论建立环境侵权惩罚性赔偿数额确定的框架，上一章揭示了环境侵权惩罚性赔偿制度的内在体系，并提取出动态体系中的要素、具体化为若干因子，接下来的任务即是以动态协动机制实现要素及因子的协动关系，即是环境侵权惩罚性赔偿在个案中的数额司法认定问题。

---

[1] 参见吕忠梅、窦海阳《修复生态环境责任的实证解析》，载《法学研究》2017年第3期。

[2] 参见李挚萍《生态环境修复责任法律性质辨析》，载《中国地质大学学报》（社会科学版）2017年第3期。

(一) 要素的动态评价与计算方法之结合

环境侵权惩罚性赔偿数额确定的两大要素——有责性与权益保护性，通过有责性与权益保护性要素的具体化——因子，反映要素的满足程度，在此框架下进行有责性与权益保护性要素的协动或者说"配合解释"。数额的确定应当在要素的动态评价框架下进行，是要素的权衡和相互联系的协动机制决定最终环境侵权惩罚性赔偿的法律效果强度——数额的大小。

前文已述有责性和权益保护性对于环境侵权惩罚性赔偿数额确定的独立影响机制。但单一的要素不足以均衡环境侵权惩罚性赔偿制度内含的多元价值基础，只有从要素的协动中才能实现环境侵权惩罚性赔偿数额确定的妥当性。要素的协动关系即是原理间的权衡，简单而言，假如有责性满足程度不足，但权益保护性满足程度较强，仍认定相应的法律后果。除有责性与权益保护性外，其他对于数额确定影响较弱的要素可以作为有责性和权益保护性的补充。

环境侵权惩罚性赔偿要素的协动作用须以一定的计算方法表现，结合环境侵权惩罚性赔偿数额的计算方法——基数倍数法，以人身损害赔偿、财产损失数额为基数，体现了权益保护性要素下的侵权行为后果严重性，损害越大，侵权行为的严重性越大，则赔偿数额基数越大。基数反映权益受损程度的严重性，是侵权后果严重性的其中一个维度，体现了权益保护性要素的满足程度，而侵权后果严重性的另一个维度——受损权益的重要性应当在倍数衡量中考虑。当补偿性损害赔偿主要以人身损害赔偿为主时，因人身权益的保护重要性大于财产权益，故其倍数的衡量应大于以财产损失为主的环境侵权惩罚性赔偿责任。倍数的衡量除了有责性和权益保护重要性，可以适当考虑其他要素，以加强数额确定的论证合理性。所考虑的补充性因子因个案而异，例如，侵权人因污染环境、破坏生态而取得较大的利益，可以适当增加环境侵权惩罚性赔偿数额；侵权人已采取修复措施或修复措施取得效果，经济状况不佳可以作为酌定减少数额的情形。

（二）综合考虑已承担的罚金、罚款、环境公益侵权惩罚性赔偿

《解释》第10条第2款确认因同一行为已被给予罚款或判处罚金，侵权人不能主张免除惩罚性赔偿责任，即环境侵权惩罚性赔偿与行政罚款及刑事罚金可以同时适用，但在确定惩罚性赔偿金数额时可以综合考虑。笔者认为此种思路可资赞同，但应在范围上包含环境公益侵权中的惩罚性赔偿金。[1]

诚然，环境侵权惩罚性赔偿为独立的民事责任，所追求的威慑与公法责任具有性质和程度上的差别，[2]但由于两者都以独立责任的名义存在于生态环境违法的惩罚性赔偿[3]的框架下，为防止过度惩罚与威慑，应当在确定惩罚性赔偿数额时予以酌减。相较于直接扣减，在确定数额中予以综合考虑更为灵活，在具体实践中应当区分两种情形：一是补偿性损害赔偿已经能够达到有效

---

[1] 有学者认为环境公益侵权惩罚性赔偿金上交国家，归入生态环境修复基金，使其性质彻底转向公法性质的罚金、罚款。参见王利堂《论惩罚性赔偿与罚金的司法适用关系》，载《法学》2021年第9期。笔者认为，环境公益侵权适用惩罚性赔偿，由于原告提起诉讼非经济利益的激励，实际上环境公益侵权适用惩罚性赔偿同行政责任中的罚款、刑事责任中的罚金一样为公法属性的惩罚性责任。因此，应纳入数额确定中综合考虑的范围。

[2] 威慑是惩罚的目的和后果，民事责任所寻求的威慑与刑事责任所寻求的威慑是不同的，从法律经济学的角度，两者所追求的目标分别为"定价"与"禁止"。侵权法通过对加害人施加违法成本，该违法成本可以被理解为"违法的价格"，迫使其将活动的社会成本内部化，达到活动的最佳水平，以使社会效用最大化，达到"适当或最优威慑"。而刑法则不同，在刑法管制的领域，这些活动被认为缺乏任何形式的社会效用，这些活动对于受害人或社会整体来说是在道义上应当受谴责的，应当被根本禁止，被称为"全面威慑"。See John C. Coffee Jr., "Paradigms Lost: The Blurring of the Criminal and Civil Law Models and What Can Be Done About It", *Yale Law Journal*, 1992, 101, p.1884.

[3] 参见吴卫星、何钰琳《论惩罚性赔偿在生态环境损害赔偿诉讼中的审慎适用》，载《南京社会科学》2021年第9期。

救济受害人的目的，惩罚性赔偿主要发挥"惩罚"与激励功能，此时，在考虑惩罚性赔偿金时，应当减少惩罚性赔偿数额，甚至应当直接扣减已承担的罚金、罚款、环境公益侵权惩罚性赔偿；二是由于损害鉴定技术的有限性，补偿性损害赔偿难以救济不可量化、不稳定、渐进性的损害，特别是环境健康损害，惩罚性赔偿的补偿功能发挥主要作用，因此，在确定数额时可以不考虑已承担的其他惩罚性责任。

（三）环境侵权案例惩罚性赔偿数额的确定和论证

动态体系论的适用以法官将数额确定的衡量具体过程呈现于法律文书中为基础，笔者选取以往的环境侵权案件，假设原告提起惩罚性赔偿的诉讼请求，[1] 选取"沈某某、李某某诉枣庄市天园房地产开发有限公司水污染损害赔偿案"（以下简称"天园水污染案"）[2] "易某某等与衡阳美仑颜料化工有限责任公司环境污染责任纠纷"（以下简称"美仑铅污染案"）[3] 为例，试图展示环境侵权惩罚性赔偿数额确定的过程。

在"天园水污染案"中，天园公司为和谐小区的开发建设商，其违反规范化工程设计要求，未将排污口接入市政排污管网，而是利用排水明沟排放不符合标准的生活污水，生活污水直接流入原告承包的鱼塘，造成了原告鱼塘养殖鱼类的死亡。如在此案适用惩罚性赔偿，以原告所受经济损失为计算基数，由于本案没有被告进行生态环境恢复、被告通过侵权获益以及被告经济状况不

---

[1] 截至2022年5月24日，以"惩罚性赔偿""第1232条"等关键词在中国裁判文书网进行搜索，目前上网公布案件皆为环境公益侵权适用惩罚性赔偿的案件，还没有适用环境侵权惩罚性赔偿的上网公布案例。因此本文采取此种方式展示环境侵权惩罚性赔偿数额确定的过程。

[2] 参见山东省枣庄市中级人民法院民事判决书，〔2015〕枣民五终字第541号。

[3] 参见湖南省衡阳市中级人民法院民事判决书，〔2015〕衡中法民四终字第272号。

佳的情形，因此倍数衡量以被告侵权恶意程度考虑为主。被告作为房地产开发建设公司，为该领域具有专业背景、符合经营范围的经营者，对于生活污水的排放标准、小区排污口的布置要求有着较为清楚的认知，且根据其自认的内容，在小区施工时受到原告的阻止，对小区周边的水域已有所认知，且工程验收须通过严格的程序，仍将排水口直接接入明沟，使得小区污水直接排放，符合《解释》第7条第6项的情形，该侵害行为具有较高程度的恶意。考虑受损权益的类型，以财产损失为基数蕴含了侵权行为严重程度的程度判断，可以财产损失的一倍作为惩罚性赔偿金。

在"美仑铅污染案"中，美仑公司直接排放含有铅尘的废气，没有清理运输中洒落在道路上的氧化锌矿或次氧化锌矿，致使工厂周边儿童血铅超标，部分铅中毒。假设提起惩罚性赔偿，本案的特殊性在于，铅作为一种多亲和性毒物，对机体的影响是多器官、多系统、全身性、长期性的，临床表现复杂，缺乏特异性，导致确定具体的人身损害存在较大的困难。在此类案件中，损害的是儿童的身体健康权，在权益保护重要性的维度上满足程度较高，且权益保护性要素应是本案数额确定的决定性要素，考虑本案中美仑公司作为化工企业，没有配备除尘设施或废弃收集净化装置，亦没有清理运输道路中的化合物，罔顾周边居民的身体健康，具有较高程度的恶意，本案在惩罚性赔偿数额确定上，可以人身损害赔偿额的三倍为惩罚性赔偿金。[1]

---

[1] "美仑公司铅污染案"中，由于衡东县人民政府已先行支付受害儿童的营养干预费，法院并未支持某些原告支付营养干预费的诉求。且由于当时的铅中毒标准较高，本案的证据不足，最终判决赔偿额较低。参见湖南省衡阳市中级人民法院民事判决书，〔2015〕衡中法民四终字第272号。笔者认为，在此类案件中，由于损害鉴定技术有限，且对人身权益造成长期性、渐进性的损害，补偿性损害赔偿往往不能对原告进行有效救济，惩罚性赔偿中补偿功能能够发挥重要作用，相应的，权益保护要素在数额确定中发挥更重要的作用。

四 结语

环境侵权惩罚性赔偿制度的确立是《民法典》对于严峻的生态环境问题的回应，惩罚性赔偿无疑充实了生态环境治理的法律工具箱，但应当尽快转变问题导向、实用主义的思路，建构环境侵权惩罚性赔偿的学理与规范基础。环境侵权惩罚性赔偿以维护环境公共利益为立法目的，该目的的实现又以私法机制为载体，决定了环境侵权惩罚性赔偿制度规则体系的构建以私法体系为依托。这种制度目的与实现原理的双重性，使得环境侵权惩罚性赔偿的数额确定，一方面基于"惩罚"的功能遵循限制的思路；另一方面具体规则又从侵权损害赔偿法的内在体系产生。

动态体系论的观点可以为环境侵权惩罚性赔偿数额确定提供方法论价值，在有责性要素与权益保护性要素满足程度的衡量框架下，分别细化要素为侵权人恶意程度、侵权行为后果严重性，辅之以侵权人获益、侵权人经济状况与侵权人所采取的修复措施及效果的考察，评价各要素及因子的满足程度，进行要素间的权衡和协动，最终决定环境侵权惩罚性赔偿的数额。但不得不承认，该数额确定的指导框架不会指向唯一的正确答案，其作用在于保证法官的自由裁量的同一路径，最终的数额确定仍依赖于法官的决断。本文所作的努力仅是尽量推迟法官决断的时机，并且尽力倡导法官在数额确定过程尽可能详细地解释数额的合理性，使得数额确定的过程呈现于裁判文书中，提供可辩驳的审查机制，受到当事人公正性与合理性的检验。同时，防范法官的主观恣意是法的安定性的要求，除了理性的论证结构还需要司法实践中案例的累积及理论抽象化过程。应当重视判例方法，案例的类型化、裁判理由的抽象化能够起到补充、辅助动态体系论的作用。

第二篇
应对气候变化

论应对气候变化法律责任

田丹宇　兰婕[*]

在全面提出"双碳"目标的时代背景下,我国正值践行应对气候变化国家战略的关键时期,我国增强应对气候变化能力迎来了更大的挑战与更高的要求。对于"碳达峰、碳中和"这场重大且广泛的变革,必须坚持立法先行,构建完备的应对气候变化法律体系,为"碳中和"愿景的实现提供坚实法治保障。[1] 本文将聚焦应对气候变化立法所涉法律责任,思考其在应对气候变化立法中的具体展开形式,具体针对三方主体责任分别展开论述,以期能为我国应对气候变化立法的完善提供可供参考的思路。

一　应对气候变化法律责任概述

充分考虑到应对气候变化工作的复杂性,我国目前已经形成

---

[*] 田丹宇,国家应对气候变化战略研究和国际合作中心副研究员;兰婕,北京市通州区生态环境局工作人员。
[1] 梁平、潘帅:《"碳中和"愿景下应对气候变化法律体系的完善》,载《重庆社会科学》2022年第4期。

了专门的工作小组来协调统筹应对气候变化工作。[1] 在此基础上，设立健全的应对气候变化法律责任制度能够为"双碳"目标的实现提供强有力的法律保障。通过系统性地梳理我国应对气候变化相关规定与地方政策文件，提炼出明确的责任条文，以进一步提高相关工作开展效率与保障制度的实际运行。

（一）应对气候变化法律责任的设定背景

从全球范围来看，气候变化所带来的影响日益严重，许多国家经历了较以往更为严峻的极端高温天气，气候变化正在影响着人类可持续发展进程，各国纷纷采取行动以应对气候变化，其中便包括推进应对气候变化立法。我国也正积极推进多方协作，促进全社会的节能减排，并已取得一定成就，2020年，中国碳排放强度比2005年下降48.4%，超额完成了向国际社会承诺的到2020年下降40%—45%的目标，基本扭转了二氧化碳排放快速增长的局面。[2] 但我国应对气候变化、参与全球气候变化治理之路道阻且长，既要坚持系统治理、绿色发展，坚持走生态优先、绿色低碳的发展道路，也要从各方面加强我国应对气候变化的能力，这既包括生态上的，也包括法律体系的应对。为积极应对气候变化，实现双碳目标，我国正在开展《应对气候变化法》的起草工作，通过立法明确应对气候变化的法律责任是重要的立法任务之一。[3]

从部门法角度出发，正在制定过程中的应对气候变化法是一部环境行政法，因此，应将政府、行政相对人、第三方应对气候变化的义务和法律责任纳入立法，确定各类主体在落实减缓气候

---

〔1〕 国家应对气候变化及节能减排工作领导小组与碳达峰碳中和工作领导小组。

〔2〕《应对全球气候变化亟需真正行动》，人民日报网，http://world.people.com.cn/n1/2022/0721/c1002-32482111.html，最后访问日期：2022年7月29日。

〔3〕 孙佑海：《如何处理实现双碳目标与气候变化应对立法的关系》，载《中国环境报》2021年7月22日第8版。

变化和适应气候变化等各项相关制度中的法律责任。应对气候变化行政法律机制主要解决的是国家行政管理机制和行政法律机制的实施问题。它所保护的利益具有公共性、共同性和普遍性；它在绝大多数时候使用强制性的公法原则而非平等自愿的私法原则；同时机制建设时行政权力的介入具有正当性，机制中行政法的规范比重最大；违法机制的法律责任应以行政责任为主，同时机制的建设符合环境法注重公共利益和个体利益关系的要求，因此应对气候变化行政法律机制具有行政法性质。《应对气候变化法》主要通过行政法所采取的确认、保护、鼓励、限制、禁止和制裁等方法来应对气候变化。

中国应对气候变化行政法律机制，应当是指中国通过行政法律的手段，更好地指导政府和公民的行为，适应和减缓气候变化对国内发展的影响，从而在国内层面形成的自身固有的应对气候变化的良性法律机制。同时从某种程度上而言，中国应对气候变化行政法律机制，具有一定的政策宣示性，它可以在一定程度上向国际社会表明中国应对气候变化的决心和努力，从而增强中国的国际竞争力以及谈判话语权。

环境保护领域的法律通常归类到"行政法"部分。也可以说，正在制定的"应对气候变化法"在宪法之下属于"行政法"部门，在纵向"法律、行政法规、地方法规"三个层次上属于最高层次的"法律"。具体到"法律责任"问题，纵向上，最高层级的法律可以规定的法律责任种类最多，例如人身自由权是公民的一项最基本的权利，限制人身自由的处罚只能由法律进行创设；横向上，不同的法律部门调整的社会关系不同，使用的法律调整手段也不同。通过制定应对气候变化基本法律，可以为应对气候变化工作的开展提供基本的法律保障，使相关行政部门在展开应对气候变化责任承担工作时有法可依、执法必严。

(二) 明确应对气候变化法律责任的必要性

国外很多国家均通过立法明确了碳排放的法律责任，通过法律的力量保障其碳中和目标顺利落实。例如，加拿大2021年6月出台的《净零排放责任法》是一项关于加拿大在2050年前实现温室气体净零排放的透明度和问责制的法案，规定了政府要编写排放进展报告、开展碳排放评估和预测、按计划实施减排计划等责任；德国2021年6月修订的《联邦气候保护变化法》规定，联邦政府无须联邦议会同意，即可通过法律文件分配确定和报告数据，规定需确定和报告的数据，规定碳排放数据收集和数据报告的要求，规定碳排放数据确定和报告的程序。任何人因故意或因疏忽违反这些要求，将构成行政犯罪，可能被处以最高五万欧元的罚款。

我国在应对气候变化法律体系构建上相对滞后，目前尚未制定应对气候变化基本法，相应地在应对气候变化责任领域也存在空白。如在生态环境损害责任追究上，关于应对气候变化领域如何适用生态环境损害责任制度，尚缺乏理论研究和实践探索。明确应对气候变化的法律责任问题，有助于强化气候安全的责任担当，规范权责明晰的气候治理格局。打造赏罚分明的气候治理体系，促进社会公平正义，通过法律手段降低应对气候变化的社会治理成本，提高气候治理效果。应厘清在应对气候变化领域中，政府、社会组织、个人等相关主体的法律责任分担问题，明确政府管理温室气体的权力边界和责任义务，规范其他主体应承担的减排责任，基于机构改革后新的职责分配格局，厘清中央和地方政府应对气候变化主管部门应承担的事权和责任，从而理顺新形势下，在应对气候变化管理过程中的央地关系，做到各担其责。应对气候变化法律责任制度的构建主要围绕着三方主体展开，包括行政机关及其工作人员、企业及相关经济组织与第三方核查机构，它们各自承担着不同的主体责任，需要分别进行明确。

(三) 应对气候变化法律责任的立法呈现

气候变化的应对问题是全球范围内迫切需要解决的现实问题。气候变化正成为法律变革的推动力,气候变化所引起的法律问题大致分为三类:一是碳排放交易机制;二是气候变化法律责任;三是气候变化对现行法的影响。[1] 为了有效地应对气候变化,构建并完善应对气候变化的法律机制迫在眉睫。我国当前应对气候变化的法律规定多散见于各个环境法律中,各项具体制度多是间接作用于应对气候变化问题。

值得关注的是,在2021年生态环境部所印发的《关于统筹和加强应对气候变化与生态环境保护相关工作的指导意见》中,明确了推动法规政策统筹融合的工作任务,提出要把应对气候变化作为生态环境保护法治建设的重点领域;其中第一项便是协调推动有关法律法规制修订,重点提出要加快推动应对气候变化相关立法,同时在相关法律修订过程中增加应对气候变化相关内容,并鼓励各地制定地方性法规,[2] 通过多维度努力来全方面地构建应对气候变化法律体系,进一步提高我国在法律层面应对气候变化工作的水平。

最高人民法院于2021年明确提出要准确把握碳排放权等涉碳权利的多元属性,其中包括经济属性、公共属性和生态属性,妥当处理相关民事纠纷;并支持和监督行政机关查处碳排放单位虚报、瞒报温室气体排放报告、拒绝履行温室气体排放报告义务等违法行为。[3]

---

[1] 曹明德、刘明明、崔金星:《中国碳排放交易法律制度研究》,中国政法大学出版社2016年版,第2页。

[2] 《关于统筹和加强应对气候变化与生态环境保护相关工作的指导意见》(环综合〔2021〕4号),2021年1月11日发布,http://www.scio.gov.cn/xwfbh/xwbfbh/wqfbh/44687/45405/xgzc45411/Document/1702995/1702995.htm。

[3] 《关于新时代加强和创新环境资源审判工作 为建设人与自然和谐共生的现代化提供司法服务和保障的意见》,2021年10月28日发布。

通过对涉碳权利法律性质的明确、落实各主体的责任与义务，构建严密、高效的气候变化司法环境。最高人民法院发布的《关于为加快建设全国统一大市场提供司法服务和保障的意见》中特别提出了研究发布司法助力实现碳达峰、碳中和目标的司法政策，妥善审理涉碳排放配额、核证自愿减排量交易、碳交易产品担保以及企业环境信息公开等纠纷案件，助力完善碳排放权交易机制，这一意见体现了提高司法保障应对气候变化工作的决心与重点关注。

在应对气候变化领域，现有的法律惩罚机制，主要体现在环境行政中的行政处罚措施里。由于行政法律惩罚机制贯穿整个行政法律制度体系，因此作为其具体体现的行政处罚措施，很好地体现了行政法律制裁机制的构成、结构和运行原理，符合其作为行政法律机制具体措施的特点。从行政立法角度，法律责任主体主要包括行政机关、行政相对人和第三方。具体到应对气候变化领域，所涉应对气候变化法律责任的承担主体应主要包括三部分：行政机关及其工作人员的法律责任、企业或其他经济组织的法律责任、第三方核查机构的法律责任。正在制定中的《应对气候变化法》作为应对气候变化领域的基础性法律，旨在从国内行政法律的角度重新梳理应对气候变化所需的各项制度措施，进而构建应对气候变化的行政法律机制。

二 行政机关及其工作人员应对气候变化的法律责任

《应对气候变化法》需构建气候奖惩制度体系，包括气候专项资金、绿色低碳基金、碳资产与碳金融、低碳产品政府采购、低碳技术目录等表征激励或惩罚性结果的法律制度及措施，搭建逻辑合理、有奖有罚、内部自洽、外部协调的应对气候变化制度体系。明确国家应对气候变化主管部门与发展改革、能源管理等相关部门的职能边界，明确地方人民政府在应对气候变化中的作用与角色,充分调动各部门和地方开展应对气候变化工作的积极性。建议通过立法,确立国家统一管理和地方部门分工负责相结合的应对气候变化管理体制和工作机制,全面提升国家应对气候变化领域治理体系和能力现代化。应对气候变化法律制度能否得到切实地贯彻执行,很大程度上取决于行政机关及其工作人员是否恪尽职守,严格执法。在设定其法律责任时,对国家机关工作人员不依法履职及滥用职权的行为,根据气候治理实践中的违规情形,可主要总结为以下四种:

(一) 碳排放数据造假责任

真实、准确、客观地应对气候变化数据与信息是开展气候治理的重要基础。环境统计工作是生态环境保护的一项重要的基础工作,特别强调环境统计数据的真实性、准确性。应对气候变化信息数据能够客观、直接地反映应对气候变化工作进展,数据的真实性非常重要,对其统计与核算的真实性、准确性和完整性关系到我国应对气候变化工作的推进。在法律法规层面,生态环境部印发了《防范和惩治统计造假弄虚作假督察工作规定》《关于防范生态环境统计造假弄虚作假有关责任的规定(试行)》《关于做好防范生态环境统计造假弄虚作假相关文件精神传达学习工作的通知》,旨在督促各级生态环境主管部门坚持依法统计,坚持从源头上防范生态环境造假弄虚作假的行为。

对于统计核算数据造假,除了已颁布的政策规定,应在开展应对气候变化立法过程中,明确规定政府及其工作人员如实履行碳排放管理的法律责任,设定其在碳排放数据管理过程中数据造假应该承担的罚则。在2020年7月,为全面防范和惩治环境统计造假、弄虚作假,进一步健全环境统计工作责任制,我国建立了防范和惩治环境统计造假、弄虚作假责任制,发布了《关于建立健全防范和惩治环境统计造假、弄虚作假责任制的通知》,要求各级相关单位的工作认为依法开展环境统计工作,坚决杜绝以下行为:提供不真实统计资料或伪造、篡改统计资料;编造虚假统计数据;强令、授意、指使统计调查对象或者其他人员进行统计造假;包庇、纵容统计弄虚作假有关责任人员;对拒绝、抵制、检举揭发统计造假行为的人员进行打击报复;对严重统计造假、弄虚作假行为隐瞒不报等。同时规定了各单位主要负责人对防范和惩治环境统计造假、弄虚作假工作负主要领导责任,需督促落实防范和惩治环境统计造假、弄虚作假责任制。在应对气候变化领域,也应落实相关的要求,并对此类违法行为规定相应的罚则,切实保障应对气候变化相关数据的真实性与客观性。

(二)碳排放配额管理责任

关于温室气体排放配额,2020年通过的《碳排放权交易管理办法(试行)》对其进行了详细规定,其中提到生态环境部根据国家温室气体排放控制要求,综合考虑经济增长、产业结构调整、能源结构优化、大气污染物排放协同控制等因素,制定碳排放配额总量确定与分配方案。省级生态环境主管部门应当根据生态环境部制定的碳排放配额总量确定与分配方案,向本行政区域内的重点排放单位分配规定年度的碳排放配额。该办法第6条规定了碳排放配额总量确定与分配方案的制定主体和制定所需考量的因素[1],同时在第七章罚则第37条,明确规定了对各级生态环境主管部门在全国碳排放权交易及相关活动中存在滥用职权、玩忽职守、徇私舞弊等行为

---

[1]《碳排放权交易管理办法(试行)》第6条规定:"生态环境部负责制定全国碳排放权交易及相关活动的技术规范,加强对地方碳排放配额分配、温室气体排放报告与核查的监督管理,并会同国务院其他有关部门对全国碳排放权交易及相关活动进行监督管理和指导。省级生态环境主管部门负责在本行政区域内组织开展碳排放配额分配和清缴、温室气体排放报告的核查等相关活动,并进行监督管理。设区的市级生态环境主管部门负责配合省级生态环境主管部门落实相关具体工作,并根据本办法有关规定实施监督管理。"

的规范。[1] 对确定和分配温室气体排放份额徇私舞弊行为的规制在应对气候变化立法中应一以贯之。在第六章监督管理中，要求设区的市级以上地方生态环境主管部门应当采取"双随机、一公开"的方式，监督检查重点排放单位温室气体排放和碳排放配额清缴情况，相关情况按程序报生态环境部。同时生态环境部和省级生态环境主管部门，应当按照职责分工，定期公开重点排放单位年度碳排放配额清缴情况等信息。在第七章罚则中，第37条明确规定了生态环境部、省级生态环境主管部门、设区的市级生态环境主管部门的有关工作人员，在全国碳排放权交易及相关活动的监督管理中滥用职权、玩忽职守、徇私舞弊的，由其上级行政机关或者监察机关责令改正，并依法给予处分。

（三）核查机构管理责任

早在2017年，《关于切实做好全国碳排放权交易市场启动重点工作的通知》就指出，对拟纳入企业的历史碳排放进行核算、报告与核查。企业完成核算与报告工作后，由地方主管部门选择第三方核查机构对企业的排放数据等进行核查，第三方核查机构核查后须出具核查报告。同时，要求加强对核查机构及核查人员的监管，坚决避免可能的利益冲突，保证核查工作的公正性，提高核查人员的素质和能力，规范核查机构业务，确保核查质量，杜绝不同核查机构之间的恶性竞争。根据"放管服"的政府改革要求，碳排放核查机构不再设置资质的行政许可，改为了备案，对政府及其工作人员依法开展核查机构资质管理提出了更高要求。因此，应在应对气候变化立法过程中，明确政府在核查机构资质

---

[1]《碳排放权交易管理办法（试行）》第37条规定："生态环境部、省级生态环境主管部门、设区的市级生态环境主管部门的有关工作人员，在全国碳排放权交易及相关活动的监督管理中滥用职权、玩忽职守、徇私舞弊的，由其上级行政机关或者监察机关责令改正，并依法给予处分。"

管理中应承担的法律责任,避免核查机构资质管理职责中存在的潜在徇私舞弊风险。

(四) 应对气候变化信息公开责任

根据《生态环境部政府信息公开实施办法》第4条,政府信息公开应当坚持以公开为常态、不公开为例外,遵循公正、公平、合法、便民、客观的原则,积极推进生态环境决策、执行、管理、服务、结果公开,逐步增加政府信息公开的广度和深度。信息公开是民主政治的有效治理途径,也是公民社会的通行治理手段。信息公开制度是一项符合现代行政管理理念而应被纳入应对气候变化立法的管理制度,也是诸多应对气候变化制度中最先与环境保护制度体系对接和协同的制度。

环境信息作为一项必不可少的环境治理要素,是金融机构授信、政府部门执法、公益诉讼取证的关键依据,是建立多部门协调机制、开展环境联合执法、实现环境精细化治理的基础。《生态环境部落实2018年政务公开工作要点实施方案》明确了政府生态环境信息公开的"五公开"原则,是评价政府环境信息公开的基本依据。企业环境信息公开常用的评价指标为"PITI污染源监管信息公开指数"。在应对气候变化领域,公众环境研究中心和CDP共同研发了"SCTI供应链气候行动指数",旨在评价品牌企业在温室气体减排方面所做的努力,[1]并自2018年至2021年持续性更新了年度指数,以最新的2021年度指数报告为例,其指出推进整个供应链绿色发展不再仅是企业的责任,将环境和碳管理延伸至高耗能和高排放的上游生产环节,以及供应链中各企业披露环境大数据、绿色物流等议题将成为关乎企业未来持续发展的关键。[2]

---

[1] 田丹宇、徐婷:《论应对气候变化信息公开制度》,载《中国政法大学学报》2020年第5期。

[2] 《供应链气候行动SCTI指数2020》。

未履行信息公开责任的行为主要为两类，包括公开信息出现错误和故意隐瞒、更改或延迟公开重要应对气候变化信息。具体的责任形式规定为，信息公开责任单位应立即改正，因信息错误造成损失的，由信息公开责任单位承担赔偿责任。对于公开信息出现错误，此处规定由单位承担赔偿责任。在《生态环境部政府信息公开实施办法》第46条中规定了政府信息公开工作侵犯了公民合法权益时的救济。公民、法人或者其他组织认为生态环境部政府信息公开工作侵犯其合法权益的，可以向国务院政府信息公开工作主管部门投诉、举报，也可以依法申请行政复议或者提起行政诉讼。涉及政府信息公开的行政复议或者行政诉讼工作，由承办部门、办公厅配合法规司办理。

应对气候变化工作统筹国际国内两个大局，在国际履约和国内依法行政方面均具有信息公开的要求，信息公开也是应对气候变化公众参与和公众监督的前置性制度。国务院应对气候变化主管部门会同国务院有关部门应定期发布国家应对气候变化的政策与行动报告，及其他重大应对气候变化信息。国务院应对气候变化主管部门应及时向社会披露温室气体排放交易市场建设的相关信息，全面接受社会监督。应对气候变化信息公开的违法情形包括公开信息出现错误和故意隐瞒、更改或延迟公开重要应对气候变化信息。政府及其工作人员信息公开的法律责任、政府信息公开侵犯了公民合法权益时的救济途径，[1] 均应纳入应对气候变化立法中。

---

[1]《生态环境部政府信息公开实施办法》第46条规定："公民、法人或者其他组织认为我部政府信息公开工作侵犯其合法权益的，可以向国务院政府信息公开工作主管部门投诉、举报，也可以依法申请行政复议或者提起行政诉讼。涉及政府信息公开的行政复议或者行政诉讼工作，由承办部门、办公厅配合法规司办理。"

三 企业或其他经济组织应对气候变化的法律责任

企业或其他经济组织，是应对气候变化治理的主体之一，要积极调动私权力主体的治理积极性，同时通过明确的法律责任，让其自觉遵守应对气候变化相关法律规则，主动承担应对气候变化义务。其具体法律责任主要包括四方面：

（一）配合碳排放现场检查责任

环境保护行政主管部门或其他依法行使环境监督管理权的部门有权对管辖范围内的排污单位进行现场检查。其目的在于检查和督促排污单位执行环境保护法律的要求，及时发现环境违法行为，以便采取相应的措施。《环境保护法》《水污染防治法》《大气污染防治法》等法律法规对现场检查制度均有规定。天津[1]、重庆[2]、深圳[3]等碳排放权交易试点地区均在其出台的碳交易管理政策中规定了对违法现场检查和报告制度的处罚。其中深圳市的管理办法采取了明确规定具体罚款幅度的方式，根据情节严重程度不同，规定了不同等级的处罚，这对市场交易主体的违规行为具有更直接的威慑力，且更有利于指导应对气候变化主管部门的执法工作，这一模式值得国家应对气候变

---

[1]《天津市碳排放权交易管理办法（试行）》第35条规定："交易机构及其工作人员违反法律法规规章及本办法规定的，由市发展改革委责令限期改正；给交易主体造成经济损失的，依法承担赔偿责任；构成犯罪的，依法承担刑事责任。"

[2]《重庆市碳排放权交易管理暂行办法》第35条规定："主管部门实施监督管理可以对配额管理单位、核查机构、交易所、其他交易主体进行现场检查并取证；配额管理单位拒绝接受核查，由主管部门责令限期改正；逾期未改正的，可以采取下列措施……"

[3]《深圳市碳排放权交易管理暂行办法》第78条规定："市场交易主体、核查机构违反本办法的规定，阻挠、妨碍主管部门监督检查的，由主管部门处五万元以下罚款；情节严重的，处十万元以下罚款；涉嫌犯罪的，依法移送司法机关处理。"

化立法所借鉴。

（二）如实报告碳排放数据责任

在环境保护领域，对于企业的数据造假行为，已有法律的基本规定。《环境保护法》第63条对篡改、伪造监测数据以逃避监管，违法排放污染物的行为进行了规定；[1]《环境监测数据弄虚作假行为判定及处理办法》则明确了篡改监测数据的具体定义，指出篡改监测数据系指利用某种职务或者工作上的便利条件，故意干预环境监测活动的正常开展，导致监测数据失真的行为。地方层面已开展了加强监管的尝试，江苏省于2020年颁布了《江苏省生态环境监测条例》，这是生态环境监测领域全国第一部地方性法规。这部法规强化数字技术运用，着力构建覆盖全省生态环境监测数据信息平台，以"双罚"等刚性处罚手段严厉打击篡改、伪造监测数据等违法行为；对生态环境监测机构、排污单位及其负责人的责任都做了明确规定，按照"谁出数据谁负责"的原则严格加以监管。应对气候变化立法应借鉴生态环境领域关于环境数据违法责任的规则设计经验，将其纳入应对气候变化法律规制范围。

（三）保障排放数据真实性责任

2021年6月5日内蒙古自治区生态环境厅官网通报的"内蒙古鄂尔多斯高新材料有限公司虚报碳排放报告案"是内蒙古自治区首例碳排放报告违法案件。该案中内蒙古鄂尔多斯高新材料有限公司委托的中碳能投科技（北京）有限公司将2019年排放报告

---

[1]《环境保护法》第63条规定："企业事业单位和其他生产经营者有下列行为之一，尚不构成犯罪的，除依照有关法律法规规定予以处罚外，由县级以上人民政府环境保护主管部门或者其他有关部门将案件移送公安机关，对其直接负责的主管人员和其他直接责任人员，处十日以上十五日以下拘留；情节较轻的，处五日以上十日以下拘留……（三）通过暗管、渗井、渗坑、灌注或者篡改、伪造监测数据，或者不正常运行防治污染设施等逃避监管的方式违法排放污染物的……"

所附的全年 12 份检测报告中部分内容篡改后，虚报给自治区生态环境厅委托的第三方核查机构进行核查。依据《行政处罚法》和原《碳排放权交易管理暂行办法》有关要求，企业被责令限期整改，[1] 其处罚依据为《行政处罚法》和《碳排放权交易管理暂行办法》。

我国 2014 年发布的《碳排放权交易管理暂行办法》第 40 条规定了企业未按照规定向国务院碳交易主管部门报送有关信息所需承担的法律责任，[2] 所应承担的罚则是责令限期整改，对于逾期未改正的虚报、瞒报行为，将处以行政处罚。而 2020 年新发布的《碳排放权交易管理办法（试行）》第 39 条[3]则加大了处罚力度，规定了更严格的法律责任，排放单位如存在虚报、瞒报行为，或者拒绝履行温室气体排放报告义务，在责令限期整改的同时，处以一万元以上三万元以下的罚款。这一变化体现了我国对涉及碳排放数据造假的打击力度在不断加大。应通过开展应对气候变化立法，建立温室气体报告制度，明确企业达到重点企事业单位排放量门槛的单位应当按照国务院应对气候变化主管部门的有关规定，向省级人民政府应对气候变化主管部门如实报告温室气体

---

[1]《国务院吹风会明确信号：碳排放数据造假必严查严惩》，澎湃新闻，https://www.thepaper.cn/newsDetail_forward_13590577，最后访问日期：2021 年 8 月 1 日。

[2]《碳排放权交易管理暂行办法》第 40 条规定："重点排放单位有下列行为之一的，由所在省、自治区、直辖市的省级碳交易主管部门责令限期改正，逾期未改的，依法给予行政处罚。（一）虚报、瞒报或者拒绝履行排放报告义务；（二）不按规定提交核查报告。逾期仍未改正的，由省级碳交易主管部门指派核查机构测算其排放量，并将该排放量作为其履行配额清缴义务的依据。"

[3]《碳排放权交易管理办法（试行）》第 39 条规定："重点排放单位虚报、瞒报温室气体排放报告，或者拒绝履行温室气体排放报告义务的，由其生产经营场所所在地设区的市级以上地方生态环境主管部门责令限期改正，处一万元以上三万元以下的罚款。逾期未改正的，由重点排放单位生产经营场所所在地的省级生态环境主管部门测算其温室气体实际排放量，并将该排放量作为碳排放配额清缴的依据；对虚报、瞒报部分，等量核减其下一年度碳排放配额。"

排放情况。除涉及国家秘密和商业秘密的内容外，重点温室气体排放单位应当每年向社会公开上一年度的温室气体排放数据和配额清缴情况。[1]

（四）主动披露碳排放信息责任

气候变化涉及政府、企业、社会团体和个人等多类不同性质主体，各主体均掌握一定的温室气体排放和管理信息。因此，应对气候变化信息公开制度中的"信息"，应该既包括前文所述的政府作为公权力主体应依职权主动公开或依申请公开的信息，也包括企业、社会团体等私权力主体依法公开的温室气体排放信息。从温室气体排放者的角度，温室气体的排放源众多，不可能全部纳入制度范畴。因此，在设计应对气候变化信息公开制度时，应以排放单位的上一年度排放量为标准，赋予某些重点温室气体排放单位公开温室气体排放信息的义务。应处理好信息公开和秘密保护的关系，对企业公布信息不能要求过细。企业碳排放信息披露制度包括对信息公开的具体要求和罚则。应通过开展应对气候变化立法，明确企业进行碳排放信息披露的公开时限、公开途径（通过网站、报纸、媒体还是政府公报等）、公开方式（是主动公开还是依申请公开）、与保守秘密的关系等，并设置相应的违规惩罚措施。

四 第三方核查机构应对气候变化的法律责任

第三方核查已成为温室气体减排活动执行有效性的重要保障措施，也将在未来温室气体排放控制活动中继续发挥其重要作用，

---

[1] 田丹宇、徐婷：《论应对气候变化信息公开制度》，载《中国政法大学学》2020年第5期。

推动温室气体排放控制效力的持续提高。[1] 自2011年开始，我国在北京等七省市开展碳排放权交易试点，有效推动了试点省市应对气候变化和控制温室气体排放工作，为我国正在积极推进的全国碳市场建设积累了宝贵经验。为指导第三方核查机构科学、规范地开展工作，七个碳交易试点地区均制定了核查的专项文件，或在其他碳交易管理文件中有所体现，例如《深圳市组织温室气体排放的核查规范及指南》《上海市碳排放核查工作规则（试行）》《北京市碳排放权交易核查机构管理办法（试行）》《广东省企业碳排放核查规范（试行）》《湖北省温室气体排放核查指南（试行）》和《天津市企业碳排放核查指南》。2016年1月，国家发展改革委发布了《全国碳排放权交易第三方核查参考指南》，作为指导各地开展全国碳市场启动准备阶段的核查规范。应通过开展应对气候变化立法，按照统一规则对核查机构进行管理，依法规范第三方核查机构行为。

对核查机构违法责任的规定，首先需要明确的是温室气体排放核查机构的角色。温室气体排放核查也称碳排放核查或碳核查，是碳交易体系中的核心制度之一。[2] 在我国，核查机构需要对受核查方进行现场查勘和资料收集、验证，出具书面报告，并获得主管部门的认可。鉴于温室气体排放和报告的复杂性，有些国家和地区（如我国、美国加利福尼亚州、加拿大魁北克省和韩国）将核查范围扩展到企业温室气体排放监测计划，后者旨在确立企业用于测量、计算和报告数据的具体方式。[3]

---

[1] 马妍、但海均、徐明月：《中国温室气体排放控制"第三方"机制探讨》，载《世界环境》2016年第1期。

[2] 贾睿、张宁、陈颖、康磊：《关于温室气体排放第三方核查机构工作的几点思考》，载《节能与环保》2017年第4期。

[3] 贾睿、张宁、陈颖、康磊：《关于温室气体排放第三方核查机构工作的几点思考》，载《节能与环保》2017年第4期。

2014年《碳排放权交易管理暂行办法》第四章明确规定了核查机构的工作任务,[1] 规定了碳交易主管部门为核查机构的主管部门,具体阐明了核查机构需承担的法律责任,主要包括出具虚假不实核查报告、核查报告存在重大错误、未经许可擅自使用或者公布被核查单位的商业秘密等行为。[2]

根据最新的《碳排放权交易管理办法》第26条可知,省级生态环境主管部门是组织温室气体排放核查的责任主体,核查结果应当作为重点排放单位碳排放配额清缴的依据。省级生态环境主管部门可以通过政府购买服务的方式委托技术服务机构提供核查服务。技术服务机构应当对提交的核查结果的真实性、完整性和准确性负责。该办法作为关于碳排放权交易管理的最新规定,将温室气体排放核查机构定义为技术服务机构,但并未明确对温室气体排放核查机构进行明确的规范,未提及温室气体排放核查机构出现违法、违规行为时,该如何承担责任。我们也期待今后对于温室气体排放核查机构的责任有着更明确的规定,核查机构对于企业温室气体排放量的统计、核算发挥着重要作用,如果其中存在造假行为,将影响整体评估的真实性、科学性和准确性。

关于核查机构的经济处罚。如果核查机构不按规定对重点企业(或其他经济组织)的温室气体排放报告进行核查,或者出具

---

[1] 《碳排放权交易管理暂行办法》第27条规定:"国务院碳交易主管部门会同有关部门,对核查机构进行管理。"《碳排放权交易管理暂行办法》第28条规定:"核查机构应按照国务院碳交易主管部门公布的核查指南开展碳排放核查工作。重点排放单位对核查结果有异议的,可向省级碳交易主管部门提出申诉。"

[2] 《碳排放权交易管理暂行办法》第42条规定:"核查机构有下列情形之一的,由其注册所在省、自治区、直辖市的省级碳交易主管部门依法给予行政处罚,并上报国务院碳交易主管部门;情节严重的,由国务院碳交易主管部门责令其暂停核查业务;给重点排放单位造成经济损失的,依法承担赔偿责任;构成犯罪的,依法追究刑事责任。(一)出具虚假、不实核查报告;(二)核查报告存在重大错误;(三)未经许可擅自使用或者公布被核查单位的商业秘密;(四)其他违法违规行为。"

核查报告弄虚作假，主要的责任承担方式为由国务院生态环境主管部门责令限期整改，并按照所涉排放量乘以当年度市场配额平均价格的倍数以罚款。借鉴《环境保护法》按倍计罚的经验，在应对气候变化立法所涉罚款数额计算上，对于违法恶度较高的情形，也应按倍计罚，建议所选的基数为"当年度市场配额平均价格"，与环境保护领域的规则保持一致。

关于核查机构的泄密处罚。由于核查机构在现场检查或核查工作中有可能接触被检查单位的技术秘密和商业秘密，应该对核查机构的保密义务予以严格规定。在实践中，许多地区已关注到这一突出违规行为，将其纳入了评价体系，如《浙江省重点企（事）业单位温室气体排放核查管理办法（试行）》中便规定了"违反保密规定泄露重点企（事）业单位商业秘密或相关信息，并造成严重后果的"这一违法行为。《天津市碳排放权交易管理暂行办法》第37条也规定了相关行政管理部门及其工作人员、第三方核查机构及其工作人员、交易机构及其工作人员对其知悉的纳入企业及其他交易主体的商业秘密负有保密义务。《上海市碳排放管理试行办法》第43条第3款也是对泄露相关保密信息行为的规制；《深圳市碳排放权交易管理暂行办法》第74条中也对碳核查机构或者统计指标数据核查机构泄露管控单位信息或者数据的行为予以关注，配套规定了相应处罚措施。通过对核查机构泄密行为的法律责任予以明确，能够对其起到强有力的约束与威慑作用，保护企业的信息安全与经济利益，也有利于提高企业对核查工作开展的配合度。

关于核查机构的信用处罚。在应对气候变化立法过程中，可考虑赋予省级应对气候变化主管部门一定权限，可根据核查机构违法情况，作出要求其退出本区域核查业务的决定，或者采取建立黑名单制度的方式，即省级人民政府应对气候变化主管部门建立温室气体排放黑名单，对存在超额排放、报告弄虚作假等情况的单位或企业，或者对违法情节严重的核查机构，列入黑名单向社会公布，对列入黑名单的核查机构10年内不得从事温室气体排放核查业务。例如，《天津市碳排放权交易管理暂行办法》规定建立企业和第三方核查机构信用档案，委托第三方机构定期进行信用评级，将评定结果向财政、税务、金融、质监等有关部门通报，并向社会公布，同时依据信用评级的等级高低配套了不同的支持政策，这也可以作为考虑的路径之一。

五 结论

法律责任是应对气候变化立法所涉核心制度得以有效实施的重要保障，本文对应对气候变化立法面临的法律责任构建问题进行论证，按照法律责任承担主体，分别探讨了"应对气候变化监管职能的行政机关及其工作人员""企业主体和其他经济组织""第三方核查机构"应承担的法律责任和对应的罚则。目前，在我国已颁布的地方性法规中，关于罚则的形式和幅度各不相同，随着气候法治进程的推进也可能出现更多的责任主体，抑或是不同形式的违法行为，都可以通过立法技术及时更新得到解决。本文通过研究，针对不同责任主体的不同类型违法责任进行了论证，以期为国家应对气候变化立法中关于法律责任的规制提供研究参考。

论碳排放权的法律意涵
——兼论《碳排放权交易管理暂行条例（草案修改稿）》之完善

陶茂亮*

一 问题的提出

随着全球环境与气候形势劣化，加之复杂的国际形势和利益冲突，中国适时肩负起大国责任，向国际社会宣布力争2030年前碳排放达峰、2060年前实现碳中和，[1] 这也与我国人民的环境与气候利益诉求相契合。科学的制度保障是实现承诺的前提，实现碳中和的承诺必然依靠气候立法。我国已着手制定应对气候变化法的工作，但基于立法时效性和可实施性的考量，目前的应对气候变化立法尚缺乏合适的时机与恰当的方式。作为替代方案，碳排放交易管理条例的相应出台为气候立法提供了实施性借鉴并承担了一定程度的碳减排任务。[2] 在此背景下，致力于运

---

* 陶茂亮，中国政法大学环境与资源保护法学专业硕士研究生。

[1] 参见《习近平在第七十五届联合国大会一般性辩论上的讲话》，新华网，http://www.xinhuanet.com/2020-09/22/c_1126527652.htm，最后访问日期：2021年3月30日。

[2] 参见王珊《全国政协委员李永林建议：加快气候变化和碳排放权交易立法》，中国环境网，https://www.cenews.com.cn/legal/fzyw/202103/t20210309_971403.html，最后访问日期：2021年5月9日。

用经济方法来减少碳排放的碳排放权在学界的法律认识却还未明晰。

碳排放权交易制度是外来制度本土化诞生的概念，而碳排放权的法律意义诞生于碳排放权交易制度之中。梳理我国碳排放权交易制度的建立是引入碳排放权讨论的必要准备。碳排放权交易旨在运用市场手段解决温室气体引起的气候变化问题。21世纪起始，我国开始意识到单纯通过行政命令控制手段管控污染和碳排放行为，经济成本过高。彼时国际碳排放交易制度取得了较好成效，鉴于其市场手段的成功经验与国际舆论压力，我国终于开始选择尝试引入借鉴《京都议定书》中清洁发展机制（CDM）的机理，[1]并开始着手构建中国的碳排放权交易制度。

我国的碳排放权交易试点工作自2011年开始启动，首批的试点区域包括七个省市：北京、上海、重庆、深圳、天津、广东和湖北。[2]试点的成果显著，在试点中配额方式、履约率、处罚情况、公共交易平台与交易量等可参考量都为构建全国碳排放权交易制度提供了借鉴与信心。随后，国家发改委在2014年发布了统领性的碳排放权管理办法，[3]该办法对碳排放权交易进行了定义，定下制度基调，并在其中确定碳排放权交易的基本原则、配额管理方式、交易的内容、核查与监督等内容，但作为首个规范全国

---

[1] 清洁发展机制（CDM）是《联合国气候变化框架公约》第三次缔约方大会COP3（京都会议）通过的附件I缔约方在境外实现部分减排承诺的一种履约机制。其目的是协助未列入附件I的缔约方实现可持续发展和有益于公约的最终目标，并协助附件I所列缔约方实现遵守第三条规定的其量化的限制和减少排放的承诺。CDM的核心是允许发达国家和发展中国家进行项目级的减排量抵销额的转让与获得。

[2] 参见《国家发展改革委办公厅关于开展碳排放权交易试点工作的通知》（发改办气候〔2011〕2601号），2011年10月29日发布。

[3] 《碳排放权交易管理暂行办法》，2014年12月10日国家发展和改革委员会发布，已失效。

范围内碳排放权交易的法律文件，其条款多为指示性与授权性条款，内容可操作性较差，其主要目的是初步确立以碳排放配额为中心的碳排放权交易制度。在2014年发布的《碳排放权交易管理暂行办法》（以下简称《暂行办法》）生效一年后，国家发改委确定启动建立全国碳排放交易市场的工作。[1] 在全国碳排放权交易市场建设推进的过程中，针对发电行业单独发布了《全国碳排放权交易市场建设方案（发电行业）》以及审计相关法规，在电力行业率先实现全国碳排放权交易市场构建的突破，原因在于能源行业的碳排放强度和排放量都是非常巨大的，而电力行业作为二次能源的相关行业，在该行业进行碳排放的控制对能源行业的影响是体系性的，对整个工业碳排放的控制具有先导性和广泛性的影响。经历了长达十年的由试点向全国市场建立的稳步推进，生态环境部于2019年4月3日公开《碳排放权交易管理暂行条例（征求意见稿）》（以下简称《暂行条例（征求意见稿）》），[2] 随后作为过渡又于2020年12月31日发布了《碳排放权交易管理办法（试行）》[3]（以下简称《管理办法》），其实施不久后又于2021年3月30日公开了《碳排放权交易管理暂行条例（草案修改稿）》[4]（以下简称《暂行条例（草案修改稿）》，征求意见稿指2019年公开的第一稿，草案修改稿指2021年公开的第二稿），配合2021年5月17日发布的《碳排放权登记管理规则（试行）》《碳排放权交

---

[1]《国家发展改革委办公厅关于切实做好全国碳排放权交易市场启动重点工作的通知》（发改办气候〔2016〕57号），2016年1月11日发布。

[2] 参见《关于公开征求〈碳排放权交易管理暂行条例（征求意见稿）〉意见的通知》，生态环境部官网，http://www.mee.gov.cn/hdjl/yjzj/wqzj_1/201904/t20190403_698483.shtml，最后访问日期：2021年4月17日。

[3] 生态环境部：《碳排放权交易管理办法（试行）》（部令第19号），2020年12月31日发布。

[4] 参见生态环境部办公厅《关于公开征求〈碳排放权交易管理暂行条例（草案修改稿）〉意见的通知》（环办便函〔2021〕117号），2021年3月30日发布。

易管理规则（试行）》和《碳排放权结算管理规则（试行）》[1]三个细化规则以期尝试完整构建碳排放权交易法律制度。

从碳排放权交易制度的发展沿革中可以看出，我国引入并建立碳排放权交易制度的方式是通过实践实证效果与可行性，再尝试建立完整的法律制度，虽然在地方试点中地方法规的出台都是配套进行的，但其内容都靠向政策并难以表现出严谨的可归纳共性。但在如今碳排放权交易制度取得成果且亟须法律化的时刻，我们必须将碳排放权交易制度进行法律确认，《管理办法》作为部规章显然是不足的，而《暂行条例（征求意见稿）》作为还未生效的行政法规，其生效后的立法层级是足够的，在此基础上部分因立法层级不够而产生的理论与实践争议也可以且应当在法治之下得到回应。

因此，本文拟从概念剖析、比较研究和文本分析等视角分析碳排放权，在结合我国现有法律制度的基础上科学合理界定碳排放权的法律意涵，对《暂行条例（征求意见稿）》中碳排放权交易中相关主体的权利（力）和义务进行检视、反思并提出完善对策。

二 碳排放权的法律意涵

碳排放权的法律意涵是进行制度设计的基础，直接影响碳排放权交易中相关主体权利（力）和义务的配置，因此清晰化碳排放权的法律意涵是建立碳排放权交易制度合理框架的必经之路。当讨论碳排放权时，学者往往从理论角度出发，通过与现行的法律体系（包含民法、行政法与环境法等）中的法律权

---

[1] 参见生态环境部《关于发布〈碳排放权登记管理规则（试行）〉〈碳排放权交易管理规则（试行）〉和〈碳排放权结算管理规则（试行）〉的公告》（公告2021年第21号），2021年5月17日发布。

利进行类比，意图得出碳排放权的法律性质并以此为基础将碳排放权交易制度正当化或完善。暂且放下定义中类似"碳排放权是准物权"这样的类比定义方法，此处意在寻找碳排放权的真正定义。碳排放权的法律意涵和碳排放权法律规范之交汇点就是现有规范中对碳排放权的定义。《暂行办法》《管理办法》以及《暂行条例（征求意见稿）》与《暂行条例（草案修改稿）》中对碳排放权均有定义，这些文件对其定义进行了一次修改从而形成了两类定义。

（一）将碳排放权定义为配额，将客体或标的本身当作权利

第一类是在《管理办法》以及《暂行条例（草案修改稿）》中均将碳排放权定义为："分配给重点排放单位的规定时期内的碳排放额度。"[1] 如此规定，很难说起到什么实质的定义作用，这就是将客体或者标的本身当作在其之上的权利。因为在整个法律规范文本当中，当指向其定义的"规定时期内的碳排放额度"时，以"碳排放额度"作文本表述，实际上"碳排放权"这一文本发挥的作用就是代指碳排放交易的表征，"碳排放配额"在实际发挥"碳排放权"的作用。

那么究竟为何会出现这种文本逻辑的混乱呢？原因正如前所述，《管理办法》将"碳排放权"等同于了"碳排放配额"，实际上碳排放配额的内涵确实应当使用在"分配碳排放配额"这样的表述中，一如专利权和专利方法的区别——专利权在我们分析法律问题时被确认为一种法律权利，而在文本表述时专利权是使用专利方法的权利。其使用了"碳排放权"的表述，却没有如《暂行办法》中直接将其规定为权利的"魄力"。当然这源于学界对碳排放权的批评与争议，如果将碳排放权直接定义为权利，则碳排

---

[1]《管理办法》第42条第3款。

放这一对环境造成负面影响而需要加之义务约束的行为就变成了一种私主体的权利，借以展示一种法律对该行为的肯定态度而会变成得以对抗环保减排义务的"免死金牌"。《管理办法》希望找寻一个定义碳排放权的中间方法来达成顺利构建碳排放权交易制度又不触及争议的目的，这种逻辑上经不起推敲的定义方式就诞生了。

碳配额和碳排放权的关系究竟为何？回答这个问题是理解碳排放权内涵的关键。碳配额的实际作用应当是作为中介手段以达成两个作用，一个作用正如《管理办法》第20条规定的："交易产品为碳排放权配额，生态环境部可以根据国家有关规定适时增加其他交易产品。"另一作用就是用以完成碳配额的清缴。碳排放权是法律思维中的抽象总结，正如所有权是规范许可的对物可为行为之集合，碳排放权是碳配额的规范认可之行为集合，只不过不是所谓碳配额"所有权"，除"所有权"权能之外，还包含了其他的规范形式。碳排放配额不同于一般的有体物，碳排放配额若没有法律对其进行完整的规范构建，碳排放配额如何交付、产生何种法律效果乃至主给付义务何时完成都指向不明。一般而言，指向交易的合同意味着权利的转让，例如购买一有体物实际上是转让该有体物的所有权，所有权的移转借助交付（或登记）的公示手段实现——这正是给付的内容。因此交易（转让）某一法律权利，正是在将该法律权利的法定变动手段固定为交付义务，只不过交易物时这一过程过于简单以至于被忽略了。而在碳排放权交易之中，只有固定碳排放权的变动手段，碳排放权的交易才能有着具体而明确的内容和纠纷化解机制。大陆法系思维限于"物"这一思维方式，似乎将不存在之物拟制或想象为"物"，才能将问题清晰化。实际上碳配额表面上不过是登记系统中的特定信息，但在规范上它又象征着就这种信息背后法律规定的一定行为。正如权利的客体有多层结构，上一层次的客体总是下一层次客体动起来的结果,[1] 碳排放权就是碳排放配额动起来的结果。

(二)将碳排放权定义为一定限制下排放碳(温室气体)的权利

第二类是:在已失效的《暂行办法》中,第七章将碳排放权定义为"依法取得的向大气排放温室气体的权利"。从字面意思或应然层面碳排放权本该是此意,但《暂行办法》的定义文本也并非没有问题。对权利的定义是复杂的,法律权利的规范结构本就是这种权利本身,立法文本希望通过一句话归纳出一种似乎只包含请求权能的法律权利容易画虎不成反类犬。根据现行法律规范,没有获得碳排放权实际上也可以进行碳排放;超过碳排放配额排放,其法律后果中也没有禁止排放而产生的确认违法。没有足额碳排放配额的情况下进行碳排放,虽然有其他后果,但并不丧失碳排放的权利,所以取得碳排放配额并不意味着获得排放的权利,如此一来将其定义为排放碳的权利也不甚准确。因此,清晰化碳排放权交易制度的制度结构才是确定和理解碳排放权法律意涵的不二法门。

碳排放权交易制度的逻辑起点是部分主体碳排放受限,如此才产生碳排放权,随后产生交易的可能。由此碳排放权交易制度理应有着三层结构:首先,对碳排放行为的限制——主体的碳排放行为会被确认违法并处罚。其次,碳排放权赋予主体在一定额度内的碳排放行为不被确认违法并处罚的一种豁免。最后,这种碳排放权的实现形式是在排碳后记录排碳量并用持有的配额(由交易或分配获得的)来抵消(《管理办法》中使用的词是"清缴")。

在这种结构中不仅碳排放权和碳配额的关系得以清晰化,碳

---

[1] 参见方新军《权利客体的概念及层次》,载《法学研究》2010年第2期。

排放权的定义也变得有迹可循。在碳排放权的定义上有不同观点，实际上正是代表着不同的限制路径。新财产权说认为越来越多的财产形态表现出诞生于公权力而公权力干涉极少出现的特点，[1]碳排放权就是这样一种新型的财产权。混合财产权说认为政府将使用许可授予私人使其保有法律上的部分控制力，但另一部分属于政府保有的公共权力。[2]而公共信托理论学说在公共信托理论[3]的基础上借助私人信托关系解释碳排放权中政府行为的正当性。物权学说包含了准物权、用益物权及特许物权的不同观点，[4]但都主张通过不同路径扩大化物权之概念以图完成碳排放权的物权化之私法融入。

定义以规范概念自然需要从文本出发，碳排放权中的"碳排放"指向行为，而"权"按一般理解，直接是"权利"或"权力"的缩写，且因主体指向私主体而排除"权力"。那么如何定义权利？对比排污权，排污权的反对者担心将排污行为设定为权利会使人出于对自己利益的维护而招致人们对排污管制的对抗，其主张源自法律权利的利益说，按耶林的观点：权利系法律保护之利益。[5]萨维尼和哈特主张的意志论认为权利属于个人意志所能支配之范围。但在现代法学演变中，对权利的这类本质主义解释逐渐被人发现难以在法学发展中发挥实际作用，人们转而走向实证主义解释。在法学中，一个概念越基础就越难定义，但从实证

---

[1] See Charles A Reich, "The New Property", *The yale Law Journal*, 1964, pp. 733–787.

[2] See E. Woerdman, "Tradable Emission Rights", in J. G. Backhaus ed., *Elgar Companion to Law Economics*, Cheltenham: Edward Elgar, 2005, p.375.

[3] See Joseph L. Sax, "The Public Trust Dortrine in Nature Resource Law: Effective Judicial Intervention", 68 *Michigan Law Review*, pp. 475–565 (1969).

[4] 参见叶勇飞《论碳排放权之用益物权属性》，载《浙江大学学报》（人文社会科学版）2013年第6期。

[5] 参见王泽鉴《民法总论》，北京大学出版社2009年版，第94页。

主义出发解释权利,可以更好地构建新型的规范内容。如果我们在碳排放权这样的权利中固守"权利就是利益"而不放,担心会传递给大众肯定碳排放行为的信息,那么很多新型的法律权利就再难突破法律认可这一屏障。在我国的法秩序建设中,先建立规范意识为主导的法治社会,再考究后现代批判意识在法学中的作用才是一个建设历程较短的法治国家之正道。权利应当同人权、产权或利益等近似概念区分开,从实证主义的分析法学视角出发,有学者指出:"权利是一种法律关系,所谓权利的结构实质上就是法律关系的结构。"[1]

如此一来,不将广义的法律权利和狭义的权利(权能)混为一谈,对碳排放权的定义退一步反而变得清晰,即法律规定的主体在碳排放配额内为排碳行为时所形成的法律关系。这并非严格的立法定义,而是对碳排放权的规范意义的共识寻求。

(三)碳排放权新定义下的立法结构明晰

上述学理上合理但笼统的定义或许可以不在正式立法文件中直接规定,但在之后的碳排放权统领性法律规范中明确上述制度结构是必不可少的,同时也应将理论的层级结构还原为立法语言和设计。

比较排污权和碳排放权可以一窥制度路径。排污权显然来源于排污许可,而碳排放权也因相似结构而来源于碳排放配额。我们无法直接得出排放温室气体是一种排污或是其他什么行为,但就其来源和规范结构而言将其类比行政管制的排污行为较为恰当。不可否认,对排污行为和碳排放行为进行规范都基于环境容量的考量,理论上而言,环境容量属于国家垄断所有。排污行为和碳排放行为理论上应该首先获得排污指标或排放配额,然后消耗自

---

[1] 王涌:《私权的分析与构建:民法的分析法学基础》,北京大学出版社2019年版,第181页。

己所有的排污指标或排放配额。根据《行政许可法》第12条，第二项规定的特别许可分配国家垄断的有限资源，第二项规定的普通许可是行为许可即排放许可。[1] 因此，针对排污行为的行政许可存在两类，即学理上所称的普通许可与特别许可。普通许可设定行使权利的条件以达成去除行使权利之受限的目的，其功能是控制危险或保障安全；特别许可对国家垄断资源进行分配，其功能是配置有限资源提高利用率。而排污行为和碳排放行为都指向环境容量的使用与消耗，碳排放行为反而是更为标准的总量控制行为模式（总量控制之下更为自由的分配与配置）。按照普通许可和特别许可的功能，如对碳排放行为设定许可，既要设定普通许可，又要设定特别许可。两种许可原则上因发挥不同功能而独立。在分配碳排放指标时政府是所有者身份，而设定碳排放达标标准时，政府是管理者身份。[2]

如此对比看来，碳排放和排污都可以适用许可来规范。但我国已有的关于碳排放的立法和正起草的条例未将其定位为许可，所有文本未见"许可"之表述，根据《管理办法》第16条第1款，碳排放权是来自碳排放配额的（按年度分配）通知而非许可。排污许可和碳排放配额的发放存在如下不同：第一，排污许可是

---

[1] 参见《行政许可法》第12条："下列事项可以设定行政许可：（一）直接涉及国家安全、公共安全、经济宏观调控、生态环境保护以及直接关系人身健康、生命财产安全等特定活动，需要按照法定条件予以批准的事项；（二）有限自然资源开发利用、公共资源配置以及直接关系公共利益的特定行业的市场准入等，需要赋予特定权利的事项；（三）提供公众服务并且直接关系公共利益的职业、行业，需要确定具备特殊信誉、特殊条件或者特殊技能等资格、资质的事项；（四）直接关系公共安全、人身健康、生命财产安全的重要设备、设施、产品、物品，需要按照技术标准、技术规范，通过检验、检测、检疫等方式进行审定的事项；（五）企业或者其他组织的设立等，需要确定主体资格的事项；（六）法律、行政法规规定可以设定行政许可的其他事项。"

[2] 参见胡静、段雨鹏《排污许可，能整合哪些制度？》，载《环境经济》2015年第5期。

排污的前提，无许可不得从事任何排污行为；对碳排放配额而言，仅适用于重点排污单位，重点排污单位之外的主体即便没有碳排放配额也可以排放碳。第二，排污许可是依申请的行政行为，需要符合一定的申请条件；碳排放配额发放则无须申请，行政机关依照职权对重点排污单位进行发放，当然更没有明确规定申请条件。第三，排污许可制度中，不按证排污的后果包括排污许可的撤回或吊销，即法律后果是禁止排污；碳排放配额制度中，无有效碳配额进行排放无法得出禁止碳排放行为这一法律效果，只是信用惩戒、要求购买配额或核减下一年度配额并进行一定罚款。购买配额或核减下一年度配额作为法律后果，其背后的逻辑是侵占国家的碳排放配额，需要购买或核减下一年度配额来填平，相当于民事责任中的返还财产，这一点也印证了配额的财产属性；按照《管理办法》的规定，碳配额属于所有权人的资产，结余配额可以出售和结转使用。

既然不宜对碳排放进行直接的许可设置，就应当在碳配额消耗的违法性质上进行确定。因为如果我国碳排放权的根据在于碳排放配额发放而非碳排放许可，碳排放权的法律效果仅仅是获得碳配额，因而不属于普通许可，而属于特别许可，实质是从行政机关处获得碳配额。但因为碳配额具有消耗性，消耗碳配额这种行为本身是排放碳并获得违法确认的豁免，实际上包含了普通许可的内容。按照《暂行条例（草案修改稿）》的规范结构，碳配额消耗的角色实际上由"碳排放配额的清缴"这一模式来扮演，这源于自《暂行办法》以来对碳排放配额的规范结构之继承。作为行政法规的《暂行条例（草案修改稿）》应当对这种模糊的规范结构予以厘清。

总而言之，就碳排放权的应然法律意涵可以得出碳排放权交易制度合理的制度逻辑结构：特别许可—限制（违法确认）—普通许可—交易，同时这种结构也应体现在法律文本之中。

三 碳排放权交易法律规范文本核心内容比较

我国在碳排放权交易制度中，对法律规范文本的研究和对比可以看出制度设计的合理性程度和立法者的取向与态度。对碳排放权交易制度法律文本的主要变化进行整理是对目前制度全貌进行了解的必要前提，由此可以依碳排放权的法律意涵对正在修改的《暂行条例（草案修改稿）》提出完善意见。碳排放权统领性法律规范包括了四个文本，《暂行办法》（2014 年）、《管理办法》（2020 年）以及《暂行条例（征求意见稿）》（2019 年）和《暂行条例（草案修改稿）》（2021 年）。文本变化上可以发现制度变化的趋势，以下整理尝试突出制度变化的关键和框架。

第一，在碳排放权交易机构和注册登记机构（包含注册登记系统）的相关规定中，《暂行办法》规定的"系统记录的信息是碳排放配额归属的最终依据"得到了现行《管理办法》的沿用，但《暂行条例（草案修改稿）》将其删去。同时在文本变化中，组织建立注册登记机构和交易机构的程序越来越细致，只是依然缺少有关其法律地位的表述。在《暂行办法》和《暂行条例（征求意见稿）》中均没有对注册登记机构和交易机构的职责做细致划分，但在《管理办法》中明确规定了注册登记机构的职责和作用，同时分开规定了交易机构的职责，然而还是较为笼统。但是《暂行条例（草案修改稿）》不仅没有对注册登记机构和交易机构的职责进行进一步解释，还将《管理办法》对二者职责分开表述的内容合并到了一起，使得注册登记机构和交易机构的职责与作用混合在了一起。除此之外，《暂行条例（草案修改稿）》还增加了其他部门对碳排放权交易进行协同监督和指导的内容。注册登记机构和交易机构不再有报告义务，而是受生态环境部会同其他相关部门的监督。

第二，在配额分配的相关规定中，免费分配方式为主、有偿分配方式为辅的分配模式一以贯之，且对有偿分配的态度从"适时引入有偿分配"改为了《暂行条例（草案修改稿）》的"逐步扩大有偿分配的比例"。有偿分配的收益用于碳排放治理，在《暂行办法》和《管理办法》中直接规定用于碳减排相关项目经费，而在《暂行条例（草案修改稿）》中直接尝试构建碳排放交易基金。《暂行条例（草案修改稿）》将现行规范中的第14—15条合并，保留国务院对碳排放配额总量和分配方案的审批权，但删去第16条重点排放单位的书面异议规定。除此之外，《管理办法》和《暂行条例（征求意见稿）》中的预分配规定被删去，这意味着在确定碳配额总量和分配方案时，政府的分配决定更加具有终局性。行政机关撤回或变更碳配额的条件仅仅限制在企业的变更，也印证了这一点；并且在《暂行条例（草案修改稿）》第9条中还删去了企业变更导致的碳配额的重新分配，如此一来，碳配额变得更加具有独立性。但在最初的《暂行办法》中尚且规定了碳排放配额是"碳排放权的凭证和载体"，《暂行条例》征求意见稿第10条更是直接确认"碳排放配额是所有权人的资产，其权属通过国家碳排放权注册登记系统登记确认，权属变更自登记时起发生法律效力。"而《管理办法》和《暂行条例（草案修改稿）》则是删去了对碳配额的定性，只规定了碳配额作为碳排放权交易产品，对其可以转结、购买或出售。

第三，在碳配额的清缴方式和清缴的违法后果的相关规定中，碳配额清缴的含义都是清缴量大于上年度核定的碳排放量，即排多少缴多少，但对于"缴多"和"缴少"的规定则有变化。《暂行办法》对配额清缴义务未做细致规定，而在《暂行条例（征求意见稿）》中则规定了清缴碳配额等于排放量，结余额度可以转结至下一年，不足额度应当在规定期限内购买（或其他方式取得）。《管理办法》则没有采用结余额度转结的规定，而是增加了可以自愿注销持有额度的规定，即自由处分的权利。但《暂行条例（草案修改稿）》则删去现行规范中的自愿注销规定，重新增加《暂行条例（征求意见稿）》的结余配额转结的规定，不足额度的购买义务则是一直保留。在违法后果中，《暂行办法》的处罚较为笼统，自《暂行条例（征求意见稿）》起形成了责令改正加罚款的处罚形式，且在《暂行条例（征求意见稿）》中罚款是按配额价值的倍数进行计算，而《管理办法》则是直接规定罚款数额，同时还增加了下一年度等额核减的处罚。《暂行条例（草案修改稿）》则进一步加强了罚款的额度，保留了责令改正和下一年度等额核减的处罚，同时增加了信用惩戒的规定。

第四，在交易主体范围和交易监管的相关规定中，《暂行条例（草案修改稿）》沿用了《暂行办法》和《管理办法》，规定碳排放交易市场的主体包括重点排放单位和"符合国家有关交易规则的其他机构和个人"，而将《暂行条例（征求意见稿）》中的"重点排放单位和其他符合规定的自愿参与碳排放权交易的单位和个人"之表述舍去了。主体范围的规定显得灵活，但对"国家有关交易规则"并未限缩或者进行解释。在交易市场的管理方面，《暂行条例（草案修改稿）》对碳排放权交易机构的监管删去"按照生态环境部有关规定"，而改为直接"采取有效措施，防止过度投机，维护市场健康发展"；同时增加一整条风险防控的规定。碳排放交易机构的职责在此处细化，但政府部门对交易风险的管控也有相应的职责，且难以确定交易机构的全部职责就是风险管控。

第五，在私主体救济规定中，虽在《暂行办法》没有相应权利救济的规定，但自第二个文本即《暂行条例（征求意见稿）》公布起，其后的规范文本将复议为主的救济方式固定了下来。但《暂行条例（征求意见稿）》中提出复议和诉讼的条件是"认为国务院生态环境主管部门、地方人民政府生态环境主管部门的具体行政行为侵犯其合法权益的";而《管理办法》只规定了"重点排放单位对分配的碳排放配额有异议的"和"重点排放单位对核查结果有异议的"两种条件;《暂行条例（草案修改稿）》更是删去了"重点排放单位对分配的碳排放配额有异议的"这一条件。条文变化体现出救济的条件逐渐被收窄。

四 《暂行条例（草案修改稿）》的完善

经历立法文本的变化，也难以得出当前《暂行条例（草案修改稿）》是完备的法律规范文本之结论。因此结合上文对碳排放权法律意涵的分析，可以就《暂行条例（草案修改稿）》之内容进行分析与提出完善建议。

（一）合理设置碳配额的清缴方式和违法使用碳配额的法律后果

首先是对碳排放权法律意涵的分析的呼应，要合理设置碳配额的清缴方式和违法使用碳配额的法律后果。其一，对碳排放的限制是：一定主体的碳排放行为会被确认违法并处罚。逻辑上高额碳排放行为会被认为违法并处罚，当然形式上是通过碳配额的方式，即碳排放如没有对应配额进行清偿就会被认为违法，但这种违法的后果在《管理办法》中是较低的罚款以及下一年度等额核减的处罚，需要在《暂行条例（草案修改稿）》中明确重点排放单位配额不足情况下进行碳排放的违法性质。因为如上文所述不便作为行政许可，沿用碳排放配额清缴的模式是可行的，但必须在立法中明确碳配额诞生于这种制度模式之中而非制度模式围绕碳配额进行设计。即直接规定根据碳排放行为的结果界定特征或其他特征（在《管理办法》中是主体特征，即特定行业的从业单位）来对碳排放主体进行划分，即重点排放单位和其他主体，并对划分标准下部分主体的碳排放行为进行严格管制；包含年度碳排放量核证、信息公开等在内的义务可以规定在同一位置,并明确其是严格的公法义务,不再强调核证碳排放量只是为了对碳配额的清缴与交易发挥作用,而是有对应的行政违法后果(不必严格至违反许可的停产停业、吊销"配额")。

其二,在碳排放权的定义上采取"此时无言胜万言"的策略,回避对碳排放权的定义而通过碳配额的初始分配、管理与处罚等规范内容来构建实际上的碳排放权之法律意涵。因为实际上如果将碳配额视为一种物,碳排放权来源于许可,排放配额所有权也来源于许可,碳排放权等于对配额的所有权。相当于碳排放权就是围绕碳配额设计的规范框架和规范形式的总和,对此进行定义不免疏漏且容易产生歧义,有学者反对将碳排放"权"引入立法即有此考量。[1] 直接按照确定主体范围—确认违法—发放配额—交易的立法结构反而可以说明一切,条例的内容就应该围绕碳排放配额的发放、交易、监管等进行设计。

其三,不足额清缴的法律性质是侵占国家所有的碳排放配额,其法律后果是购买足额的碳配额,此时尚不触及违法之否定性后果,相当于返还财产,但应当在《暂行条例(草案修改稿)》中明确区分行政机关下一年度等额核减配额的法律性质,其处理存在两种路径:一是将其视为一种私法上的延期履行或替代履行,二是视为一种违反许可的否定性法律后果。鉴于碳排放权的公法属性和私法构建手段,将其视为通过行政特许分配国家垄断财产的行为更为合适,因此第一种路径可行性更佳。因此将责令改正、允许购买足额碳配额以及下一年度等额核减的规定放在法律责任的同一条文中,作为第一层次的违法——侵占国家财产的违法,其余的行政处罚作为第二层次的违法处罚。

---

[1] 参见曹明德《中国碳排放交易面临的法律问题和立法建议》,《法商研究》2021年第5期。

(二)明确碳排放权注册登记机构和交易机构的实际作用与法律地位

碳排放权注册登记机构是记录碳排放配额信息的机构,因其登记的信息是碳排放权配额归属的法律依据,而碳排放权配额分配和管理的主体是生态环境部,所以其法律地位应当从属于生态环境部。碳排放交易机构的职责是碳排放权集中统一交易,如清晰了解碳排放权与碳排放权交易制度之间的区分逻辑,可以确定碳排放权交易机构是碳排放权交易法律关系中的主体而不对碳排放权法律关系本身发生实质作用。如果生态环境部对碳排放权注册登记机构的管理地位是通过《管理办法》中"进行监督管理和指导"来进行明示的话,那么碳排放权交易机构只能使用"监督和指导",当然因为除其公法属性外,碳市场本身的经济风险就需要类似竞争法的规制,但其界限也应当控制在"监督和指导"范围内,如加上"管理",碳排放权交易机构和注册登记机构的地位就不再明确,碳排放权的财产权属性则毫无意义。

在实践中,碳排放权注册登记系统普遍由碳排放权交易中心进行管理;[1] 在司法实践中,注册登记机构的登记属于碳排放权法律关系,其归类却是民事诉讼,出现在民事庭。[2] 这一方面是因为注册登记系统是由碳排放权交易中心在管理;另一方面却也在理所当然地将交易中心之法人作为私法人进行认定。因此必须明确碳排放权注册登记机构的法律地位,并将注册登记系统移回其中,重新定位碳排放权交易机构,说明其与市场监督管理机构之间的职责分配。实践中已有对交易与注册登记两种规制的区分,

---

[1] 参见《全国碳排放权注册登记系统 电力企业测试活动如期举行》,碳交易网,http://www.tanpaifang.com/tanjiaoyisuo/2020/0827/73534.html,最后访问日期:2021年4月16日。

[2] 参见王岩岩诉徐意君、北京市金陵房地产发展有限责任公司案外人执行异议之诉案,最高人民法院再审民事裁定书,〔2016〕最高法民申254号。

生态环境部已经在《关于发布〈碳排放权登记管理规则（试行）〉〈碳排放权交易管理规则（试行）〉和〈碳排放权结算管理规则（试行）〉的公告》中明确了要建立排放权注册登记系统和排放权交易系统两种独立的系统，只是限于《管理办法》的指导，并没有对注册登记机构和交易机构的行为性质进行进一步确定。

（三）《暂行条例（草案修改稿）》需对碳配额的法律性质予以肯定

对于碳配额的法律性质，按照国家政策的倾向，如欲建立碳排放权抵押制度乃至在此基础上探索碳期货等金融衍生品，必须在《暂行条例（草案修改稿）》中予以肯定；分配方式的修改也不宜操之过急。因为碳排放行为的实质是对大气资源的利用，但空气本身，是没有法律效力上的对世排他性的，这种公物不能成为最严格的财产权。但碳排放权的设计逻辑是碳排放权在碳排放行为部分纳入管制后生成的，且在配额的设计下，碳排放权产生了法律上的垄断性。但必须注意，如希望通过私人意思在此上设定新的财产权，如抵押权，则按照财产权法定主义的要求由法律予以提前类型化。[1] 因此，基于碳排放权本身具有法律认可的财产权属性，在碳排放权之上试图构建更为细致的财产权需遵循财产权法定主义，如同采矿权和探矿权之于矿业权、署名权和改编权之于著作权，法定类型化权利之权能再类型化需要法律之肯定，包括资产属性的确定和质押、金融流通的规定。除此之外，基于现实的考量，扩大有偿分配的规定可以体现在政策中而不必规定在法律中，因其强制性更突显。而因为复杂的国际背景，其可以成为国际谈判的筹码。如果我国有偿，别国无偿，由此将使别国构成对企业的补贴，令我国企业处于不利的竞争地位。

---

〔1〕 参见王涌《财产权谱系、财产权法定主义与民法典〈财产法总则〉》，载《政法论坛》2016年第1期。

（四）注重私主体权利的法律救济

最后，作为行政法规且是碳排放权交易制度的统领性立法文件，必须关注到碳排放权这一公法法律关系，碳排放权主管部门始终和重点排放单位处于不平等的法律地位，由此导致的交易关系也可能牵涉行政主体。因此《暂行条例（草案修改稿）》应当更加注重对私主体权利的法律救济，建议增设行政复议或行政诉讼的规定，一方面扩大可以进行行政复议的行为入口；另一方面，尽管已有《碳排放权登记管理规则（试行）》与《碳排放权交易管理规则（试行）》对碳排放权注册登记机构和交易机构的职责细化，但还是应当归类碳排放权主管部门和其他监管主体（包括注册登记机构和交易机构）的行为性质与法律救济方式。

五 结语

基于实践现状和国际形势，尝试将市场机制引入气候治理，乃至环境治理领域，碳排放权是必须攻克也是最有机会取得成果的一环。但在清晰地认识我国法律体系融洽性的同时，也应考虑我国的法治现状，在推行一制度时可依靠政策驱动，而该制度成形后必须依靠法律制度的构建，此种构建也应当出于规范考量而非纯粹的利益考量。在厘清碳排放权法律意涵后，应当逐渐克服法学中的传统偏见和改革阻力，通过先导立法带动碳排放权法律制度的建立，再逐步完善碳排放权交易制度。即便碳排放权交易制度仍遭受众多批评，但合理的法律制度正是建立在批评和质疑之上的，从立法数量和质量来看，我国碳排放权交易法律制度建设还有很长的路要走。

无人驾驶汽车碳减排评价法律机制研究

吴怡丹　邓海峰[*]

一　引言

在碳达峰和碳中和的背景下，无人驾驶汽车作为交通领域智能化减碳的环节具有极大的发展前景。2021年9月22日，中共中央、国务院发布《关于完整准确全面贯彻新发展理念做好碳达峰碳中和工作的意见》指出，应当推动互联网、大数据、人工智能、第五代移动通信（5G）等新兴技术与绿色低碳产业深度融合，并推广智能交通等节能低碳型交通工具。2021年10月24日，国务院发布《2030年前碳达峰行动方案》，提出发展智能交通，推动不同运输方式的合理分工、有效衔接，降低空载率和不合理客货运周转量，以构建绿色高效交通体系。无人驾驶汽车减碳的政策支持，从侧面表现出无人驾驶技术应用对实现碳减排的重要功能。

在法律规范层面上，由于无人驾驶技术的深入研究和自愿减排制度的法律设计，无人驾驶汽车与自愿减排制度的联动存在可

---

[*] 吴怡丹，清华大学法学院硕士研究生；邓海峰，清华大学法学院副教授，博士生导师。

行性和必要性。一方面，国内外对自动驾驶的研究和应用，为无人驾驶汽车减碳提供了技术条件；[1] 另一方面，自2012年，我国通过一系列规范性文件确立自愿减排制度，对自愿减排项目、自愿减排量申请备案以及自愿减排量交易进行规范，为无人驾驶汽车纳入该自愿减排制度提供了基本制度条件。[2] 在这其中，碳减排评价法律机制对实现无人驾驶技术与自愿减排的有效链接作用明显。所谓碳减排评价，是在引进碳减排技术或采用先进管理手段建立的碳减排项目中，对该项目引起的碳排放量减少进行的评价活动。[3] 它通过法律程序和实体规范，赋予不同排放实体的具体减排效益以法律价值，从而使其具备权利化和资产化的可能。[4]

能源技术上，由于尚缺乏对传统驾驶模式和无人驾驶模式下，同一汽车客体碳排放量变化进行精确核算的技术方案，所以无人驾驶模式下，汽车碳减排量的核算标准尚处于空白状态。法律适用上，即使假定相比于传统驾驶模式，无人驾驶汽车碳排放量会出现减少，但由于碳减排评价法律机制的缺失，无人驾驶汽车所产生的减排量能否适用自愿减排规则也处于制度真空状态。一方面，无人驾驶技术改变传统驾驶模式带来的碳减排量能否定性为自愿减排量，尚无明确的法律规范；另一方面，即使该碳减排量能够定性为自愿减排量，此法益如何配置亦有待解答。可见，尽

---

〔1〕 参见李克强、戴一凡、李升波、边明远《智能网联汽车（ICV）技术的发展现状及趋势》，载《汽车安全与节能学报》2017年第1期。

〔2〕 2012年，国家发展和改革委员会发布文件《温室气体自愿减排交易管理暂行办法》（发改气候〔2012〕1668号）。同年，国务院发展改革委办公厅组织制定《温室气体自愿减排项目审定与核证指南》（发改气候〔2012〕2862号）。2017年，《国家发展和改革委员会公告》（2017年第2号）发布。2021年，我国施行《碳排放权交易管理办法（试行）》（生态环境部令第19号）。

〔3〕 参见乔东、唐茂芝、葛红梅、张华《认证认可在碳排放与碳减排评价中的地位和作用》，载《环境保护》2013年第10期。

〔4〕 参见崔金星《构建我国碳减排评价机制的法律思考》，载《环境保护》2012年第20期。

快明晰无人驾驶汽车碳减排评价法律机制不仅对于促进此类技术进步具有典型意义，更为重要的是它对促进能源利用领域"双碳"目标实现的整体制度价值会越发明显。

二　无人驾驶汽车碳减排量的法律评价

相较于传统驾驶模式，无人驾驶工况下的碳减排量主要有两方面来源。一是以5G高速传输、多用户动态定位与精确导航为基础，无人驾驶工况在路网规划、线路选择、速度调节上的综合决策能够有效提高汽车的能源效率、减少怠速时间和拥堵时间，从而带来单位时间内碳排放量的减少。二是无人驾驶技术替换了人工驾驶员，从而消除了传统驾驶模式下汽车驾驶员的碳排放量。研究表明，自动驾驶通过生态驾驶、道路联动、汽车共享等方式，可以使温室气体排放量减少40%—60%。[1] 同时，从无人驾驶技术替换人工驾驶员的角度，在不考虑汽车旅行需求增加的情况下，无人驾驶阶段大大降低了人工驾驶员的感知成本和商业驾驶员的实际成本。[2] 可见，无人驾驶工况相较于传统驾驶模式会产生碳排放量的减少在技术上具有可能性，但此种技术可能性要想转化为规范可能性则需要借助碳减排评价法律机制进一步加以证成。

（一）碳减排量的确认路径：方法学

要证成无人驾驶汽车减少的碳排放量能够在规范层面认定为碳减排量，就应当适用链接技术和规范的碳减排量确认路径，即

---

〔1〕 See Hubert Igliński, Maciej Babiak, "Analysis of the Potential of Autonomous Vehicles in Reducing the Emissions of Greenhouse Gases in Road Transport, TRANSCOM 2017: International Scientific Conference on Sustainable, Modern and Safe Transport", 192 *Procedia Engineering* 353, p.357（2017）.

〔2〕 See Zia Wadud, Don MacKenzie, Paul Leiby, "Help or Hindrance? The Travel, Energy and Carbon Impacts of Highly Automated Vehicles", 86 *Transportation Research Part A: Policy and Practice* 1, p.2（2016）.

自愿减排项目方法学。自愿减排项目方法学是将项目减排量转化为统一可交易的信用量而建立的技术指南。[1] 结合2012年《温室气体自愿减排交易管理暂行办法》（发改气候〔2012〕1668号）第10条可知，方法学在确定项目基准线、论证额外性、计算减排量、制定监测计划等内容上，提供行政机关认可的技术指南，项目碳减排量便能据此技术指南在规范上得到确认。

以我国国家温室气体自愿减排方法学清单为例，《采用能效提高措施降低车船温室气体排放的小型方法学》《通过在商业货运车辆上安装数字式转速记录器提高能效》（第一版）针对监测机动车船和驾驶员行为并提供实时反馈的辅助驾驶设备，提供了项目额外性以及相较于基准线情形的碳减排量计算、监测等方面的技术标准。同样，清洁发展机制方法学涵盖交通能源效率提高的碳减排量，[2] 以及智能交通系统和巴士路线改善的碳减排量，[3] 这些方法学也为智能驾驶项目提供了规范碳减排量核算的技术标准。

综上所述，我国及国际上智能驾驶相关的项目方法学，为智能驾驶汽车规范上的碳减排量确认提供了技术指南。由于能源审计领域尚未建立专门针对无人驾驶汽车碳减排量的方法学，因此欲证成规范层面的无人驾驶汽车确实会产生碳减排量，首先需要的便是开发对应的方法学。受研究领域所限，本文不就以技术研究为基础的方法学设计做专门研究。我们期待针对该领域碳减排量核证的方法学早日产生并对无人驾驶汽车项目确定基准线、论证额外性、计算减排量、制定监测计划等内容提供技术指导。

---

〔1〕 参见吴宏杰编著《碳资产管理》，清华大学出版社2018年版，第45—46页。

〔2〕 See Small-scale Methodology: Emission Reductions Through Improved Efficiency of Vehicle Fleets (Version 02.0).

〔3〕 See Small-scale Methodology: Efficient Operation of Public Transportation (Version 01.0).

(二) 碳减排量的法律性质：自愿减排量

作为技术指南的方法学为无人驾驶汽车碳减排量核算提供了技术标准，能够认定无人驾驶汽车自愿减排项目存在规范意义上的碳减排量。然而，透过方法学的技术本色，无人驾驶汽车自愿减排量在法律上的创设及核证，仍有赖于明确的实体和程序规则。我国现行规范体系对减排项目的自愿减排量提出了具备真实性、额外性、可核证性、永久性以及可执行性的要求，以保障碳排放交易的总量控制目标及其减少碳排放的环境效果。[1] 结合无人驾驶汽车碳减排量的特征可知，经方法学确认的无人驾驶汽车碳减排量只要满足前述评价标准，便可以在性质上作出是自愿减排量的认定。

其一，真实性是指该自愿减排量代表的碳减排量应当是实际的，而非不完整或不准确的。[2] 汽车运行产生碳排放的物质载体是大气温室气体环境容量。它是环境容量的一种，是描述在不产生温室效应的前提下，单位大气所能容纳各类温室气体的极限容量。从环境科学的角度来看，作为其属概念的大气环境容量是指"在一定的环境标准下，某一环境单元大气所能承纳的污染物的最大允许量"[3]。经方法学确认的无人驾驶汽车碳减排量，其物质载体正是大气环境容量项下的温室气体环境容量。由于大气环境容量是真实存在的，且温室气体与温室效应也早就被物理学界所证明，因此作为汽车运行排放客体的大气温室气体环境容量，亦具有客观性，可以客观衡量大气系统净化、处理、容纳温室气体的

---

[1] 参见潘晓滨《碳排放交易中的自愿减排抵消机制》，载《资源节约与环保》2018年第9期。

[2] 参见潘晓滨《碳排放交易中的自愿减排抵消机制》，载《资源节约与环保》2018年第9期。

[3] 《环境科学大辞典》编委会主编：《环境科学大辞典》（修订版），中国环境科学出版社2008年版，第79页。

能力。[1]可见，传统驾驶模式的碳排放量、无人驾驶模式的碳排放量，均可以用客观存在的大气温室气体环境容量来表征，因此无人驾驶工况所产生或替换的碳减排量满足前述自愿减排量所要求的真实性要件。

其二，额外性是指相较于基准情形，自愿减排项目存在额外的碳减排量。[2]减排项目的额外性来自依据大气温室气体环境容量确定的碳排放总量，以未应用项目技术时的典型情形产生的碳排放量为基准，应用项目技术后的情形产生的碳排放量相比基准的减量作为用以抵消的自愿减排量，描述的是项目技术在碳排放领域带来的额外收益。此额外收益在无人驾驶领域则表现为，以传统人工驾驶模式产生的碳排放量为基准，无人驾驶技术应用后的碳排放量较基准存在相对减量。作为无人驾驶汽车自愿减排量的基准，传统驾驶模式的碳排放量包括两部分，一是人工驾驶决策下汽车不断运行的汽车碳排放量；二是传统驾驶模式要求自然人介入驾驶环节的驾驶员碳排放量。无人驾驶技术应用后的碳排放量则仅涵盖智能系统决策下汽车不断运行的汽车碳排放量。相较之下，无人驾驶汽车因驾驶技术更替能够减少汽车单位时间内碳排放量，并消除自然人驾驶员的碳排放量，故无人驾驶工况所产生或替换的碳减排量满足额外性标准。

其三，可核证性表明核证程序可被用于证明自愿减排量实际发生，并且没有被高估。[3]根据2012年《温室气体自愿减排项目审定与核证指南》（发改办气候〔2012〕2862号），减排量的核证

---

[1] 参见宁平主编《大气环境容量核定方法与案例》，冶金工业出版社2013年版，第5页。

[2] 参见潘晓滨《碳排放交易中的自愿减排抵消机制》，载《资源节约与环保》2018年第9期。

[3] 参见潘晓滨《碳排放交易中的自愿减排抵消机制》，载《资源节约与环保》2018年第9期。

要求减排量唯一、项目实施与设计文件相符、监测计划与方法学相符、监测与监测计划相符、校准频次相符、减排量计算结果合理等，无人驾驶汽车碳减排量的核证亦需满足这些条件。对于减排量唯一的要求，无人驾驶汽车碳排放量核算领域的方法学能够明确无人驾驶汽车的减排路径，此减排路径特指无人驾驶技术对汽车运行模式的革新，区别于汽车燃料替代等其他减排路径，由此技术路径产生的碳减排量也将是唯一的。对于另外五项符合性和合理性的要求，基于技术研究确立的方法学，能够实现人工驾驶和无人驾驶模式下的汽车碳排放量的技术核算，进而确定无人驾驶汽车碳减排量。即使依据现有的技术标准，也能够对不同工况条件下的汽车碳排放量进行核算，例如《乘用车碳排放核算技术规范》《温室气体核算体系：产品寿命周期核算与报告标准》等标准，投入产出法、生命周期评价法、IPCC 计算方法、碳足迹计算器等一般性的碳足迹计算方法[1]，以及个人碳足迹估算模型[2]。只要适用无人驾驶汽车领域的方法学或其他技术标准，并采取相符的技术手段完成不同工况下碳排放量的核算工作，便能够确证无人驾驶汽车碳排放实际上存在减量，可见无人驾驶工况所产生或替换的碳减排量具有可核证性。

其四，永久性是指对于减排或增汇项目，其产生的自愿减排量不会因时间的流逝发生逆转。[3] 在无人驾驶场景下，自愿减排量的永久性描绘的是无人驾驶汽车碳排放量与传统驾驶模式碳排放量比较的相对减量，其减量一经确认就永久存在。首先，无人

---

[1] 参见耿涌、董会娟、郗凤明、刘竹《应对气候变化的碳足迹研究综述》，载《中国人口·资源与环境》2010 年第 10 期。

[2] 参见王微、林剑艺、崔胜辉、吝涛《碳足迹分析方法研究综述》，载《环境科学与技术》2010 年第 7 期。

[3] 参见潘晓滨《碳排放交易中的自愿减排抵消机制》，载《资源节约与环保》2018 年第 9 期。

驾驶汽车通过减少汽车单位时间内的碳排放量并消除人工驾驶员的碳排放量，使碳减排量在汽车运行过程中不断产生和累积，其作为减量不存在储存碳汇并重新释放的风险。其次，无人驾驶汽车碳减排的客体为大气温室气体环境容量，其属概念大气环境容量被科学证明是客观和相对稳定的，仅在整体容量上存在变化的可能。[1] 故无人驾驶汽车减排的大气温室气体环境容量部分也具有相对稳定的特性。排除外界人为干涉的因素，无人驾驶汽车碳减排量在相对稳定的环境系统中不会发生量上的变化，更不会出现逆转的情形。最后，即使无人驾驶汽车碳减排量存在逆转的可能，其永久性也能够结合修正措施认定。以林业或土地封存的碳汇为例，它们可能因林木燃烧、土地利用变化而重新释放到大气中，但仍可以采取抵消信用折算、临时或到期信用、保险机制等路径保证自愿减排量的认定。因此，在排除外界干预的条件下，无人驾驶工况所产生或替换的碳减排量不会重新占据大气温室气体环境容量，即使存在逆转的风险也可以采取修正措施，符合自愿减排量要求的永久性要件。

其五，可执行性要求法律规范对自愿减排量加以保障，并确定该自愿减排量的受益方、实施方、核证方以及碳减排逆转情形下的责任方等规范。[2] 无人驾驶汽车自愿减排量也同样需要具备适用自愿减排制度规范的条件。如前所述，大气温室气体环境容量是汽车运行产生碳排放的物质载体，亦即无人驾驶汽车碳减排量的客体，它具有可感知性、相对的可支配性、可确定性等特

---

[1] 参见宁平主编《大气环境容量核定方法与案例》，冶金工业出版社2013年版，第5—6页。

[2] 参见潘晓滨《碳排放交易中的自愿减排抵消机制》，载《资源节约与环保》2018年第9期。

征,[1] 能够评价为法律上的客体,故无人驾驶汽车碳减排量能够在法律的轨道上得以适用。而作为无人驾驶汽车碳减排量客体的大气温室气体环境容量,又契合自愿减排制度规范的客体范畴,这表明无人驾驶汽车碳减排量具备纳入自愿减排制度适用的基本条件。基于同一客体,无人驾驶工况所产生或替换的碳减排量能够适用自愿减排制度并依此制度规范明确权利义务关系,故无人驾驶汽车碳减排量具有可执行性。

虽然国际上曾经存在及现存的大量自愿减排标准在严格性上存在一定差异,[2] 但是根据我国对项目自愿减排量的评价标准,经方法学确认的无人驾驶汽车碳减排量具备自愿减排量的属性。具体而言,相较于传统驾驶模式,无人驾驶汽车碳减排量是真实、额外、永久的收益,能够通过核证程序证明其实际产生,并且因客体落入自愿减排制度范围而存在据此制度规范执行的条件。因此,无人驾驶汽车碳减排量的性质为自愿减排量,进而该碳减排量能够与既有自愿减排制度的权利实现规范接轨。

三 无人驾驶汽车自愿减排量的法益归属

根据2012年《温室气体自愿减排交易管理暂行办法》(发改气候〔2012〕1668号)第5—6条,参与温室气体自愿减排量交易的主体包括国内外机构、企业、团体和个人,但申请温室气体自愿减排项目及减排量备案的主体仅限于中国境内注册的企业法人。经方法学确认的无人驾驶汽车碳减排量在规范上评价为自愿减排量,但碳减排评价法律机制尚缺乏对该自愿减排量的法益归属规

---

〔1〕 参见邓海峰《环境容量的准物权化及其权利构成》,载《中国法学》2005年第4期。

〔2〕 参见钱政霖、马晓明《国际自愿减排标准比较研究》,载《生态经济》2012年第5期。

范。因此，本文一方面考察现有的汽车自愿减排量法益归属规则，从个别中提炼出一般规则并参照适用；另一方面引据无人驾驶汽车自愿减排量法益归属相关的法学原则和规则进行学理讨论。

（一）汽车自愿减排量法益归属的普遍规则：汽车相关主体

从现有的方法学中提取汽车自愿减排量法益归属的普遍规则，可以为无人驾驶汽车自愿减排量的法益归属提供借鉴。无论是燃料消耗效率提高、燃料替代类型的方法学，还是智能驾驶类型的方法学，都将权利主体限定在与汽车相关的技术方、制造商、零售商、车主、使用方、运营方等主体范围内。

作为我国燃料消耗效率提高类型的方法学，《采用能效提高措施降低车船温室气体排放的小型方法学》规定"能效提高措施的技术提高方和使用方之间签订减排量转让协议，如由其中一方申请减排量，则另一方须放弃减排量的申请"，以避免重复申请减排量。可见，燃料消耗效率提高上，汽车自愿减排量权利主体涉及技术提高方和使用方。

作为我国燃料替代类型方法学，《电动汽车充电站及充电桩温室气体减排方法学》以主体间的减排转让协议为前提，"由充电站/桩运营单位申请充电车辆的减排量，充电车辆使用/运营单位或个人放弃申请减排量的权利"，以避免重复申请减排量。《现有和新建公交线路中引入液化天然气汽车》（第一版）规定，为避免减排量的重复计算，采取合同协定或者公交车唯一标志等措施，"减排量的申请可以由LNG供应商、公交车制造商、车主或者公交公司提出"。《通过电动和混合动力汽车实现减排》（第一版）规定，在不引起减排量重复计算的前提下，"减排量可由电动/混合动力车辆制造商、零售商和/或车主申请"。这些方法学强调制造商、零售商、车主、使用方、运营方等主体之间应当避免重复计算减排量，并提出确定自愿减排量权利主体的直接规定或协定方式。

核证碳标准（Verified Carbon Standard，VCS）方法学中，对于商业车队因燃料转变产生的自愿减排量，原则上归属于作为项目业主的商业车队所有权人。若项目业主并非商业车队的所有权人，例如项目业主是车队管理人，车队管理人的客户是商业车队的所有权人，此时项目发起人与各车队所有权人之间应订立合同，明确碳减排量的所有权。同时，车队所有权人不得参与其他与生物燃料生产商或零售商有关的其他减排项目，以避免供应链中对碳减排量的重复计算。此方法学亦采取协定方式，在车队管理人和所有权人之间确定自愿减排量的权利主体。

可见，在汽车自愿减排量法益归属的问题上，现有的方法学限制不同主体对自愿减排量的重复申请，但同时也表明了该自愿减排量可以由汽车相关的技术方、制造商、零售商、车主、使用方、运营方等主体申请。

（二）无人驾驶汽车自愿减排量的法益归属：商业车辆运营方

碳减排评价法律机制对于部分汽车自愿减排量的法益归属进行了规范，然而无人驾驶汽车自愿减排量归属于何主体仍然存在疑问。因此，如何对自愿减排量进行初始配置更具有可行性和正当性，需要进行学理上的探讨。其中可供参考的内容，既包括无人驾驶汽车领域现有的权利义务关系研究，又包括民法领域孳息等类似物的权利分配规则。

一方面，对于无人驾驶汽车自愿减排量的权利配置，正义和效益往往是需要纳入考虑的两种原则。正义原则要求立法机关平等分配权利，效益原则要求立法机关将权利分配给使其带来最大效益的主体，在遵循平等分配的基础上，此处集中分析自愿减排量权利配置应遵循的效益原则。从权利效益的影响因素来看，权利人付出的义务是权利的不变成本，即为权利安全之担保而划定的权利界限。[1] 因此，将无人驾驶汽车自愿减排量的权利配置给承担义务的主体，能够实现权利效益的最大化。

同时，效益原则可以综合运用作为立法方法论的利益衡量规则，参考对应义务的配置。利益衡量方法论要求对现实利益进行识别，并在此基础上对该利益进行分析、比较、权衡，进而抽象出相关规则，同时充分考虑社会利益结构、社会基本价值观念、既定法律秩序、公共政策、社会习惯、程序、科学技术发展状况、社会舆论等因素[2]。在利益调整机制上，立法要求权利和义务的总体对等与平衡，也就是二者在结构上相关、数量上等值、功能上互补[3]。故无人驾驶汽车自愿减排量上的权利和义务配置也应当达到相对平衡的状态。

无人驾驶汽车领域现有的讨论集中在侵权责任的分配上。从无人驾驶汽车侵权责任的归属来看，由于无人驾驶汽车运行的自主性、驾驶模式的多样性、驾驶人员的非特定性等特征，无人驾驶汽车侵权责任往往会依据不同情形，分配至自动驾驶系统的开发者、无人驾驶汽车的生产者和销售者、所有权人或用益物权人等主体[4]。无人驾驶汽车运行过程中的侵权责任分配，体现的是侵权人与被侵权人之间的责任请求和承担，其分配考虑的是对风险及损害产生的控制力等因素。相较而言，无人驾驶汽车运行过程中产生的自愿减排量，则属于脱离无人驾驶汽车而产生的独立客体，其分配考虑的是财产权利配置的优劣等因素。正如不可将

---

[1] 参见王启富、马志刚《权利的成本——效益分析》，载《政法论坛》1999年第4期。

[2] 参见张斌《现代立法中利益衡量基本理论初论》，载《国家检察官学院学报》2004年第6期。

[3] 参见张斌《现代立法中利益衡量基本理论初论》，载《国家检察官学院学报》2004年第6期。

[4] 参见张建文、贾章范《〈侵权责任法〉视野下无人驾驶汽车的法律挑战与规则完善》，载《南京邮电大学学报》（社会科学版）2018年第4期；袁曾《无人驾驶汽车侵权责任的链式分配机制——以算法应用为切入点》，载《东方法学》2019年第5期。

无人驾驶汽车的侵权主体等同为汽车的权利主体，将无人驾驶汽车的侵权主体视作汽车自愿减排量的权利主体亦不合理。根据效益原则和利益衡量方法论，可以通过确认承担无人驾驶汽车自愿减排量的义务主体，进而确定合理的权利主体。

就自愿减排量的权利配置而言，无人驾驶汽车自愿减排量可能的权利主体包括无人驾驶程序的设计者、汽车的生产者或销售者、汽车的所有权人或用益物权人。然而，无人驾驶程序的设计者、汽车的生产者或销售者两类主体仅在源头上为无人驾驶汽车运行、自愿减排量产生提供了技术、生产或销售上的间接支持，无法直接对应承担汽车运行过程中产生的成本，因而也不应获得自愿减排量上的权利。相较而言，汽车的所有权人或用益物权人，则在占有、使用、收益等方面具有较强的控制力和影响力，直接支配着无人驾驶汽车的运行和自愿减排量的产生，也承担着包括汽车运行在内的所有或用益成本，故应当获得自愿减排量上的权利。

另一方面，自愿减排量是无人驾驶汽车运行过程中派生出的物，类似于无人驾驶汽车产生的孳息。同时，自愿减排量上的权利不是纯粹私法意义上的权利，还有公法施加的因素，故自愿减排量不能简单地被界定为孳息。因此，自愿减排量的权利配置，不能直接适用孳息的权利分配规则及其原理，但可以将其用以参考。

孳息分为法定孳息和自然孳息。其中，法定孳息是指因财产交他人用益而产生的收益，主要是在动态的交易中产生，如租房收租、借款利息；天然孳息是指原物孕育产出的派生物，主要是静态的归属规则，如收获的花生、矿山的矿物。[1] 而无人驾驶汽车自愿减排量类似于汽车的派生物，侧重归属规则，应关注天然

---

〔1〕 参见隋彭生《法定孳息的本质——用益的对价》，载《社会科学论坛》（学术研究卷）2008年第6期；隋彭生《天然孳息的属性和归属》，载《西南政法大学学报》2009年第2期。

孳息的权利分配规则。从天然孳息的权利分配规则上来看，分离主义认为孳息应当归属于原物所有权人，此规则能够使权利界定成本最小化；生产主义则认为孳息应当由投入劳动的人享有所有权，此规则强调孳息中的人力成本的投入因素。由于所有权人对天然孳息存在期待权，以及产生物归属于原所有权人可以避免财产的断代，采取分离主义存在合理性。[1]《民法典》第321条第1款则以债权人、用益物权人或所有权人的位序，配置天然孳息的所有权。无人驾驶汽车自愿减排量的初始权利配置亦可参考此规则。所有权人或用益物权人对无人驾驶汽车拥有占有、使用、收益等权能，所有权人甚至对无人驾驶汽车享有处分权能，这些主体对无人驾驶汽车运行过程中产生的权益具有合理期待，且可以最大程度避免权利的频繁更替，应当视作无人驾驶汽车自愿减排量的权利主体。

综上所述，无人驾驶汽车的所有权人对汽车享有占有、使用、收益、处分权能并承担汽车运行使用成本，无人驾驶汽车的用益物权人则享有占有、使用、收益权能并承担汽车运行使用成本，两类主体能够认定为自愿减排量的权利主体。由于我国申请温室气体自愿减排项目及减排量备案的主体仅限于中国境内注册的企业法人，故申请无人驾驶汽车自愿减排项目及减排量备案的主体也限于中国境内注册的企业法人，这也就说明只有作为无人驾驶汽车所有权人或用益物权人的企业法人才能成为无人驾驶汽车自愿减排量的权利主体，具体表现为商业车辆运营方。因此，在无人驾驶汽车自愿减排量的初始权利配置上，商业车辆运营方应当认定为该自愿减排量的权利主体。

---

［1］ 参见隋彭生《天然孳息的属性和归属》，载《西南政法大学学报》2009年第2期。

四 无人驾驶汽车碳减排评价法律制度的构成

如前所述，无人驾驶汽车领域的碳减排评价法律机制均存在多个待研究的空白领域，包括缺乏对无人驾驶汽车应用前后碳排放量的技术确认方案，缺乏对该碳减排量在法律上的评价及法益归属等内容的明确规范。因此，针对这些空白领域，本文也相应地提出了建立作为技术评价标准的方法学、完善作为减排审定核证规范的认证制度、纳入现有交易体系框架等法律制度构想。这些制度构想是为无人驾驶汽车自愿减排量提供的规范保障，更是为整个碳减排评价法律机制提出的完善建议。

（一）建立技术评价标准：方法学

在对无人驾驶汽车碳减排量进行法律层面的评价之前，需要在技术上建立作为核算指南的方法学，以确定无人驾驶汽车自愿减排量的基础是否存在，即确定无人驾驶汽车是否产生了碳减排量。

从我国对碳减排量的技术评价标准来看，国家温室气体自愿减排方法学清单仅存在与智能驾驶自愿减排相关的部分方法学。而基于无人驾驶技术潜在的减碳价值和自愿减排制度的技术激励功能，无人驾驶汽车自愿减排方法学规范亟待制定。该方法学的制定，应当立足我国对自愿减排项目的真实性、额外性、可核证性、永久性以及可执行性等要求，同时可以参考国际方法学标准的要求。[1] 根据 2012 年《温室气体自愿减排交易管理暂行办法》（发改气候〔2012〕1668 号）第 11 条，除国家主管部门委托专家进行评估并备案的清洁发展机制项目方法学外，新开发的方法学

---

[1] 参见钱政霖、马晓明《国际自愿减排标准比较研究》，载《生态经济》2012 年第 5 期。

可以由开发者申请备案并提交该方法学及所依托项目的设计文件，国家主管部门进行审查并对审核合格者予以备案。但根据2017年《国家发展和改革委员会公告》（2017年第2号），温室气体自愿减排交易方法学、项目、减排量、审定与核证机构、交易机构备案申请等事项均暂缓受理，以完善和规范温室气体自愿减排交易。

因此，待《温室气体自愿减排交易管理暂行办法》修订完成并发布后，相关主体可以推动无人驾驶汽车的自愿减排方法学的备案。从市场自发力量来看，中国境内注册的企业法人作为申请自愿减排项目及减排量备案的主体，应当积极探索无人驾驶汽车自愿减排量的方法学。从市场管理手段来看，在"双碳"背景下，国家主管部门也应当关注制定无人驾驶汽车碳减排量的方法学。对于无人驾驶汽车自愿减排方法学的设计，应当着重考虑无人驾驶汽车优化运行效率决策、替换人工驾驶员两方面带来的碳减排量，从确定项目基准线、论证额外性、计算减排量、制定监测计划等方面开展技术研究，并在技术研究完成后积极向有关部门申请方法学备案。

（二）完善审定核证规范：认证制度

基于无人驾驶汽车自愿减排方法学的建立和适用，无人驾驶汽车碳减排量在规范上被证成。此时应当完善现有法律框架中的审定和核证制度，规范无人驾驶汽车自愿减排的程序和实体事项，同时颁发核证自愿减排量证书作为权利证明。由此，审定和核证制度能够在规范上将无人驾驶汽车碳减排量确认为自愿减排量，同时为该自愿减排量提供了自愿减排制度保障。

一方面，对于无人驾驶汽车自愿减排量的审定和核证，应当以法律或行政法规形式规范。2012年《温室气体自愿减排项目审定与核证指南》（发改办气候〔2012〕2862号）的规范位阶仅属于国务院部门发布的部门规章。而根据《立法法》（2015年修正）

8—9条，民事基本制度的事项只能制定法律，尚未制定法律的，国务院经授权后，可以根据实际需要对其中部分事项先制定行政法规。自愿减排量的审定和核证规范对财产进行界定并完成权利配置，属于民事基本制度的事项，未来应当通过法律规范或行政法规先行规范，以明确碳减排量的法律性质以及自愿减排量的法益归属等内容。

另一方面，颁发核证自愿减排量证书，并在证书中确定无人驾驶汽车自愿减排量的法益归属。2012年《温室气体自愿减排项目审定与核证指南》（发改办气候〔2012〕2862号）已经为现有自愿减排的审定与核证提供了规范，在自愿减排项目的审定上规定了项目资格条件、项目设计文件、项目描述、方法学选择、项目边界确定、基准线识别、额外性、减排量计算和监测计划等要求，并在自愿减排量的核证上规定了自愿减排项目减排量的唯一性、项目实施与项目设计符合性、减排量计算结果的合理性等标准，在项目备案后变更的审定上也规定了相关要求。然而，这些规范主要是确定项目碳减排量性质是否为自愿减排量，而在确定为自愿减排量后，应颁发核证自愿减排量证书并对权利主体予以明确，以保障自愿减排量上的权利义务关系顺利运作。

（三）纳入现有体系框架：交易体系

根据无人驾驶汽车自愿减排方法学和审定核证规范，在技术上能够确认的无人驾驶汽车碳减排量，在法律上评价为自愿减排量同时明确其法益归属于商业车辆运营方，进而在自愿减排制度的轨道上适用。因此，无人驾驶汽车自愿减排量也应当允许纳入自愿减排量交易体系中，利用市场竞争实现优于行政命令的减排效率。[1]

---

〔1〕参见石敏俊、袁永娜、周晟吕、李娜《碳减排政策：碳税、碳交易还是两者兼之？》，载《管理科学学报》2013年第9期。

2012年《温室气体自愿减排交易管理暂行办法》（发改气候〔2012〕1668号）、《温室气体自愿减排项目审定与核证指南》（发改办气候〔2012〕2862号）和交易机构制定的交易规则，建立和完善了我国的自愿减排量交易体系。交易机构制定的交易规则以《广州碳排放权交易中心国家核证自愿减排量交易规则》（2019年修订）为例，该交易规则一是规范了交易场所、参与人、标的与规格等自愿减排量交易市场；二是规范了挂牌点选、协议转让等交易方式；三是规范了资金监管、结算和核证自愿减排量交收，还涉及其他交易事项、交易信息、监督管理、交易纠纷处理、交易费用等内容。无人驾驶汽车自愿减排量纳入自愿减排量交易体系进行适用，实现与现有交易体系的对接，有利于激励商业场景下的无人驾驶汽车应用，进而最大限度地发挥智能化交通的减碳功能。

五 结论

在双碳目标的背景下，无人驾驶汽车的碳排放减量化功能恰逢自愿减排的制度支持，产生无人驾驶汽车碳减排量适用自愿减排制度的可能性。然而，在无人驾驶汽车碳减排量适用自愿减排制度的过程中，既存在方法学认定碳减排量的研究空白，又存在碳减排量法律性质及其法益归属的制度真空。这些问题正落入了碳减排评价法律机制的规范领域。

从无人驾驶技术应用前后的碳减排量来看，无论是从智能驾驶决策能够提高汽车运行效率的视角，还是从无人驾驶技术消除传统商业汽车驾驶员个人碳排放量的视角，技术上可以确认存在碳排放量减少的可能，而只有采用方法学对减少的碳排放量进行评价，才能规范上确认无人驾驶汽车碳减排量。从无人驾驶汽车碳减排量的法律性质来看，经方法学确认的无人驾驶汽车碳减排量，满足真实性、额外性、可核证性、永久性、可执行性等标准，具备自愿减排量的性质，故能够适用自愿减排制度。其中，商业车辆运营方作为无人驾驶汽车的所有权人或用益物权人，应当认定为无人驾驶汽车自愿减排量的权利主体。

  基于上述分析，无人驾驶汽车领域的碳减排评价法律机制应当补充技术和制度两个方面的规范。首先，中国境内注册的企业法人和国家主管部门应当积极探索建立技术评价标准，即方法学，为法律制度建设奠定技术基础。其次，基于方法学对无人驾驶汽车碳减排量的证成，立法层面应当采用法律规范或行政法规先行规范无人驾驶汽车自愿减排量，并在核证自愿减排量证书中确定权利主体，以便依法明确相关的权利义务关系。最后，以方法学和审定核证规范为前提，无人驾驶汽车自愿减排量应当纳入自愿减排量交易体系，通过市场化运作助力无人驾驶技术的进步和能源利用领域"双碳"目标的实现。

欧盟碳边境调节机制：国际合法性分析与中国因应

刘冰玉[*]

为进一步具体落实《巴黎协定》减排目标、加强各国减排行动，许多国家均采取措施减少碳排放，通过逐步淘汰碳密集型技术、向低碳经济过渡以应对气候变化。然而，由于各国气候目标标准差距较大，2019年马德里气候变化大会的谈判僵局反映了世界各国进一步履行《巴黎协定》所面临的严峻挑战。以美国为代表的诸多国家也开始采取民族主义和保护主义措施，加剧了对应对气候变化的不均衡行动，这也使得解决排放泄漏问题成为目前气候治理的一个难题和重要方面。[1] 在此背景下，欧盟委员会于2020年1月29日公布了《欧洲绿色协议》。[2] 该协议由新一届欧

---

[*] 刘冰玉，法学博士，中国政法大学国际法学院副教授。

[1] Ludivine Tamiotti (2011), "The Legal Interface between Carbon Border Measures and Trade Rules", 11 (5) *Climate Policy*, pp. 1202 – 1211.

[2] The European Commission (2020), "The European Green Deal", https://ec.europa.eu/info/strategy/priorities-2019-2024/european-green-deal_en.《欧洲绿色协议》涉及领域较广，主要从气候变化、清洁和安全能源、清洁和循环经济的产业战略、清洁交通、绿色农业、环境污染、生物多样性保护、清洁交通等方面发挥欧盟在环境领域的领导力，并制定时间表拟对协议实施进行细化。

盟委员会制定并计划在未来三年内推出。该协议包括一系列环境保护措施，旨在于在2050年将欧洲建立成为全球首个碳中和大陆，以更好地履行联合国《2030年可持续发展目标》。其中，欧盟碳边境调节机制是《欧洲绿色协议》的重要组成部分，并于2021年公布了碳边境调节措施立法建议。[1]

《巴黎协定》在制定气候目标和政策方面为各国提供了较大的灵活性，同时也为采取一系列与贸易有关的措施打开了大门。为防止"碳泄漏"现象，不同国家的利益攸关方呼吁采取边境措施，贸易与气候变化之间的矛盾也日渐突出。作为一项应对气候变化、削减温室气体排放的市场导向型措施，边界碳调节机制一方面能有效降低企业的减排成本；另一方面也能通过经济手段来激励企业采用技术创新、可再生能源等实质性减排措施。然而，边界碳调节机制涉及政府管制措施，包括政府限定企业可获得的排放配额数量、限制企业可用于抵消其实际排放量的外国减排信用的数量与来源等，客观上对世界贸易组织规则（以下简称"WTO规则"）造成了若干挑战，也引发了关于碳边境调节机制与世贸组织制度的兼容性的讨论。[2] 如何解决气候变化机制与多边贸易体制规则之间的潜在冲突是现行多边贸易体制所亟待解决的问题。本文将从国际法视角对2020年欧盟碳边境调节机制进行分析。本文将介绍在应对气候变化新形势下，该机制的设立的背景、该机制对全球及我国对欧盟经贸活动的可能影响及该机制实施面临的挑战，通过分析该机制与WTO规则的冲突和协调，最后提出我国对欧盟新政的应对建议。

---

[1] European Commission, Proposal for a Regulation of the European Parliament and of the Council Establishing a Carbon Border Adjustment Mechanism, 2021/0214 (COD), 14 July 2021.

[2] Madison Condon and Ada Ignaciuk (2013), "Border Carbon Adjustment and International Trade: A Literature Review", OECD, OECD Trade and Environment Working Papers.

一 欧盟碳边境调节机制设立的背景与内容

（一）机制设立背景和目的

欧盟边界碳调节机制主要为解决"碳泄漏"问题而设立。"碳泄漏"问题是指一国采取碳减排措施后，该国国内的高耗能产品可能转移到其他未采取碳减排措施的国家，从而有损减排效果。[1] 作为一项国（境）内政策，边界碳调节机制具体包括征收碳边境税及购买碳排放指标两种措施，以使欧盟境内企业的竞争力免受实施减排政策带来的影响。具体来说，边界碳调节机制可以通过对来自未承担量化减排义务国家的进口产品加征碳税，以使税收标准达到与本国产品同样的水平；此外，该机制还可要求国外进口商从国际或区域碳市场购买相应的碳排放信用，使其碳排放量等量于本国的生产商。[2] 事实上，在2020年边界碳调节机制之前，欧、美等经济体已经提出了实施边界碳调节贸易措施，意图通过该措施弥补减排政策对其国内产业竞争力造成的潜在不利影响，避免产生"碳泄漏"风险。[3] 考虑到《巴黎协定》的进一步履约要求以及近些年《联合国气候变化框架公约》（UNFCCC）会议谈判进展的缓慢，一些政客和学者认为采取一些单边措施总比完全不采取行动要好。因而边界碳调节机制又重新浮出水面，主要针对包括美国和中国在内的碳排放大国，并成为《欧盟绿色协议》的重要组成部分。

近年来，绿党在欧盟委员会势力的崛起也使环保议题在欧盟

---

[1] EU Commission, "Carbon Leakage", https://ec.europa.eu/clima/policies/ets/allowances/leakage_en.

[2] Susanne Droege et al. (2016), "The Trade System and Climate Action: Ways Forward under the Paris Agreement", 13 *The South Carolina Journal of International Law and Business*, p. 195.

[3] Ono Kuik, Marjan Hofkes (2010), "Border Adjustment for European Emissions Trading: Competitiveness and Carbon Leakage", 38 (4) *Energy Policy*, pp. 1741 – 1748.

议会决策中占据越来越重要的位置,成为推动碳边境调节机制产生的重要外部动因之一。欧盟将碳边境调节机制作为其在气候变化领域的一项有力措施,可进一步推动欧盟碳市场等工具,从而扩大欧盟在全球气候治理中的全球影响力。此外,欧盟早在几年前就已经将水泥、铝、钢铁厂等欧盟能源密集型企业列入碳交易和碳税体系,并引发国内能源密集企业的强烈不满。欧盟为避免欧盟境内企业向海外流失,维护欧盟企业的公平竞争环境因而采取该机制。最后,在美国退出《巴黎协定》的国际背景下,该机制可作为欧洲未来和美国涉及经贸问题的谈判砝码。考虑到英国脱欧后碳市场价格的波动和不一致性,欧盟也试图通过碳边境调节机制以调整和统一英国脱欧后的英国国内碳市场价格。[1]

(二) 与以往碳调节机制的联系与区别

在欧盟实施碳边境调节措施之前,欧盟早在2005年根据第2003/87/EC号指令启动了排放交易系统(以下简称"ETS")以履行《京都议定书》规定的减排承诺。[2] 虽然排放津贴在前期对于大部分行业是免费分配的或允许少量免税额的拍卖,但由于相关机制在后期大幅提高了对电力部门和工业品的违约率,从而引发欧盟内部关于如何解决潜在"碳泄漏"的激烈辩论,其中就包含选择采取碳边境机制措施的讨论。[3] 自2007年以来,欧盟

---

[1] "The EU Could Deploy a Carbon Border Tax Against the UK after Brexit, Warns MEP", https://www.edie.net/news/11/EU-could-use-carbon-border-tax-against-Brexit-Britain--warns-MEP/.

[2] Council Directive 2003/87, 2003 O. J. (L275) 32 (EC). 欧盟ETS规定了能源生产商和工业部门温室气体排放的上限。鉴于由此产生的排放成本,排放者可以在公司层面决定是投资减排技术还是使用配额,并允许参与者在二级市场销售剩余配额。

[3] 熊灵、齐绍洲:《"欧盟碳排放交易体系的结构缺陷、制度变革及其影响"》,载《欧洲研究》2012年第1期。See also, Christine Kaufmann and Rolf H. Weber (2011), "Carbon-related Border Tax Adjustment: Mitigating Climate Change or Restricting International Trade", 10 *World Trade Review*, pp. 497 – 525.

已开始利用碳边境机制解决"碳泄漏"问题,并提出了三项建议。[1] 欧盟于 2007 年提出的第一项建议是"未来免税进口要求"(FAIR),这是未公布的修订 ETS 指令提案草案的一部分。[2] 第二项建议由法国政府发起,旨在通过"碳包容性机制"(CIM)将进口商纳入欧盟 ETS。[3] 第三项建议由欧洲议会环境、公共卫生和食品安全委员会(ENVI)于 2016 年发起,具体针对水泥行业的碳排放规制。[4] 此外,欧盟还对航空领域作为碳排放交易体系的规制对象,并发布第 2008/101/EC 指令,规定自 2012 年起,所有飞往或飞离欧盟成员国的航班均成为欧盟碳排放交易体系的管制对象。[5]

总体来说,欧盟 2020 年碳边境调节机制的设立背景与以往碳边境调节机制相比既有相似又有不同之处。相同之处在于现有碳边境调节机制均为了防止"碳泄漏"等目的而制定。与以往碳边境措施的不同之处主要体现在调节机制规制的重点领域不同。为了更好地应对气候变化和进一步履行《巴黎协定》,《欧洲绿色协议》列举了钢铁、化工和水泥作为重点能

---

[1] See generally, Michael Mehling et al. (2017), "Designing Border Carbon Adjustments for Enhanced Climate Action", Climate Strategies.

[2] Directive of the European Parliament and of the Council amending Directive 2003/87/EC, dated December 10th 2007.

[3] Frédéric Simon, "France Details Plans for 'Carbon Inclusion Mechanism'", https://www.euractiv.com/section/trade-society/news/france-details-plans-for-carbon-inclusion-mechanism/.

[4] The French Government (2016), "Non-Paper: Carbon Inclusion Mechanism for the Cement Sector".

[5] Directive 2008/101/EC of the European Parliament and of the Council of 19 November 2008 amending Directive 2003/87/EC to Include Aviation Activities in the Scheme for Greenhouse Gas Emissions Allowance Trading within the Community (OJ L8/3 13.1.2009).另参见梁咏、叶波《"欧盟航空业碳减排规则的国际法分析"》,载《欧洲研究》2010 年第 1 期。

源规制行业。[1] 由于边界碳调节机制的可行性实施细节仍在制定中，目前还不明确该机制的完整限制产业名单。此外，欧盟还考虑提议在 2021 年 6 月之前将海洋航运业纳入排放交易体系，并降低航空公司的免费补贴。[2] 考虑到欧盟现有碳排放交易体系向钢铁、水泥和铝等能源密集型行业发放免费配额，碳边境调节机制在未来的规制范围可能还将包括造纸、铝、石油炼制等在内的其他碳密集型产业。为了避免违反 WTO 的非歧视原则，预计欧盟会继续将规制集中于特定行业，而非针对具体国家。最后，在机制适用工具方面，本次碳边境措施机制可能包括碳排放交易制度和碳税在内的国内碳定价工具。欧盟可以继续向欧盟企业免费发放碳排放配额而不以拍卖的形式出售；或针对来自欧盟认为气候政策力度较小国家的进口产品征收碳关税。关于两种措施的适用关系，欧盟只能选择其一，否则就会造成对欧盟产品变相的不正当补贴，降低外来进口产品在欧盟的竞争力。[3]

二 欧盟碳边境调节机制的影响及实施面临的挑战

（一）边界碳调节机制的宏观影响

对环境保护主义者来说，欧盟碳边境调节机制是作为进一步履

---

[1] The European Commission (2020), "The European Green Deal", https://ec.europa.eu/info/strategy/priorities-2019-2024/european-green-deal_en. 《欧洲绿色协议》涉及领域较广，主要从气候变化、清洁和安全能源、清洁和循环经济的产业战略、清洁交通、绿色农业、环境污染、生物多样性保护、清洁交通等方面发挥欧盟在环境领域的领导力，并制定时间表拟对协议实施进行细化。

[2] Francesco Guarascio and Jonas Ekblom, "Explainer: What an EU Carbon Border Tax Might Look Like and Who Would Be Hit", https://www.reuters.com/article/us-climate-change-eu-carbontax-explainer-idUSKBN1YE1C4.

[3] 王鑫、陈迎：《碳关税问题刍议——基于欧盟案例的分析》，载《欧洲研究》2010 年第 6 期。

行《巴黎协定》的有效工具。该机制通过打击来自"不尊重国际气候目标"国家的进口商,以弥补进口商品生产过程中的碳排放。边界碳调节机制也将迫使外国企业参与欧洲碳排放交易制度。对欧盟出口的大型化石燃料的国家需为国内碳排放定价,通过经济手段实现绿色经济转型以解决"碳泄漏"问题。该机制还可能进一步增加其他国家的减排压力,并引发其他国家进一步效仿欧盟在本国推广碳市场和碳税工具的做法。此外,由于主要经济竞争对手美国不履行量化的碳减排义务,承担量化碳减排义务的欧盟对于其工业品进口及企业竞争力的担忧较为强烈。欧盟认为,为阻止投资外流削弱欧盟企业的竞争力,迫切需要制定碳边境调节机制。通过对特定行业的外国进口商的规制,也可为欧盟境内相关产业提供更为公平的竞争环境。最后,欧盟认为由于该机制基于产品碳含量的差异而非其原产国的差异,因此不违反 WTO 规则。[1] 此外,欧盟认为,碳边境调节机制也在机制设计中通过设立过渡期或优惠待遇方式以不损害发展中国家和最不发达国家的自由贸易权益。欧盟已计划从欧洲投资银行(European Investment Bank)调集 1000 亿欧元的欧盟预算和投资贷款,为目前依赖化石燃料的经济发展较为落后的东欧成员国"公平过渡"提供资金。[2]

与此同时,碳边境调节机制也可能带来一系列的负面影响。虽然欧盟在《欧洲绿色协议》中明确该机制"将不损害现有自由贸易机制",但该机制的实施却较为容易与 WTO 自由贸易规则产生冲突,并可能导致各国在贸易领域的报复性措施。单边的碳边境调整机制更将阻碍未来各国在气候协议上的合作,并极易引发

---

[1] 王鑫、陈迎:《碳关税问题刍议——基于欧盟案例的分析》,载《欧洲研究》2010 年第 6 期。

[2] The Guardian, "EU Leaders Meet Again to Try to Agree Carbon Neutrality by 2050", https://www.theguardian.com/environment/2019/dec/12/eu-leaders-meet-again-to-try-to-agree-carbon-neutrality-by-2050.

贸易战争。此外，虽然欧盟委员会在《欧洲绿色协议》文件中明确其将利用其影响力、专业知识和财政资源与其他国家建立联盟，但考虑到碳边境调节机制在诸多国家和区域尚未得到适用，缺乏国际社会的普遍实践，该项机制可能较难得到其他国家的支持，并对全球贸易环境易造成不良影响。

于我国而言，边界碳调节机制将对我国对欧盟进出口贸易产生一定的影响。我国是欧盟最大的进口贸易伙伴，也是欧盟的第二大出口市场。主要出口包括机器、车辆、化学品和其他制成品以及电信设备。[1] 其中铝型材是在运输、建筑和电子领域广泛使用的产品。2020年《欧洲绿色协议》中仅列举钢铁、化工和水泥产业。考虑到欧盟现有碳排放交易体系对钢铁、水泥和铝等能源密集型行业发放免费配额，未来该机制的规制范围也有可能扩大到钢铁、化工、纸浆和造纸、水泥、铝、石油炼制等行业。该边界碳调节机制将对我国出口产生影响，并对我国进行变向贸易出口限制，也将影响规制产业的相关下游部门。该机制将迫使我国企业购买欧盟排放指标，以弥补进口商品生产过程中的碳排放。包括我国在内的大型化石燃料生产国需要在国内为碳排放定价，否则将面临被欧盟征收进口碳税的风险。

（二）机制实施面临的挑战

欧盟边界碳调节机制在未来执行层面面临一系列的挑战。首先，目前该机制还存在诸多的不确定性。虽然欧盟委员会已经制定机制履行时间表，但该机制的相关具体细节还需进一步确定。考虑到碳边境调节机制实施细节尚未制定、特定产业的排放评估

---

〔1〕《统计：中国是欧盟最大的进口贸易伙伴》，http://world.chinadaily.com.cn/2018-05/24/content_36266395.htm，2018年5月24日；《统计：中国是欧盟最大的进口贸易伙伴》，中国日报网，http://world.chinadaily.com.cn/2018-05/24/content_36266395.htm，2018年5月24日。

依据不明确、碳价格不稳定且获得欧盟成员国一致同意难度较大等因素，该机制在具体实施层面存在局限性，发展进程需要持续关注。

其次，有关边界碳调节机制对泄漏和竞争力影响的实证证据较为有限。现有关于该问题的讨论主要集中在理论层面。有学者认为，虽然边界碳调节机制在某些领域减少"碳泄漏"方面取得了一定的成绩，但总体的碳减少幅度不大。[1] 在不完善的边界调整机制下，外国进口商减少碳排放的动力较少。并且，边界碳调节机制也会削弱国内出口商降低自身生产过程碳密集程度的动机，从而不利于全球温室气体减排。[2] 此外，还有学者预测，利用该机制所减排的成本将从发达国家转移到发展中国家。[3] 通过边界碳调节机制对发展中国家进行惩罚，而非采用支付激励机制进行监管缺乏一定的公平性。[4] 该机制有可能被用作"绿色保护主义"措施的幌子。[5]

再次，边界碳调节机制监测标准的不明确性、复杂性和潜在的高监管成本也是该机制面临的重要挑战之一。如何计算进口国产业碳含量涉及一定的技术问题。欧盟需要通过具体标准对进口国产业整条价值链的碳排放情况进行全面评估，从而更

---

[1] Onno Kuik, Marjan Hofkes (2010), "Border Adjustment for European Emissions Trading: Competitiveness and Carbon Leakage", 38 (4) *Energy Policy*, pp. 1741 – 1748.

[2] Stéphanie Monjon, Philippe Quirion (2010), "How to Design a Border Adjustment for the European Union Emissions Trading System?", 38 (9) *Energy Policy*, pp. 5199 – 5207.

[3] Mustafa Babiker, Thomas Rutherford (2005), "The Economic Effects of Border Measures in Subglobal Climate Agreements", 26 (4) *The Energy Journal*, pp. 99 – 125.

[4] Robyn Eckersley (2010), "The Politics of Carbon Leakage and Fairness of Border Measures", 24 (4) *Ethics and International Affairs*, pp. 367, 382.

[5] Peter Holmes et al. (2011), "Border Carbon Adjustments and the Potential for Protectionism", 11 (2) *Climate Policy*, pp. 883 – 900.

加客观地确定进口国所需要购买的碳排放限额。例如，评估进口国是否使用可再生能源；生产过程是否包含节能等环保措施的应用等内容；使用燃煤电厂发电生产的水泥是否将比使用天然气生产的水泥承受更高的税收负担等问题。国内碳税或碳交易制度可计算一国出口产生的碳排放量。然而，当无法确定进口国的碳强度时，为评估对进口产品征收碳税水平，政策制定者将采取何种手段实时确定外国法规限制排放的程度将是欧盟下一步执行边界碳调节机制的棘手问题。如何对没有相应减排承诺的国家进行征收碳税或要求其购买碳排放额度？是否应对已经制定了碳税或碳交易相关政策，但仍向欧盟出口高耗能产业的国家（例如我国）适用该机制？要求外国进口商自愿披露碳排放信息固然是一种方法，然而，对发展中国家出口国来说，涉及的监测和报告的行政负担会相当沉重。此外，确认数据的准确性也将是一项具有相当主观性的艰巨任务。如各方不能就适当的监测方法达成一致，则可能发生贸易冲突。考虑到发展中国家和最不发达国家尚缺乏相应的技术和资金能力，欧盟推进碳边境调节机制的进程似乎过于迅速。

复次，边界碳调节机制所依赖的碳排放交易市场的国际合作条件不成熟。作为欧盟边界碳调节机制的重要工具，全球碳交易市场建立的完善程度直接关乎边界碳调节机制的有效性和被接纳程度。建立全球碳交易市场需要三个基本条件，即交易体制具有可比性（气候政策中的减排目标与欧盟相近或具有可比性）、交易体制具有强制性（强制特定企业参与）、具有绝对性的总量控制目标（排放配额）。[1] 尽管欧盟对于碳排放权的跨国交易一直持有

---

[1] Directive 2009/29/EC of the European Parliament and of the Council (23 April 2009) amending Directive 2003/87/EC so as to Improve and Extend the Greenhouse Gas Emission Allowance Trading Scheme of the Community. 另见朱瑜、刘勇《论碳排放交易对WTO多边贸易体制的挑战》，载《商业经济》2019年第9期。

十分积极的态度,然而仅有与少数WTO成员方在欧盟市场上获得了自由流通和相互认可的排放配额。而这种做法对于其他WTO成员方来说,客观上会构成差别待遇。[1]

最后,边界碳调节机制在国际社会上可能很难得到大多数国家的认同。法国以及西班牙、意大利等国出于保护本国企业竞争力的目的均表示较为支持的态度。主要碳排放大国美国以及以制造业为导向的出口大国德国也认为该机制有贸易保护主义的嫌疑,对该措施持反对态度。[2] WTO尚未对新机制发表声明,但根据WTO以往关于环境与贸易相互关系的立场,只有在WTO规则允许的范围内,成员方才可以采取必要措施应对气候变化问题。[3] 其他推动气候变化较为积极的国家目前也尚未发布与欧盟的合作声明。但可以预测的是,未来一些受气候变化和欧盟政治影响较大的小岛屿国家可能与欧盟开展合作,在国际舞台上继续对包括中国在内的碳排放大国施加减排压力。

三 碳边境调节机制与WTO规则的冲突与协调

在关贸总协定/世贸组织争端解决机制裁决的500多起案件中,仅有少数案件涉及环境问题。在上述案件中,WTO争端解决机构的上诉机构在相关规则对于环境保护例外条款的适用限制了比较严格的条件,要求成员方只有在WTO规则允许范围内,才可以采

---

[1] Directive 2009/29/EC of the European Parliament and of the Council (23 April 2009) amending Directive 2003/87/EC so as to Improve and Extend the Greenhouse Gas Emission Allowance Trading Scheme of the Community. 另见朱瑜、刘勇《论碳排放交易对WTO多边贸易体制的挑战》,载《商业经济》2019年第9期。

[2] 周玲玲等:《实施边界碳调节对中国对外贸易的影响》,载《中国人口资源与环境》2010年第8期。

[3] WTO and UNEP, "Trade and Climate Change", https://www.wto.org/english/res_e/booksp_e/trade_climate_change_e.pdf.

取必要措施处理包括气候变化的环境问题。[1]《关贸总协定》(以下简称"GATT")第20条是唯一明确提及环境问题的条款以平衡贸易自由和环境公共利益关系。该条款规定了为了人类、动物或植物的生命或健康而限制国际贸易的条件[第20条(b)款]和自然资源的养护[第20条(g)款]。援引第20条需满足以下两个条件:(1)有争议的措施必须属于第20条(a)至(j)款所列的至少一项例外;(2)该措施必须符合第20条的前言。前言要求该措施的适用方式不会构成"在普遍存在相同条件的国家之间任意或无理歧视的手段",也不是"变相限制国际贸易"。本节将主要针对GATT第20条(b)款、第20条(g)款以及第20条前言部分对碳边境调节机制的国际法合法性进行分析。

(一)是否满足GATT第20条(b)条款?

现有WTO判例将贸易限制措施适用第20条(b)款分为以下四个判断依据:(1)该措施不仅针对一般"环境",而且存在具体对人类、动物或植物生命或健康构成的风险。(2)受歧视产品与人类、动植物生命或健康风险之间是否存在直接的因果关系。(3)该措施的贸易限制是否与受保护利益的重要性以及该措施对实现政策目标的贡献成比例。即:以环境保护为由而实施的贸易限制措施首先要符合"必要性"的要求,所实施的措施对环境保护来说是必要的。(4)国家是否有合理的较少贸易限制措施能够达到同样的目标。

具体来说,援引该条款的第一个条件需证明边界碳调节机制不仅针对一般"环境",而且是具体对人类、动物或植物生命或健康构成的风险。考虑到气候变化问题对人类及其他动植物生存的影响,边界碳调节机制似乎符合第一个条件。分析欧盟边界碳调

---

[1] Word Trade Organizations (2004), "Trade and Environment at WTO", https://www.wto.org/english/tratop_e/envir_e/envir_e.htm. GATT 第1条和第3条规定"最惠国待遇"原则和"国民待遇"原则以防止环境保护等措施成为自由贸易障碍。

节机制是否符合第 20 条（b）款的重点和难点是判断边界碳调节机制与人类、动植物生命或健康风险之间是否存在直接因果关系，即是否有充分的证据证明碳边境调节机制所规制的碳密集型产品或产业对人类、动植物生命或健康风险之间存在直接的因果关系。虽然针对应对气候变化措施重要性是无可争辩的，但与现实中显而易见的环境污染和损害不同，碳边境调节机制所规制的碳密集型产品或产业是否与已确定的具体气候风险（如海平面上升、洪水、生物多样性及物种危害和灭绝等问题）存在"充分的联系"及直接的因果关系是一个需要被重点论证的问题。鉴于全球变暖和气候变化的长期性和复杂性，欧盟碳边境调节机制对最终实现控制全球变暖的贡献以及对人类、动植物生命或健康具有直接的因果关系在定量或定性评估手段中是很难在短时间内衡量和判断的。该机制的有效性需要相关科研数据和指标加以判断和评估，这也对及时判断边界碳调节机制的合法性产生了一定的影响。有关是否存在直接的因果关系问题，如若采取较为宽松的"准入门槛"，则有可能为今后其他借由气候变化理由而进行不合理的贸易限制措施的行为提供"合法性"理由。

此外，边界碳调节机制还需要符合第三个和第四个条件，即需判断欧盟边界碳调节机制是否为应对气候变化的"必需的措施"以及"最小贸易限制"的要求。按照 WTO 上诉机构在贸易争端案中的解释，所谓"必需的措施"是指除了争议措施外，并不存在其他可行的且贸易限制效果更少的替代性办法，这些替代性办法同样也能实现进口国的公共政策目标。[1] 目前规则和判例对有关"有效""最小贸易限制"中的"最小"的条件的判断标准以及何

---

[1] WTO, "Text of Article 20 and Interpretative Note on Article 20", https://www.wto.org/english/res_e/booksp_e/gatt_ai_e/art20_e.pdf. See also, Donald Regan (2007), "The Meaning of 'Necessary' in GATT Article 20 and GATS Article XIV: the Myth of Cost-benefit Balancing", 6 (3) *World Trade Review*, pp. 347 – 369.

种措施符合"变相的贸易限制"等均存在一定的模糊性。[1] "美国博彩案"(US-Gambling)认定,若证明限制措施符合第20条首先应由被诉方证明采取措施的初步必要性。一旦确定了初步的必要性,责任就转移到申诉方以证明被诉方可采取较小的限制措施。如申诉方能够证明有其他选择可以实现相同目标的手段,则责任再次转移到被诉方以证明申诉方提出的其他手段是不合理的。[2] 这意味着一方主张边界碳调节机制的违法性应向WTO专家组证明还有其他可替代的更小的贸易限制措施可以解决"碳泄漏"问题。[3]

总之,考虑到判断标准的不确定性,特别是对第20条(b)款第一项和第二项条件证明较难,欧盟可能较难援引第20条(b)款对碳边境调节机制进行合法性和合理性解释。为了保障其环境有效性及其实际可行性,碳边境调节机制的规制范围应仅限于重点领域,以满足该机制采取的"必要性"和"最小限制"条件,提高其与国际贸易法的兼容性。如未来边界碳调节机制的规制范围和领域进一步扩大,则将可能违反第20条(b)款的要求。

(二)是否满足GATT第20条(g)款?

如欧盟援引边界碳调节机制符合GATT第20条(g)款规定贸易限制措施,则必须同时满足以下三个条件:(1)措施必须是为了保护"可竭用的自然资源";(2)措施必须"涉及"保护可竭用的自然资源;(3)必须与限制国内生产和消费的措施"同时有效"。理论界和实务界对关于"自然资源"的涵盖范畴一直存在诸

---

[1] 李寿平:《论多边贸易体制中的环境保护问题及发展趋势》,载《北京理工大学》(社会科学版)2004年第1期。

[2] Henrik Horn and Petros Mavroidis (2011), "Climate change and the WTO: Legal Issues Concerning Border Tax Adjustments", 53 *Japanese Yearbook of International Law*, pp. 19–40.

[3] Henrik Horn and Petros Mavroidis (2011), "Climate change and the WTO: Legal Issues Concerning Border Tax Adjustments", 53 *Japanese Yearbook of International Law*, pp. 19–40.

多争论。关于"气候变化"是否为"可竭用的自然资源"问题，以往的 WTO 判例表明清洁空气和濒危物种海龟，以及非濒危物种如鲔鱼、鲑鱼和海豚，均属于"可竭用的自然资源"。[1] 考虑到当今气候变化问题的重要性，以及气候变化对地球上所有形式生命的灾难性后果，如 WTO 否认植物的大气层（即控制植物气候的地球周围气体层）是一种"可竭用的自然资源"，将可能与当前的气候治理规则和应对气候变化行动相违背。[2] 此外，更为重要的是，限制措施与保护"可竭用的自然资源"的目的需密切相关。[3] 任何边界碳调节机制必须有助于其减少气候变化影响的既定目标，其主要目标是减少全球碳排放，而不是主要增强国内工业的竞争力。[4]

最后，有关必须与限制国内生产和消费的措施"同时有效"的要求，边界碳调节机制需要欧盟对本国相同产业采取相同措施以符合 WTO 规则。WTO 判例表明，除非国内立法机构存在明显的不一致或保护主义特征，[5] 只要措施对国内产品施加任何程度的限制，"同时有效"条件是较容易被满足的。总体来说，相较于第 20 条（b）款，欧盟更有可能根据第 20 条（g）款对碳边境调节

---

[1] WTO Appellate Body Report, "European Communities-Measures Affecting Asbestos and Asbestos-Containing Products (EC-Asbestos)", DSR 2001: VII, 3243, paragraphs 109 and 120. WTO Appellate Body Report, "US-Shrimp" (Article 21.5), para. 144.

[2] Jochem Wiers (2008), "French Ideas on Climate and Trade Policies", 2 (1) *Carbon and Climate Law Review*, pp. 18 - 32.

[3] WTO Appellate Body Report (1997), "Canada-Certain Measures Concerning Periodicals", WT/DS31/AB/R, adopted 30 July 1997. WTO Appellate Body Report (1998), "United States — Import Prohibition of Certain Shrimp and Shrimp Products", WT/DS58/AB/R.

[4] 李寿平：《论多边贸易体制中的环境保护问题及发展趋势》，载《北京理工大学》（社会科学版）2004 年第 1 期。

[5] WTO Appellate Body Report, "US-Shrimp" (Article 21.5), para. 144. Report of the Panel, WT/DS58/RW (decided June 15, 2001) (Shrimp/Turtle II).

机制进行合法性和合理性解释。

（三）是否满足 GATT 第 20 条前言？

即使碳边境调节机制满足 GATT 第 20 条（b）款和（g）款，欧盟碳边境调节机制仍需满足 GATT 第 20 条前言的条件，即实施的措施不得构成任意的或不合理的差别待遇，或构成对国际贸易的变相限制。《联合国气候变化框架公约》第 3 条第 5 款规定，为应对气候变化而采取的措施（包括单边措施），不应成为任意或无理歧视的手段，也不应成为变相限制国际贸易的手段。具体来说，限制措施需考虑到进口国的发展水平的气候变化政策，且限制措施必须以善意、合理和一致的方式实施。这一标准要求欧盟在制定边界碳调节机制前已展示其努力制定国际气候变化协议的良好意愿。[1] 现有 GATT 和 WTO 案例表明，援引第 20 条的难点是证明边界碳机制符合第 20 条前言的要求。仅有"欧共体—石棉及产品进口案"（EC-Asbestos）和美国"海龟—海虾案 II"（U.S.-Shrimp II）两起案件中被认为限制措施符合第 20 条前言的要求。

有关 WTO 成员方是否可以为保护环境而根据其国（境）内环境法规采取贸易限制措施已成为争议焦点，也是判断边界碳调节机制是否符合 WTO 规则的关键问题。现有判例和规则对如何根据前言解释"任意"和"无理"等概念的判断标准等均缺乏明确具体的规定，需要逐案进行分析和判断。在过去 20 年中，与环境有关的贸易措施的管辖权发生了较大变化。[2] 在美国"海龟—海虾案"中，美国被允许保护不属于其领土管辖范围的海龟，主要原

---

[1] 李寿平：《论多边贸易体制中的环境保护问题及发展趋势》，载《北京理工大学》（社会科学版）2004 年第 1 期。

[2] "金枪鱼—海豚案"裁决认为贸易限制不能针对一国管辖范围以外的过程和生产方法以防止与贸易相关的环境政策。然而，在作出这一决定后不久，在"海虾—海龟案"中，WTO 上诉机构承认，位于亚洲水域的濒危海龟种群与美国之间存在"充分联系"，美国可以保护不属于其领土管辖范围的海龟。

因是因为海龟是高度迁徙的动物。[1] 如基于相似理由，欧盟可以认为该机制是为了应对气候变化这一"公共环境利益"，防止高耗能产业对气候和环境的威胁与危害，以保护其国民、动物和植物免受气候变化的影响而采取的经济措施。因而，考虑到地球大气是全球"可竭用的自然资源"，以及对其的破坏将对世界所有国家造成的负面影响，该机制达到根据境内环境法规采取贸易限制措施的条件，符合GATT第20条的前言要求。值得注意的是，随着国际社会对全球环境问题的日益关注，WTO争端解决机构对"可用竭的自然资源""必需"等用词的解释似乎均在朝着有利于环保主义的方向发展。

正如前文所述，目前碳边境调节机制对最终控制全球变暖和气候风险的贡献很难用定量或定性的评估方法衡量。对"变相贸易措施"解释的不确定性，一方面确实有利于推行贸易自由主义；另一方面也为某些发达国家推行贸易保护主义提供了新的借口。此外，《巴黎协定》规定了在特定时间内的减排目标，只有在评估期结束时各国才能明确其是否达到了目标。在此阶段内，欧盟对某些国家而不是其他国家征收碳税，是否会被认为是任意或不合理的歧视，或者是变相的贸易限制？总之，关于碳边境调节机制是否符合第20条前言的要求，其现实操作的模糊性为欧盟设置与气候变化有关的贸易技术壁垒及绿色贸易壁垒增加了新的灰色区域。由于缺乏具体的监测和评估机制，边界碳调节机制可能为欧盟推行贸易保护主义提供新的借口和工具。此外，考虑到边界碳调节机制所规制行业的原材料可能分别来自不同国家和地区，相关能耗以及排放数据收集工作量之大也是欧盟执行机构不容忽视的因素。

---

[1] 李寿平：《论多边贸易体制中的环境保护问题及发展趋势》，载《北京理工大学》（社会科学版）2004年第1期。

四 我国应对策略

根据前文分析，边界碳调节机制有可能违背 WTO 规则以及"共同但有区别责任"原则。如我国将欧盟边界碳调节机制作为一种违反贸易规则的单边措施，可考虑在谈判中着重体现边界碳调节机制对全球经济和贸易的负面影响，特别是对自由贸易秩序的潜在破坏。通过对 GATT 第 20 条（b）款、（g）款以及第 20 条前言的分析，我国可对碳边境调节机制的国际法合法性提出质疑。此外，由于该机制的具体实施细则还有待观察，我国也可在后续谈判中着重强调边界碳调节机制在未来执行层面存在的挑战以质疑该机制在实施过程中的可行性。如前文所述，碳边境调节机制的实施细节尚未制定、机制对"碳泄漏"和企业竞争力的有效性、特定产业的排放评估依据不明确性以及机制的复杂性和潜在的高监管成本等因素均可能影响边界碳调节机制的科学性、合理性和可行性。

考虑到应对气候变化、解决"碳泄漏"问题有利于全人类利益，欧盟如需进一步推动碳边境调节机制，应通过谈判使该机制获得合法性。我国可在后续谈判中要求欧盟继续对碳边境调节机制进行细化。例如，提议该机制在判断对哪些国家的进口商适用碳边境调节机制可以考虑以下因素：进口国是否批准和履行《巴黎协定》？是否按时提交应对气候变化国家自主贡献方案？是否参与国际碳交易或构建国内碳交易排放体系？此外，碳边境调节机制的设计和实施应确保公平性、透明性和可预见性，并应为受影响国家及利益相关者提供上诉和审查程序等正当程序的权利。基于 WTO "特殊和差别待遇"概念以及《巴黎协定》中的"共同但有区别责任"原则，碳边境调节机制应着重考虑欠发达国家的水平能力。我国应着重强调，应对气候变化行动的一个关键问题是如何保证发展中国家的基本经济利益，防止其作为限制贸易和滥用的借口。与偶然或故意造成的全球环境损害或大规模污染不同，对于绝大多数国家来说，经济产业链中存在高耗能行业是不可避免的。许多发展中国家仍依赖一些高耗能产业进行出口贸易和经济发展，这也是全球经济发展的客观规律和现实，对于发展中国家的经济发展水平，欧盟应当充分予以考虑。最后，随着各国逐步扩大和深化其国内气候政策框架，调节机制的效用和必要性必然下降。欧盟边界碳调节机制应具有临时性质，通过制定日落条款以规定其到期时间。在获取边界碳调节机制可能构成的绿色贸易壁垒信息方面，我国也应充分利用驻欧盟经商参赞处等机构及时收集可能的贸易壁垒信息，通过建立相关的信息数据库和网站，为企业提供方便的查询和咨询服务。WTO上诉机构"停摆"意味着未来有关贸易与边界碳调节机制的纠纷处理将通过磋商、专家组报告，以及采用世贸组织协议允许的其他方式如上诉仲裁等来解决有关贸易与碳边境调节机制争端复审相关的问题。

除对欧盟边界碳调节机制提出完善建议外，我国还可在相关国际谈判中提出其他解决方案以积极应对气候变化和"碳泄漏"问题。第一，各国可以利用国际贸易协定谈判，将涉及气候变化的要素纳入双边和多边贸易协定中。通过包括对贸易产品低碳标准的要求，推动新级别的贸易磋商机制以更好地应对气候变化，达到碳减排目标。第二，可以配合应对气候变化国家自主贡献方案，进一步加强各国减排承诺的实施。现有《巴黎协定》履约机制中的国家自主贡献方案的实施已经有较为完善的履约手段，通过进一步加强该机制的执行可有效应对"碳泄漏"等问题。第三，加强各国国内政策给清洁能源补贴。通过清洁能源的补贴机制来淘汰碳密集型产业，通过加强对我国传统的能源密集型行业节能控制从而降低我国出口产品的总排放。此外，欧盟也可以采取许可和补贴的形式，通过预先批准进口碳排放数量以取代在边境征税的做法。第四，积极加快我国国内碳交易体系建设。作为最大的发展中国家和贸易大国，我国也肩负着减少碳排放量的国际义务。我国也应考虑在国内采取继续发展国内碳交易机制，以降低边界碳调节机制的负面影响，在寻求全球公正应对"碳泄漏"问题上发挥积极的推动作用。建设全国统一碳排放权交易市场是我国利用市场机制推动经济发展方式绿色低碳转型的一项重要制度创新，也是加强生态文明建设、落实国际减排承诺的重要政策工具。我国于2007年年底启动碳排放权交易，应进一步完善和落实全国碳市场的总体方案和制度建设，加快实施进程，在全球以碳价机制促进低碳转型的变革中发挥积极的引领作用。

五 结语

保持环境与经济发展、贸易与气候变化的平衡至关重要。现实中，发达国家在国际环境标准的制定过程中起着主导作用，环保标准和气候变化应对措施的差异在一定程度上限制了发展中国家对发达国家的市场准入。现行多边贸易体制和气候变化治理体制如何全面体现发达国家对发展中国家的特殊与差别待遇原则以及"共同但有区别责任"原则关系到环境保护与多边贸易体制之间能否协调发展。欧盟碳边境调节机制既可能对《巴黎协定》的履行以及运用碳市场和碳税作为发展绿色经济的工具产生积极的正面影响；也可能作为欧盟单边措施，对WTO贸易规则和全球经济秩序产生负面影响。该机制的后续运行也将继续考验WTO机制如何更好地处理贸易与环境保护的关系。现有WTO判例已经证实，WTO争端解决机构对环境保护例外条款的适用限制了较为严格的条件，并要求环境措施不能构成任意或无理歧视或变相限制国际贸易的手段。在全球应对气候变化的大背景下，多边贸易体系中发展中国家与发达国家之间如何相互协调环境标准，是否可以基于应对气候变化的理由而实施境内环境标准,如何避免成员方为应对气候变化等而实施的贸易限制措施成为新的贸易壁垒而阻碍多边贸易发展均是未来贸易体系与气候变化框架冲突与协调的重要问题,需要成员方在后续进程中进一步磋商。

欧盟碳边境调节机制在法律设计和实施层面上还存在诸多的不确定性和技术复杂性。采取适当方式在防止"碳泄漏"的同时,有效避免歧视和差别待遇,并确保公平、包容和透明的程序是决定碳边境调节机制成功的关键。规则的模糊性,以及论证碳边境调节机制所规制的产业与已确定的具体气候风险存在直接因果关系的难度,对及时判断欧盟边界碳调节机制的合法性产生了一定的影响。总体来说,相较于 GATT 第 20 条(b)款和前言,欧盟更有可能根据第 20 条(g)款对碳边境调节机制进行合法性和合理性解释。随着各国逐步扩大和深化其国内气候政策框架,碳边境调节机制的效用会随之减弱。鉴于当前全球贸易日益紧张,欧盟边界碳调节机制可作为一种临时性措施,而不应进一步增加国际贸易领域复杂化的风险。作为最大的发展中国家和贸易大国,我国也肩负着减少碳排放量的国际义务。我国可考虑在后续谈判中要求欧盟对碳边境调节机制的内容和执行进行进一步的细化。此外,我国也可继续推动国际社会采取新级别的贸易磋商机制、进一步加强国家自主贡献方案的实施、加强各国国内政策对清洁能源的补贴以及加快国内碳交易体系的建设等,进一步履行减排义务,为进一步解决"碳泄漏"问题发挥积极的推动作用。

欧盟碳边境调节机制的法律分析及中国应对

张 冉[*]

一 问题的提出

碳边境调节机制（Carbon Border Adjustment Mechanism, CBAM），即"碳关税"，是指一国针对国际贸易中因不同国家采取碳减排措施的实施差异而引发的碳泄漏问题，而征收的一种边境调节税。[1]由于碳排放权交易、碳税等单边碳定价机制主要是通过规制本国境内企业的降碳减排应对气候变化，具有显著的地域性和自主性。因此在国际贸易中采取更高标准碳排放约束机制的国家会比其他国家承担更高的碳减排成本，对本国同类产品产生较强的负外部性，从而出现"碳泄漏"问题。[2]

针对上述问题，欧盟认为其在全力推行"绿色新政"，不断加码执行碳减排政策以积极应对气候变化的同时，其他非欧盟国

---

[*] 张冉，法学博士，中国政法大学法律硕士学院讲师。
[1] 李晓玲、陈雨松：《"碳关税"与WTO规则相符性研究》，载《国际经济合作》2010年第3期。
[2] 邓海峰、尹瑞龙：《碳中和愿景下我国碳排放交易的功能与制度构造研究》，载《北方法学》2022年第2期。

家却未采取相应强度的减排措施。因此为了避免出现碳泄漏,欧盟决定针对特定行业的进口商品征收碳关税,以弥补因碳减排措施强度不一导致的成本差异。尽管欧盟宣称其碳边境调节机制符合世贸组织规则以及国际气候变化协定的要求,但欧盟碳关税政策的逐步通过,仍引发不断的争议。普遍认为,欧盟碳关税会给碳排放量较高的发展中国家的出口贸易带来严重威胁。以中国为例,2018年中国从欧盟进口商品的隐含碳排放仅为0.3亿吨,而出口欧盟商品的隐含碳排放则高达2.7亿吨。[1] 面对欧盟碳关税政策的出台,美国拜登政府态度积极,日本、英国等发达国家政府也表达了对碳关税政策的支持。

碳关税征收的主要目的是缩小各国降碳减排的成本差异,并综合考虑不同行业不同产品的碳泄漏水平。碳排放权交易被认为是最直接与碳价相关联的市场工具,且最能直接反映企业的碳排放成本,因此未来碳关税的征收对象以及征收标准等要素必然要与各国碳交易价格相挂钩。[2] 目前,我国的碳交易市场处于起步阶段,对于碳价的确认功能较弱,且行业覆盖范围过窄,无法有效应对欧盟及其他国家征收碳关税带来的挑战,给特定出口行业增加了被征收碳关税的风险。因此,分析欧盟碳关税在国际法框架下的合规性,分析其是否构成新的贸易壁垒,以及思考碳关税征收对我国出口贸易带来的影响,对于我国的外贸发展、产业升级以及碳交易市场的建设等方面都具有重要的实践意义。

---

[1] 参见马鑫《欧盟提减排方案碳关税引争议》,第一财经研究院,https://img.cbnri.org/files/2021/07/637626540420070000.pdf,最后访问日期:2022年5月25日。

[2] 邓海峰、尹瑞龙:《碳中和愿景下我国碳排放交易的功能与制度构造研究》,载《北方法学》2022年第2期。

二 碳关税的背景及属性分析

(一) 历史沿革及政策目的

伴随全球气候谈判以及多边协议的不断推进,碳关税政策也经历了漫长的博弈。碳关税的首次提出是2007年法国总统希拉克提出对没有签订《京都议定书》的国家征收碳关税。随后,2008年欧盟颁布航空碳关税政策,但迫于国际压力未能予以实施。美国也于2009年提出针对碳排放高的产品加征关税,同样由于内部争议导致搁置。2021年7月欧委会提出碳关税提案,内容涵盖了电力、钢铁、铝、化肥、水泥五类行业产品,并于2023年启动。该提案一旦实施,将会是全球首个运用关税解决气候变化的政策。提案规定2023—2025年为过渡期,过渡期内,进口产品仅需每季度提交当季进口产品总量、产品直接以及间接碳排放量等信息,无须真正缴纳碳关税。过渡期结束,该政策将于2026年起正式实行。2022年3月15日,欧盟经济与金融事务委员会已正式通过碳边境调节机制提案。相较于此,2022年5月欧洲议会环境委员会通过的方案更为激进,主要变化包括:提前至2025年正式征收;行业覆盖面增加了有机化工、塑料和氢;将生产用电等间接排放也纳入征税范围;同时加速取消碳交易机制(EUETS)中对产业分配的免费排放配额,至2030年完全取消;且在2030年之前,将碳关税扩展至欧盟碳市场覆盖的全部行业。[1]

欧盟近期加快推进碳关税立法,主要政策考量因素包括国际

---

[1] 《欧盟碳关税或2025年开征,将大幅增加这些产业的出口成本》,https://baijiahao.baidu.com/s? id=1733140971803889656&wfr=spider&for=pc,最后访问日期:2022年5月27日。

政治、产业竞争力以及碳泄漏。[1] 首先，碳关税的政治意义已经超出了降碳减排本身，成为其提升在全球气候谈判中的话语权以占据主导地位，迫使发展中国家采取更严苛的减排措施，以及借机向全球推广欧盟 ETS 的政治工具。[2] 其次，碳关税还可以在保护自身产品国际竞争力的同时，提升别国商品进口欧盟的成本，例如欧盟重点对电力、钢铁、水泥、化肥和铝等行业产品加征碳关税，这将明显加大一些重工业占比较高的国家的出口压力，削弱了其出口商品在欧盟的价格竞争力，对全球贸易格局产生深远影响。最后，碳排放权的实质是发展权。发达国家在产业升级过程中，逐渐将制造业转移至发展中国家，同时发达国家又担心发展中国家因采取较弱的减排措施而获得更多的商机，从而威胁自身的地位和利益，因此推出碳关税以限制发展中国家的制造业。[3] 发展中国家底子薄、起步晚、技术实力弱，与已经完成工业化的发达国家相比，承担着更大的绿色研发和产业升级的成本压力。征收碳关税作为欧盟推进的"绿色新政"的重要措施之一，将会对传统能源占比较高的发展中国家产生巨大的冲击，限制其经济发展和产业升级，加剧南北差异，导致发展中国家的产业被锁死在低端环节。[4] 因此，对于发展中国家而言，必须加快能源结构调整和产业升级，努力打造低碳绿色的产业结构，才能尽快适应欧盟碳关税带来的新一轮国际贸易格局的变化。

---

[1] 李晓玲、陈雨松：《"碳关税"与 WTO 规则相符性研究》，载《国际经济合作》2010 年第 3 期。

[2] 韩立群：《欧盟碳关税政策及其影响》，载《现代国际关系》2021 年第 5 期。

[3] 李晓玲、陈雨松：《"碳关税"与 WTO 规则相符性研究》，载《国际经济合作》2010 年第 3 期。

[4] 杨琬琼：《欧盟碳关税：全球首个碳关税政策对我国有什么影响？》，上海华略智库，https://mp.weixin.qq.com/s/PzKArh1J5yzDKCUzowip0g，最后访问日期：2022 年 5 月 26 日。

(二) 欧盟碳关税的属性分析

首先,"碳关税"是否为传统意义上的"关税"?关税是通过一国海关代表国家对进出境货物及物品征收的一种流转税,关税属于国家税收的一种,需按照国家制定、发布和实施的税法进行征收。[1] 但欧盟采取的碳关税政策,则是需要出口商根据出口商品在生产过程中所产生的碳排放量以及在生产国支付的碳价,比照欧盟碳交易市场的行业绩效基准,在入关时购买相应的配额,其配额的持有具有一定的时效性。这属于为了防止碳泄漏,从而逼迫进口商额外支付购买配额的费用,创设某种意义上的"碳资产",并非传统意义上的关税,且二者之间有着本质区别。碳关税关注的是产品生产过程中的碳排放量,而不是产品本身的价值,这样就会导致相同价值的产品由于碳排放量的不同而产生区分,是一种偏向于事后规制的经济调节手段。[2]

欧盟碳关税又称碳边境调节机制(Carbon Border Adjustment Mechanism, CBAM)。在1970年GATT的《边境税调节工作组报告》中,将"边境调节税"定义为:全部或部分根据目的地原则实行的任何财政措施,即出口国将出口产品相对于在其本国市场上销售给消费者的国内同类产品,免除其承担的部分或全部税收,或进口国家参照其国内同类产品,对进口产品征收部分或全部税收。[3] 目的地原则是为了避免重复征税,使出口货物不含税出口,在商品或劳务的最终消费发生地被视为国内产品,按照进口国国内标准进行课税。因此,边境调节税本质上属于进口国国内税收行为。与此相比,

---

[1] 逯宇铎、杜红梅、孙秀英:《国际贸易理论与实务》,对外经济贸易大学出版社2016年版,第49页。

[2] 姜明:《碳关税与WTO规则的适应关系及中国应对》,载《长沙理工大学学报》(社会科学版)2018年第5期。

[3] GATT. Report of the Working Party on Border Tax Adjustments, Adopted on 2 December. Geneva: General Agreement on Tariffs and Trade, 1970.

欧盟对其碳边境调节机制对外声称的目的是防止碳泄漏，使进口商品参照欧盟碳价通过购买配额的方式补齐差价，但在实际操作中由于欧盟的碳价是持续浮动的，而不同国家的碳定价机制也存在差异，因此欧盟在计算进口产品的碳成本以及抵扣额度时，标准很难统一，甚至出现重复征税的情况。加之欧盟碳边境调节机制采取的是购买配额而不是征收的方式，综合来看，欧盟 CBAM 也不能完全等同于 GATT 中规定一般的边境调节税。

综上所述，欧盟碳关税政策与传统意义上的关税不同，与 GATT 规定中的边境调节税也不能完全等同。CBAM 采取与欧盟碳交易市场相似的运行机制，是一个单独的交易池，其定价一定程度上反映了欧盟碳市场的价格，并且没有二级市场。其在审查的过程中主要的处罚措施之一是罚款。

环境与贸易的矛盾自社会分工产生、生产交换活动开始就已经存在，[1] 任何国家间采取的环境措施，势必影响到贸易往来。不可否认，欧盟 CBAM 有防止碳泄漏以更好地应对全球气候变化的功能，但是，该政策本质上仍有其政治和经济上的考量，可以发挥均衡各国不同程度减排措施的成本以保护自身企业竞争力的效用，也是一种单边贸易措施。[2] 因此，保护环境的目的不能掩盖或否认其背后的政治和经济因素，欧盟的单边贸易措施的合规性和正当性仍然需要接受国际法的检视。

三 欧盟碳关税的国际法分析

（一）违反"共同但有区别的"的国际共识

1972 年 6 月的斯德哥尔摩人类环境会议通过的《联合国人类

---

[1] 林灿铃、吴汶燕：《国际环境法》，科学出版社 2018 年版，第 255 页。
[2] 夏先良：《碳关税、低碳经济和中美贸易再平衡》，载《国际贸易》2009 年第 11 期。

环境宣言》，着眼于改善人类环境，本着制定共同原则和看法的目的，将环境问题区分为发达国家发展过度的环境问题和发展中国家发展不足的环境问题，并提出了两种不同的对策和措施。[1] 在此基础上，1992年联合国环境与发展大会明确指出"鉴于发达国家的早期发展给全球环境带来的压力，以及他们所掌握的技术和财力资源，他们在追求可持续发展的国际努力中负有责任"[2]。并在《联合国气候变化框架公约》等国际法律文件中进一步确认了"共同但有区别的责任"原则。后续的《巴黎协定》等气候协议中也承认了这一原则。该原则成为国际气候合作的基础。共同责任并不意味着"平均主义"，各国虽然都负有保护国际环境的共同责任，但在发达国家和发展中国家之间，由于全球环境问题形成的历史和现实原因，二者对共同责任的负担是有区别的，发达国家比发展中国家应当承担更大的甚至是主要的责任，"区别"是对共同责任的一个限定。[3]

由于经济全球化以及贸易自由化的发展，商品的生产、消费等环节中所产生的环境负外部性影响很容易通过国际贸易和产业链布局转移至另一个国家。若通过双边或多边协议来解决这个问题，会十分复杂并且消耗大量的沟通成本，甚至损害本国利益。[4] 而单边贸易措施更简单有效，同时还能保护本国企业。例如欧盟启动碳关税政策，在减排之外还可以保护自身企业竞争力，使出口欧盟的商品变相承担与欧盟境内同等的减排成本，迫使部分减排措施弱于欧盟的出口国承担额外的降碳成本。而现实中，出口

---

［1］ 参照《联合国人类环境宣言》前言。
［2］ 中国环境报社编译：《迈向21世纪——联合国环境与发展大会文献汇编》，中国环境科学出版社1992年版，第30页。
［3］ 林灿铃、吴汶燕：《国际环境法》，科学出版社2018年版，第67页。
［4］ 姜明：《碳关税与WTO规则的适应关系及中国应对》，载《长沙理工大学学报》（社会科学版）2018年第5期。

国大多为发展中国家,这些国家受限于技术条件和资金实力,很难达到欧盟的降碳标准。欧盟基于自身行业绩效基准而建立的碳关税举措,实际上违背了"共同但有区别的责任"原则。尽管在其制度设计中有豁免情况,但在实践中也很难根据不同国家的财政和经济发展水平,全面、综合、公平地协调欧盟与其他国家的碳定价制度。

(二) WTO 规则下的合规问题

欧盟碳关税涉及欧盟与其他国家的进出口贸易,作为一种单边贸易措施,其在 WTO 的规制体系框架下是否合规,后续若付诸实践,遇到贸易纠纷能否通过 WTO 的机制主张救济,也是亟须探讨的问题。

首先,从 WTO 的基本原则来看,碳关税主要涉及最惠国待遇原则与国民待遇原则。前者是指 WTO 成员方之间互相承诺若一方给予任何第三人的优惠或豁免待遇,将自动给予其他缔约方。后者是指,某一缔约国领土的产品输入另一缔约国领土时,不应对它直接或间接征收高于对相同的本国产品所直接或间接征收的国内税或其他国内费用。同时,缔约国不应对进口产品采用其他与本条第一款规定的原则有抵触的办法来实施国内税或其他国内费用。因此,欧盟 CBAM 针对不同国别采取减排措施的差异而征收差别性的碳关税,导致欧盟不同贸易伙伴之间出现了差别性待遇,不符合最惠国待遇原则。如果在实施过程中,豁免或折抵环节无法准确计算,那将导致出口商相对于欧盟企业出现减排成本的差别性待遇,违反国民待遇原则。

除了最惠国待遇原则和国民待遇原则之外,欧盟碳关税还会涉及其在 WTO 框架下的约束税率。在《关税与贸易总协定》第 2 条中规定,一般情况下,WTO 成员方不能将关税提高至超过该成员方对某产品经谈判达成一致并已写入该成员减让表的关税水平,相当于每个 WTO 成员对每一类产品有一个最高约束税率，除非 WTO 规定的例外情形如反倾销税、反补贴税等临时性的进口保护措施可以暂时性地高于约束税率。[1] 因此，欧盟碳关税作为一种特殊"关税"，若在实施中对某一产品征收的减排费用超过了减让表中规定的税率，则构成对 GATT 第 2 条的违反。也有观点认为，出口国缺乏低程度的减排措施，相当于对生产商提供了可采取反措施的补贴，而在 GATT 第 2 条第 2 款中明确规定不妨碍缔约国对任何输入产品随时征收反倾销或反补贴税。在 WTO《补贴与反补贴措施协定》第 1 条中将补贴定义为政府或公共机构提供的财政资助，并采取列举式明确规定了其资助形式的种类，包括资金直接或潜在的转移、放弃税收、政府提供货物或服务、政府向某一筹资机构付款，以及委托或指示私营机构提供补贴。显然，欧盟碳关税对因减排政策程度不同而采取的措施，不属于以上列举的财政资助形式，不能根据 GATT 第 2 条第 2 款予以豁免。[2]

其次，GATT 是 WTO 成员方通过多回合谈判达成的实质性削减关税和贸易壁垒，消除国际贸易中的歧视待遇，充分扩大全球范围内货物生产和交换的互惠互利的安排。GATT 第 11 条规定，缔约方应当遵守普遍取消数量限制的原则，任何缔约方不得对任何其他缔约方领土产品的进口或向任何其他缔约方领土出口或销售的供出口的产品设立和维持除关税、国内税或者其他费用外的禁止或限制，不论此类禁止或限制是通过配额、进出口许可还是其他措施来加以实施的。欧盟 CBAM 通过购买配额的边境措施，违反了 GATT 第 11 条的规定，同时不属于其如出口国粮食短缺、为消除同类产品暂时过剩、为实施国际贸易中商品归类等标准或

---

[1] GATT 第 2 条。
[2] 李晓玲、陈雨松：《"碳关税"与 WTO 规则相符性研究》，载《国际经济合作》2010 年第 3 期。

法规等例外情形。

综上，欧盟碳关税构成对 WTO 有关规则的违反，那么欧盟碳关税政策是否可以根据 GATT 第 20 条"一般例外"的规定获得豁免？第 20 条列举式地规定了 WTO 规则的一般例外情况，同时第 20 条序言中规定"对情况相同的各国，实施的措施不得构成武断的或不合理的差别待遇，或构成对国际贸易的变相限制"。在适用过程中要先满足列举的例外情况，还需要满足序言的精神。欧盟坚持为防止碳泄漏以更好地在全球范围内应对气候变化而采取碳关税政策，豁免条款中与此有关的是第 20 条（b）项（为保障人类、动植物的生命或健康所必需的措施）和（g）项（与国内限制生产与消费的措施相配合，为有效保护可能用竭的自然资源的有关措施）。因此，按照 GATT 第 20 条的适用步骤，一般需先分析是否适用（b）项和（g）项，再分析欧盟碳关税是否符合序言部分。[1]

第一，是否符合第 20 条（b）项规定的"为保障人类、动植物的生命或健康所必需的措施"。在以往的 WTO/GATT 争端解决过程中，例如"加拿大与法国石棉进口限制案"和"美国诉墨西哥金枪鱼—海豚案"中，争端解决机构成立的专家组在解释适用第 20 条（b）项时，均考量的是被保障的"人类和动植物"应是采取措施国领域内的人类和动植物。且结合乌拉圭回合《卫生与动植物检疫措施协定》的过程及其条文来看，该项的适用范围主要是保护采取措施国境内的居民及动植物的生命或健康所必需的措施。[2] 而欧盟碳关税的设计是针对全球的降碳减排问题，且由于大气及二氧化碳排放的无国界性，很难界定在欧盟成员国境内。

---

[1] 廖莉：《碳关税在 WTO 框架下的合法性分析——以 GATT1994 第 20 条 (b) 项为视角》，载《特区经济》2016 年第 2 期。

[2] 曹建明、贺小勇：《世界贸易组织》（第二版），法律出版社 2004 年版，第 183 页。

再者，需要满足该项中"必需"的要求，在"美国诉泰国香烟案"中，专家组判断一个措施是否为"必需"时，主要参照标准为"合理替代标准"，即是否存在其他符合 GATT 的可替代措施，或者是否存在其他对 GATT 违反程度更小的替代措施，若答案是肯定的，那该措施就不是"必需"的;[1] 欧盟碳关税虽是以避免碳泄漏为目的，鉴于各国减排政策的差异性，很难证明征收碳关税与碳泄漏之间存在因果联系，也很难证明碳关税的征收是唯一防止碳泄漏或者是违反 GATT 程度最小的手段。

第二，是否符合第 20 条（g）项规定的"与国内限制生产与消费的措施相配合，为有效保护可能用竭的自然资源的有关措施"，从文义解释的角度看，成员国援引（g）项必须满足：一是该贸易措施是以"保护可用竭的自然资源"为目的；二是该措施须"和限制国内产品或消费一同实施"。[2] 在"美国汽油标准案"中，对"有效保护可能用竭的自然资源有关的措施"，上诉机构认为：只要存在贸易限制措施与"保护可用竭自然资源"这一目标之间存在实质联系，而不是"顺带"或"无意中"保护可能用竭的自然资源，便可认为是符合（g）项的"保护可能用竭的自然资源的有关措施"。即上诉机构对贸易措施与环境保护的相关性限定为"实质联系"，"手段与目的之间存在密切而真实的关系"并且"主要目的"是保护可用竭自然资源。[3] 欧盟碳关税政策宣称其主要目的是为防止碳泄漏从而更好地降碳减排，应对全球范围内的气候变化，而采取的一系列措施是围绕防止企业将生产转移至未实施减排措施或减排措施力度较

---

[1] 林灿铃等：《国际环境法案例解析》，中国政法大学出版社 2020 年版，第 197 页。

[2] 范旭斌：《WTO 体制下自由贸易与环境保护的冲突及协调》，载《南京社会科学》2010 年第 12 期。

[3] 左海聪：《GATT 环境保护例外条款判例法的发展》，载《法学》2008 年第 3 期。

低的国家，从而引起碳泄漏的风险，其措施与目的之间存在实质联系。与此同时，欧盟碳关税政策是通过让进口商补齐成本至与欧盟相等碳价的方式来征收，也可理解为"与限制国内产品或消费一同实施"。由此可得出，欧盟碳关税与GATT第20条（g）项相符，但是否就此可获得豁免，根据《维也纳公约》中的条约解释规则，还需进一步审查该措施是否符合第20条的序言部分。

第三，在第20条的序言部分规定"对情况相同的各国，实施的措施不得构成武断的或不合理的差别待遇，或构成对国际贸易的变相限制"。从文义解释来看，采取的贸易措施需要满足三个要求，前两个是对条件相同的国家间"不得构成武断的差别待遇""不得构成不合理的差别待遇"，最后一个要求是"不得构成对国际贸易的变相限制"。对于前两个要求，构成"武断或不合理的歧视"，在"美国海虾案"中，上诉机构指出，应具备首先"必须导致歧视"；其次该歧视"必须是在情况相同的国家之间"以及"必须是武断或不合理的"。[1] 同时，对于"武断"的判断标准，"美国海虾案"中上诉机构认为：措施执行标准僵化且缺乏正当透明的程序；对于"不合理"的标准有"未与受限制国进行全面郑重的协商"以及"在相同条件的国家间，给予了不同的过渡期"。对于第20条序言部分的最后一个要求"不得对国际贸易构成变相限制"，在"加拿大于法国石棉进口限制案"中，专家组认为该序言部分的重点不在于"限制"，而在于"变相的"。根据文义解释，"变相的"意为"隐蔽的、伪装的、欺骗的、掩饰的"。[2] 根据以上三个要求分析欧盟CBAM，首先，由于发展中国家受限于减排技术以及发展水平等因素，减排措施力度较弱甚至有些发展中国家未采取减排措施，这与发达国家存在较大的区别。因此，不存在第20条序言中规定的"在

---

[1] Appellate Body Report on US-Shrimp, para. 127.

[2] Panel Report on EC-Asbestos, para. 8.236.

条件相同的国家间采取武断的或不合理的差别待遇"。再来看，欧盟 CBAM 对国际贸易是否构成了变相限制。结合本文第二部分的结论得出，鉴于环境与贸易密不可分的关系以及碳关税的本质，其实施必然会对国际贸易有所限制，甚至会加大贸易摩擦，对国际贸易格局产生深远影响。但结合欧盟 CBAM 提案来看，其具体实施措施是否为伪装欺骗的，并不好简单轻易下结论。

因此，据以上对 GATT 第 20 条（b）项、（g）项以及序言部分的综合分析，欧盟碳关税政策若想通过环境保护例外条款获得豁免，通过（g）项及序言部分解释的空间较大。虽然还需要看落地实施后的具体措施以及争议解决后 WTO 专家组和上诉机构意见，但是这已经值得可能受影响的出口国警惕。

四 中国所处现状及困境

中国是欧盟最大的贸易合作伙伴，也是全球最大的钢铁、水泥和铝生产国，因此中国对欧盟出口产品的碳排放量相对较高。根据中信期货模型测算来看，欧盟碳关税实施后，中国出口欧盟的钢铁及钢铁制品的关税相当于提高了 3.3 个百分点，对欧盟的钢铁及钢铁制品的出口将下降 14.0%；非金属矿物的关税相当于提高了 5.7 个百分点，出口则下降 25.0%。这势必严重削弱了中国出口产品的竞争力。[1] 若后续欧盟环境委员会进一步政策加码，最终采取更为激进的碳关税立法选项，则还需要重新评估对中国贸易出口的影响。因此，生态环境部部长黄润秋在主持召开金砖国家应对气候变化高级别会议中发表联合声明称，反对任何利用气候议程采取限制贸易和投资措施、设置新的绿色贸易壁垒，诸如强加违反世界贸易组织多边规则的碳边境调节机制。由此可见，

---

[1] 以上数据来自中信期货研究"能源与碳中和专题报告"：《碳边境调节机制如何影响中国高耗能大宗商品出口？》，2022 年 5 月 9 日。

中国政府对欧盟碳关税整体上持否定态度。

目前从立法进程来看，欧盟碳关税的征收范围也是从最初的钢铁、铝、电力、化肥、水泥五种逐步扩大，且加入了间接排放的生产用电，预计2030年全面扩大至欧盟碳交易市场的全部行业。而欧盟碳关税的征收方式也是参照欧盟碳交易市场的定价标准，出口商根据出口至欧盟的商品的实际碳排放量，依据欧盟碳交易市场的同类商品成交的碳价，购入相应的配额，且具有一定的有效期。相较于欧盟碳市场，我国碳市场覆盖范围十分有限，仅限于发电行业。而欧盟则覆盖电力、航空等工业部门，且范围将逐步扩大至海运、交通及建筑行业。因此，我国需要尽快扩容碳交易市场，否则绝大多数行业都面临被加征高额碳关税的风险，同时也会使未被覆盖的行业持续存在对外碳泄漏的问题，从而难以应对欧盟碳关税对特定行业带来的成本压力。[1]

除了行业覆盖面过窄，我国碳税、碳交易市场还存在自身碳定价机制薄弱的问题。首先，碳税在我国并非新概念，近些年来，一直有相关内容的研究。2007年，我国政府明确提出研究开征环境保护税的改革目标。2016年，在制定环境保护税的过程中，曾考虑将碳税纳入其中。但由于各界对此争议不断，该项税收最终并未被纳入环境保护税中。2021年10月《关于完整准确全面贯彻新发展理念做好碳达峰碳中和工作的意见》中提出"研究碳减排相关税收政策"。碳税主要针对大量使用化石燃料的行业，以二氧化碳排放量为征收对象，政府设定税率来确定碳价，与碳排放权交易通过市场工具调节减排刚好相反。然而我国虽有税收相关内容的研究，但政策尚未落地。其次，欧盟碳关税提案中明确指出，如果出口国有碳市场碳价，可以适当减免，我国碳交易市场现阶

---

[1] 邓海峰、尹瑞龙：《碳中和愿景下我国碳排放交易的功能与制度构造研究》，载《北方法学》2022年第2期。

段主要以国家初始分配的免费配额为主，不存在主动发现及确认碳价的功能，很可能在欧盟征收碳关税时不计算为真实存在的成本。

另外，我国碳交易市场规则不够完善，难以尽快与国际接轨，进而有效抵挡碳关税的冲击。自2011年开始，中国先后在北京等7个省市开展碳排放权交易试点，全国性交易市场于2021年7月正式运行，目前首个履约周期已截止。在此期间，我国碳排放权交易立法从无到有，目前总体上形成了以部门规章为主体、地方规范性文件为补充的碳排放权交易规则体系。但在实践中也暴露出一系列问题。一是我国现有的碳交易市场规则中对碳排放权的规定主要是企业有权排放温室气体的现象描述，但并未对碳排放权到底属于何种性质的权利进行明确规定，从而导致对碳排放权的法律属性定位产生分歧，在具体实践中造成诸多困扰，不利于碳排放权交易市场的健康有序发展。二是作为碳排放权交易制度保障的一系列内容，如政府和企业两类主体的义务、交易监管规则、统计制度、披露要求等细则尚不明确，也不利于碳市场规范的发展。三是现有碳市场规则体系的建立处于刚刚起步阶段，存在规则分散不统一、立法层级较低等问题，不利于国家层面对碳排放权交易的统一监管。四是法律基础的薄弱以及政策的不确定性，不利于市场的稳定性，也会导致市场主体参与风险进一步提高，参与积极性进一步降低，阻碍以碳资产为基础资产的碳金融产品的创新、落地与推广。[1]

再者，我国碳市场的交易规则的设计与欧盟不同，较难实现尽快接轨。欧盟碳市场碳减排量的测算方法主要依据总量限额的线性折减系数（linear reduction factor, LRF），因此其配额总量每

---

[1] 杨涛、杜晓宇：《绿色金融：助力碳达峰、碳中和》，人民日报出版社2021年版，第65—68页。

年是递减的，例如2020年之前是1.74%，2020年之后是2.2%，在2021年7月欧盟最新提出的一揽子立法改革提案（"Fit for 55"）中，预计将2.2%提升至4.2%。欧盟控制总量的做法，更类似于美国排污权交易的"泡泡政策"，在碳排放总量一定的"泡泡"之内，企业通过市场交易行为，达到动态平衡。而我国则更注重每单位能耗排放强度的下降，相较于欧盟没有对应的总量减排目标。在《碳排放权交易管理办法（试行）》第14条中规定，生态环境管理部门每年需制定的"碳排放配额总量"，是根据历史排放法和对经济发展能源消费的一个预估来测算，相当于碳排放强度的下降目标，因此，对企业而言，即使总体排放量上升了，但单位能耗以及排放强度也可能是下降的。我国碳交易市场这样规定的优势在于，不会因为碳排放总量的限制导致企业生产受限，同时可以促进企业更新技术，提高能源效率。这也对应的是我国"碳达峰、碳中和"的战略目标，只有先实现了碳排放达峰，才能逐步追求总体排放量的下降，从而进一步实现碳中和。针对这一现状，如若现阶段为应对欧盟碳关税政策所存在的问题在与欧盟碳交易市场接轨时，可能面临二次转换或是被动依据对方规则的问题。欧盟CBAM中对碳排放量的扣除，为了使进口产品与欧盟产品承担相同的碳排放成本，在碳排放额度可量化的前提下，规定了两种扣除情形：一是可根据欧盟同类产品企业获得的免费排放额度相应调整进口商应税碳排放量，相当于税基调整，从而可避免欧盟企业获得双重保护；二是在进口商应税碳排放量中可扣除进口产品在其生产国已经支付的碳排放额度，相当于税额抵扣，从而避免进口产品双重缴税。[1] 以此看来，我国碳市场中的免费配额

---

〔1〕 "Proposal for a Regulation of the European Parliament and of the Council Establishing a Carbon Border Adjustment Mechanism", European Commission, 2021/0214 (COD).

分配以及依照减排量的测算方式延伸出来的配额交易，在欧盟碳关税征收时未必会得到认可，从而可能极大增加我国相关行业出口欧盟商品的碳关税成本。

最后，欧盟碳关税的冲击，将加大我国现阶段产业低碳转型升级的压力。综合来看，由于发展阶段的不同，欧盟等发达国家早已普遍经历"碳达峰"，只需延续以往在2050年实现碳中和即可，而我国碳排放总量仍在增加，需要在完成2030年"碳达峰"目标后，于2060年实现"碳中和"，从这个目标实现的年限来看，时间比发达国家更为紧迫。这背后是规模化的经济结构转型和产业升级。[1] 因此，欧盟的碳关税将提高我国承接发达国家中高端制造业转移的成本，同时分散企业利润，阻碍我国低碳技术的研发推广和应用，从而影响产业绿色低碳转型升级。同时，由于欧盟碳关税对其进口产品要求配合提供相关产品的生产信息以及碳排放信息，也涉及商业秘密和核心技术，进而影响我国整个行业的安全稳定。

五 欧盟碳关税的应对之道

现阶段我国仍处于经济上升期，碳排放量也未达到峰值，因此我国承诺的2030年碳排放量达到峰值、2060年实现碳中和，在体现中国大国担当的同时，也意味着未来40年，我国将面临一条难度远大于发达经济体的降碳减排之路。而欧盟碳关税政策的出台，以及美国、日本等发达国家积极的支持态度，使我国原本就艰难的减排之路徒增了更多的阻碍。目前，我国一方面要从国内着手，加大研发投入，进行产业结构升级；另一方面在国际上，要积极应对发达国家不断加码的一系列贸易措施、不断提高我国

---

[1]《碳中和深度报告（二）：碳中和与大重构，供给侧改革、能源革命与产业升级》，载《光大证券》2021年2月28日。

在气候谈判中的地位，代表广大发展中国家发声，争取合法的利益。

(一) 国内层面的应对

鉴于中国目前碳定价机制薄弱，与欧盟碳价的差距较大，为了实现我国"碳达峰、碳中和"的减排目标，并尽快顺应欧盟等发达经济体的绿色贸易需求，降低碳关税等边境调节机制带来的巨大风险，应加速推进全国碳交易市场的发展，适当并逐步扩大参与碳交易的行业范围，降低行业准入门槛，将钢铁、铝、水泥等欧盟碳关税重点征收行业陆续纳入全国碳交易市场。与此同时，探索与国际碳市场对接的有效路径，化解因不同的减排量测算、配额分配所带来的一系列衔接障碍，以增强市场流通性，打通中国与欧盟、美国等发达经济体碳交易市场的互通。与此同时，我国应尽快完善碳交易市场的规制体系，我国尚处于全国碳市场建立初期，正在由试点市场向全国市场过渡，监管规则、统计制度、披露要求等细则不够明确，权利属性与权利义务范围等基本内容规定不清晰。再者，在碳交易领域政出多门，生态环境部、财政部等有关部门皆发布有关规定，加之试点时期各地方存留了大量规定，因此，应加快顶层设计，推进高位阶立法，通过立法对交易中可能出现的情形进行统一，明确参与主体责任边界、监管范围、具体职责等内容，有效推进我国碳交易市场的发展及完善。通过完善碳交易市场和制定碳定价机制，降低中国企业出口欧盟时需支付的碳关税金额，也可一定程度上避免企业被双重征税。

碳排放权交易是通过市场的手段给企业发放配额实现降碳减排，是一种数量控制型减排手段。但由于目前我国碳交易市场行业准入率低，即使未来化工、建筑等行业会逐步纳入，碳市场也仅能覆盖我国部分碳排放量，并且存在碳价低、流通性弱等问题。而碳税则是通过政府规制的手段，自上而下强化激励企业完成减排目标，加快产业结构调整，属于一种价格控制性减排手段，与碳交易市场相互呼应。相对于碳交易市场，碳税见效快、执行成本低，且税收管理体系较成熟。有学者测算模型研究显示，针对我国现状，碳交易市场与碳税机制相结合相比依靠单一的碳市场，更有利于实现减排目标。[1] 前者适用于排放量大且排放源集中的企业，而碳税更直接且灵活性强，可适用于小型或排放源分散的产业。欧盟碳关税政策计划在 2030 年将碳市场覆盖的所有行业全部纳入征收范围，开征碳税可以使我国在促进企业减排的同时，碳税收入还可以支持我国的低碳发展，避免相应的税收流至欧盟。但需要在税率设定、与碳交易政策衔接等方面进行具体论证研究，使碳税政策形成对碳交易市场的有益补充。

欧盟 CBAM 政策在征收过程中，首先需要进口商提供该产品生产过程中的碳排放量信息、是否支付碳价等内容，这便要求企业需具备一定能力的碳足迹记录能力。我国目前尚未强制要求企业提供碳足迹以及披露碳排放信息，而多数机构也缺乏采集、计算并且准确评估碳排放和碳足迹信息的能力。一方面应完善气候与环境信息披露制度，加强企业履行社会责任的理念，监管机构应要求金融机构对高碳资产及主要资产碳足迹进行计算和披露，以更好地管理相关气候风险。另一方面应加快建立碳足迹核算标准、方法以及评估认证体系，加快提升我国碳足迹评估认证的多边互认。

我国在尽快建立和完善碳交易市场与定价机制的同时，更重要的是加快绿色技术的研发、清洁能源的开发，推动低碳转型，以尽快构建现代能源体系。在控制碳排放增量的同时，降低碳消耗强度，同时加快完善环境影响评价制度，将温室气体排放纳入

---

[1] 石敏俊、袁永娜等：《碳减排政策：碳税，碳交易还是两者兼之?》，载《管理科学学报》2013 年第 9 期。

其中。从这一角度看,欧盟碳关税政策反而可以倒逼我国加快产业结构升级,加快构建绿色低碳循环经济体系。

(二)国际层面的应对

若欧盟碳关税政策付诸实施,除了上述国内层面的应对策略之外,在国际层面也可尝试通过充分利用WTO的各项机制维护自身利益,例如可通过诉诸WTO争端解决机制,综合全面评判欧盟碳关税政策以及采取该政策的空间。同时,积极参加多边气候谈判,倡导展开国际联合行动,增强话语权,在碳足迹评估认证、减排量测算等技术方面开展合作,争取更加精准且认可度更高的结果。也可与欧盟进行有关碳定价对接的双边谈判,达成协议以间接限制欧盟对中国出口产品征收碳关税时的自由裁量权,另外可选择对欧盟进口中国产品同样制定边境调节政策作为反制手段。再有,可联合其他发展中国家,积极发挥"一带一路"的作用,推动绿色合作,共同通过WTO规则以及其他多边协定来制约欧盟碳关税政策中不利于发展中国家的规定执行。

随着气候变化等环境议题得到全球范围内越来越多的关注,将环保相关的要求纳入贸易、投资等经济活动中已成为长期发展的大趋势。除边境调节机制以外,也存在一些其他形式对国际贸易提出要求,比如加大全球市场下对企业ESG信息披露的要求,迫使企业直接将对环境和社会的影响反映到财务报表中。联合国负责任投资原则建立的ESG体系逐渐成为新的核心投资策略,因此各国开始鼓励或要求上市公司等企业发布ESG报告进行相关信息披露。因此,无论是应对欧盟等发达国家的碳关税政策,还是国际贸易投资等领域的一些隐形要求,最本质的都是我国首先在国内层面尽快形成绿色低碳清洁的能源结构,完善碳交易市场和碳定价机制,做好与国际碳市场接轨的准备。在国际层面,提高全球气候治理中的话语权,加大双边、多边互动,展开国际合作,从而更好地顺应发展绿色贸易应对全球范围内气候变化的整体趋势。

六 结语

应对全球气候变化已经成为国际社会的共识和地缘政治的重要议题。欧盟的碳关税政策可能产生严重的外溢效果，对我国乃至世界贸易格局和产业结构产生严重冲击。在国际法的框架下，欧盟的碳关税政策违反了"共同但有区别的责任"的共识，也违反了最惠国待遇和国民待遇原则，更有可能构成新的绿色壁垒。"碳达峰、碳中和"已经成为我国的国家战略，但是我国的碳相关机制还处在发展阶段，产业结果升级更不可能一蹴而就。因此，我国一方面要加强自身建设，加快推进碳市场建设，适时征收碳税，促进产业结构的绿色转型，降低碳关税带来的负面影响；另一方面也要加强国际交流和对话，通过双边和多边机制妥善解决跨境碳排放的问题，妥善解决双方分歧，运用国际规则捍卫自身的合法利益，最终实现我国"双碳"战略，为世界可持续发展贡献中国方案。

第三篇
热点研辩

环境风险法律规制中的利益平衡

汤宇仲*

自乌尔里希·贝尔提出风险社会这个概念起,人们就开始从应对现代化发展带来的技术性和制度性风险的角度来理解环境问题。风险规制是风险社会理论与法律规制结合的产物,这使得风险和危险在界定上同时受到两类标准的影响:一是社会学的风险话语,其界定依据的是可能的损失产生的缘由。风险归因于人的决定,而危险归因于外部的环境。[1] 二是法技术上,两者以经验法则下的损害盖然性为标准。风险是损害未发生过但预测可能发生在未来或对其的认知处于频繁变动的情形,而危险强调在经验法则下损害的发生已具备"充分盖然性"。[2] 两相结合,环境风险指人为活动通过自然系统这一传递介质,不确定地转化为环境污染或人体健康损害的可能性。[3] 这种损害转化的不确定性是

---

* 汤宇仲,中国政法大学环境与资源保护法学专业博士研究生。

[1] [德]尼古拉斯·卢曼:《风险社会学》,孙一洲译,广西人民出版社2020年版,第42页。

[2] 张宝:《环境规制的法律构造》,北京大学出版社2018年版,第189页。

[3] 吕忠梅:《环境法原理》,复旦大学出版社2018年版,第75—82页。

环境风险的本质属性，也是要求风险的应对不能以证据充分为前提，而需要防患于未然的原因。但传统法学以确定性和可预测性为基本尺度，而环境风险的规制则要求对不确定性的把握，两者在结合时面临新的挑战。

一 环境风险规制的"可接受性"困境

环境风险的不确定性，使得既往以确定损害和因果关系为基础的秩序性规制不能回应环境问题的需求。风险预防原则应运而生，并引导环境法律规制也从危害防止为核心的后果控制，向以风险评估、风险沟通、风险决策过程为核心的风险规制转移。[1] 在没有充分科学证据证明人类的行为确实会造成环境损害的情况下，也应采取预防性措施将损害发生的可能控制在可接受的程度内成为共识。这种可接受的程度在美国环境法中体现为"安全阈值",[2] 在德国环境法中则多表述为"剩余风险"。[3] 但既然风险转化为损害的可能性本身是不确定的，控制在一个可接受的确定范畴中何以可能？这种逻辑上的悖论形成了环境风险规制的"可接受性"困境。

（一）风险社会下环境规制的转型

风险预防的概念最早起源于德国，该概念最早为德语的"Vorsorge"一词，本意为深谋远虑或谨慎注意，强调国家通过谨慎的前瞻性规划来规避环境损害的发生。20世纪70年代初，为了应对

---

[1] 张宝：《从危害防止到风险预防：环境治理的风险转身与制度调适》，载《法学论坛》2020年第1期。
[2] 王萌、缪若妮、田信桥：《论环境风险预防原则中的风险阈值》，载《中国环境管理干部学院学报》2014年第4期。
[3] 陈海嵩：《环境风险预防的国家任务及其司法控制》，《暨南学报》（哲学社会科学版）2018年第3期。

酸雨对德国公众所珍视的天然针叶林所带来的威胁，[1] 德国政府在治理空气污染方面提出了风险预防的概念，要求制定避免对环境造成损害的长期规划，及早发现对环境和健康的危险，并在得到结论性的科学证据前采取行动。[2] 20 世纪 80 年代，德国向国际北海部长会议提出了确立风险预防原则的建议，最终北海保护会议的《伦敦宣言》针对危险物质的有害影响，明确了风险预防原则。1982 年联合国《世界自然宪章》首次在国际条约层面明确了风险预防原则，并在其中要求避免不可挽回的损害和采取最佳可得技术。风险预防原则开始被引入国际环境法的各类规范性文件，日益得到国际社会的认同。

我国的环境法律规制同样经历了从危险规制向风险规制的转型。2001 年，我国出台《农业转基因生物安全管理条例》，明确提到要"防范农业转基因生物对人类、动植物、微生物和生态环境构成的危险或者潜在风险"，首次明确提出了风险预防原则。2014 年，《环境保护法》在预防为主原则的基础上，一方面在立法目的上增加了公众健康的内容；另一方面在制度上增加了"国家建立、健全环境与健康监测、调查和风险评估制度；鼓励和组织开展环境质量对公众健康影响的研究，采取措施预防和控制与环境污染有关的疾病"的规定。在基本法层面开始了由损害预防向风险预防的转向。2018 年我国审议通过了《土壤污染防治法》，该法在继承传统预防为主原则的基础上，明确增加了"风险管控"原则，提出要以公共健康风险、生态风险为依据评估风险防控标准，并将"预防与保护""风险管控和修复"进行专章规定。以 2014 年《环境保护法》和 2018 年《土壤污染防治法》为标志，我国初步

---

[1] 王小钢：《环境法典风险预防原则条款研究》，《湖南师范大学社会科学学报》2020 年第 6 期。

[2] 赵鹏：《风险社会的行政法回应：以健康、环境风险规制为中心》，中国政法大学出版社 2018 年版，第 45—62 页。

建立了环境与健康风险防治体系。[1]

(二) 转型中预防原则的理论争议

回顾环境法制的发展史,各国环境规制理念与其指导的制度在衍进上都呈现从禁止到补救,再从补救到预防的共性特征。[2]而风险预防原则作为环境风险法律规制的法理基础,也被视为传统环境法向现代环境法转型的标志。但在该原则越来越多地见于国内外各类规范性文件的同时,其适用仍然饱受争议。

风险预防原则面临的争议主要围绕两个方面。首先,风险预防原则的概念过于模糊。20世纪90年代后,风险预防原则被广泛接纳,但事实上各国内法或国际条约对其的接纳方式又可分为四种:写入风险预防原则、风险预防措施、风险预防方法与未写入但有类似规定的。由于该风险预防概念的广泛和各国国情的差异,使得风险预防虽然获得了政治层面的认同,但未实现法律层面的约束。

其次,风险预防原则指导的规制活动会带来次生风险。这种次生风险一是来自预防行为本身。如预防核辐射的风险而拒绝以核电站代替火力发电厂时,火力发电厂的排放也会加剧气候变化问题的严峻性。[3]二是因对象行为被预防时,会损失相应的机会利益。[4]由于环境风险规制的对象本身具备社会价值,所以风险预防是对一种行为的规制,也会减损该行为本身能带来的收益。故而所谓风险预防,本质上可能只是一个风险选择的过程。如学

---

〔1〕 吕忠梅:《从后果控制到风险预防:中国环境法的重要转型》,载《中国生态文明》2019年第1期。

〔2〕 于文轩:《生态文明语境下风险预防原则的变迁与适用》,载《吉林大学社会科学学报》2019年第5期。

〔3〕 陈海嵩:《风险预防原则理论与实践反思——兼论风险预防原则的核心问题》,载《北方法学》2010年第3期。

〔4〕 Nicolau, I., "Aspects Concerning the Precautionary Principle in Environmental Law", 9 (2) *Contemporary Readings in Law and Social Justice* 325, 329 (2017).

界通常认为欧洲比美国更重视风险预防,也适用了更严格的程序与标准,但或许只是欧洲更注重环境损害的风险而美国更强调经济衰退的风险而已。[1]

针对风险预防原则指导下的环境规制面临的非议,不少学者主张对该原则进行进一步阐释。根据预防的程度,该原则有时被划分为强风险预防原则和弱风险预防原则。前者指一项行动在确认无害的情况下才能进行,较少考虑代价而力图实现安全的结果。后者指要采取预防性的措施,强调平衡预防或不作为的成本与收益。[2] 在这种划分的基础上,也有认为强风险预防原则需要根据风险的种类进行选择性适用的观点。这种观点依据有科学不确定性、风险阈值较高且符合成本效益这三项标准,论证风险预防原则应有限地适用在生物多样性保护、转基因食品安全和气候变化应对三个领域。[3] 这些细化分析的方法对于增加风险预防原则的适用能力有一定的意义,但也使得学界在讨论风险预防原则时经常出现同词异义的窘境。

(三)风险规制争议后的逻辑原点

回归风险预防的概念,就会发现这些争议其实围绕的是该原则言而未尽的潜台词。不同条约表述的细节千差万别,但它们都强调在没有充分科学证据的情况下,也要对环境可能承受的损害采取预防性措施。而由于风险本身就是人的行为所带来的不确定影响,这种科学上的不确定性使得风险是无法完全消除的。风险预防也只能在某一限度内对风险进行控制。这使得该原则在适用

---

[1] [美]凯斯·R.桑斯坦:《风险与理性——安全、法律与环境》,师帅译,中国政法大学出版社2005年版,第12—18页。

[2] 陈景辉:《捍卫预防原则——科技风险的法律姿态》,载《华东政法大学学报》2018年第1期。

[3] 李艳芳、金铭:《风险预防原则在我国的有限适用研究》,载《河北法学》2015年第1期。

时必然暗含一个目的性的后缀,即将风险控制在可接受的范围内。这个可接受的范围,在美国环境法中体现为"安全阈值",[1] 在德国环境法中则多表述为"剩余风险"。[2] 人们通过"可接受的范围"是否合理,判断风险预防原则的适用是否有效、规制者的规制行为是否符合规制义务的要求等。而这个可接受的范围的厘定问题,就成为环境风险规制的核心问题。本文称其为"可接受性困境"。

强风险预防原则与弱风险预防原则背后是对待"可接受的限度"的两个极端。前者对"可接受的限度"的理解是百分百的安全,而后者则强调作出行动。强风险预防原则有避免风险预防的适用沦为形式的优点。但风险不同于危险或灾害,其与收益相伴而生。不计代价的预防风险并不现实,也导致该原则受到广泛的抨击。相反,弱风险预防原则得到了普遍的认可,但这种认可却来自其在核心问题上的模糊。预防的成本与收益仅是经济上的收益吗?经济利益与生态或健康等利益间如何度量?成本和收益的包容性使得它更易被认可,但也折损了其指导意义。关键问题在于,这两者过于生硬地割裂了风险预防原则的两个侧面。事实上,它们只是风险预防原则的两种手段的体现。即法律系统在面对科学的不确定性与未来的不可预测性所导致的过量复杂性时,是不做选择来延长收集信息和决策的时间,还是更谨慎但不妨碍采取行动。两种方法的差别只是搁置决策还是决策于未知。虽然不同法律文本中对于侧重哪种方法有更多的表述,但很难说风险规制的过程中只有其中一者,即只考虑损益或不考虑损益,而更多是两者的结合。单以其中一种方法来代换风险预防原则会模糊原则

---

[1] 王萌、缪若妮、田信桥:《论环境风险预防原则中的风险阈值》,载《中国环境管理干部学院学报》2014年第4期。
[2] 陈海嵩:《环境风险预防的国家任务及其司法控制》,载《暨南学报》(哲学社会科学版)2018年第3期。

与方法间的差别，更有以"可接受性"的判断结果遮蔽了其在个案中论证与博弈过程的嫌疑。

而所谓"可接受性困境"，其实是风险的不确定性与规制活动目标的确定性之间的冲突。风险的本质是科学上的"不确定性"，而可接受的范围意味着存在一个"确定"的边界。如何将不确定的风险控制在一个确定的范围当中？如果这里的"不确定"和"确定"是同一个层面，那么在逻辑上就是不可能的。这个悖论，使得风险预防原则指导下规制的启动到目标的实现间存在脱节。环境风险规制的行为与结果间缺乏确定的因果，使得各种方向的预防行为都可能被论证。这会加大规制主体自由裁量的范围与"规制俘获"的风险，减损社会对于环境风险规制有效性的信心。

要打破这种逻辑上的悖论，有两种方法。第一种方法是变动前一个"不确定"，即通过科学评估的方式将其变成确定的概率。第二种方法则是变动后一个边界的"确定"，对此处的确定重新理解为社会建构的结果。此时的"确定"并非科学意义上对不确定性的排除，而是经过人在法律语境中寻求到的平衡点。这个平衡点的确定性并不完全来自科学上的权威，而来自法律程序。程序将人对特定行为的接受度统合在一个确定的范围内。第一个方法中科学评估的环节是重要的，但并非是环境风险规制的核心，而更多是一个前置要件。关键问题还在于风险的不确定性持续存在时的决策问题。这使得第二种方法成为环境风险规制的核心，即通过什么样的程序使得人们能认可规制行为符合规制义务的要求。反思程序何以使得社会认可环境风险规制的决策，也就成为破解"可接受性困境"的出路。

二 "可接受性"困境下的社会实践

无论是判断"剩余风险"，还是设立安全阈值，环境风险规制适用时的争议都可归结为风险"可接受性"的判断问题。逻辑向我们指明，可接受的风险并非完全由科学确定的结果，而是社会通过特定程序建构的产物。那么下一步的问题，就变成这个特定程序是什么？为什么通过这个程序的规制行为能够或应该被普遍接受为合理的？社会生活不会自动生成这个程序的正解，但它能够通过实践中社会对于风险"不可接受"的判断，反馈出它对于这个程序的要求。

（一）邻避现象中风险社会的冲突

"邻避"一词，意为"不要建在我家后院"，源于"Not In My Back Yard"的音译NIMBY。邻避现象，指面对社会福利所需的某些特殊公共设施具有的负外部性时，邻近居民担忧建设项目对其身体健康、环境质量、资产价值等方面产生负面影响，因而集体反对乃至采取抗争行动的情况。该效应源于环境污染的日益严峻与公民权利意识的觉醒，并多见于垃圾填埋场、化工或能源项目等有较大污染风险项目的建设阶段。不同于传统事后救济型的环境抗争，邻避事件呈现预防性维权的特点，[1]是公民对于环境风险规制诉求的直观体现。

自20世纪50年代开始，邻避问题在西方国家兴起。而以2007年厦门海沧的PX项目与北京六里屯垃圾焚烧厂修建计划引发的冲突为节点，我国邻避事件的数目也在此后十年间呈高速增长态势。2017年后邻避事件发生的增速放缓，规模和激烈程度有所下降，但数量仍居高不下，且呈现由东部向东北部和中西部地区、由城市向农村地区转移的趋势。[2]而根据中国社会科学院对各世代的调查，中国的"90后"居民对环境污染问题与社会信任度下

---

〔1〕 张宝：《环境规制的法律构造》，北京大学出版社2018年版，第3—4页。
〔2〕 郑旭涛：《改革开放以来我国邻避问题的演变趋势和影响因素——基于365起邻避冲突的分歧》，载《天津行政学院学报》2019年第5期。

降这两个议题的关注度相较其他世代更高。[1] 邻避问题成为风险社会时代的热点议题。

观察国内外邻避运动的演变历程，会发现不同语境下邻避运动的抗争路径存在差异。西方项目建设的选址与各群体对政策议程的影响力直接相关，所以往往会选址在相对贫困人口或少数民族聚集的地方，使得邻避运动在西方往往与"环境种族主义"相联系。[2] 而在中国，由于地方政府长期处于发展型政府的模式，使得其经常代替利益相关方成为民众抗议的对象，"企业—民众—政府"的三方博弈也被简化为官民两方博弈。这种地方政府既是"运动员"又是"裁判员"的情况加剧了民众不信任感的同时，[3] 也使得抗争者倾向于采取"问题化"策略。民众通过各种行动策略将自身环境利益的诉求建构为与社会稳定相联系的问题，从而提高该问题在政府议程中的紧迫性。而当邻避事件的矛盾激化，地方政府为避免群体性事件或环境上访带来的问责，易于采取"开口子"的方式下令停建或异地上马建设项目，在表达对民众诉求重视的同时给民众情绪降温，[4] 造成我国邻避现象一度呈现"信访不信法""一建就闹，一闹就停"等特征。

进一步分析，会发现中西方邻避现象不同特征的背后遵循共同的机理。无论是西方的"环境种族主义"还是中国的"问题化"策略，都体现了政府行政决策过程中话语权薄弱的群体与决策者看待风险的分歧，与弱势群体在体制外进行的抗争。风险不同于

---

[1] 李培林、陈光金、王春光主编：《社会蓝皮书：2020 中国社会形势分析与预测》，社会科学文献出版社 2020 年版，第 188—198 页。

[2] 崔晶：《中国城市化过程中的邻避抗争：公民在区域治理中的集体学习和社会学习》，载《经济社会体制比较》2013 年第 3 期。

[3] 鄢德奎、陈德敏：《邻避运动的生成原因与范式重构——基于重庆市邻避运动的实证分析》，载《城市问题》2016 年第 2 期。

[4] 应星：《大河移民上访的故事——从"讨个说法"到"摆平理顺"》，生活·读书·新知三联书店 2002 年版，第 54—62 页。

危险，经验法则不足以建立行为与损害间的盖然性，而只能提供一种怀疑。这种不确定性使得公众与政府站在风险承担与风险决策的不同角度对于风险的感知产生偏差。作为风险承担者的公众在微观角度基于自己的生活经验来理解风险，其注意力易被后果的严重性所吸引，而忽略发生的概率；作为风险决策者的政府则在宏观角度从社会公共风险承担的全局出发，进行风险的分配，其更侧重后果发生的概率与损益的平衡。不同的视角使得公众认知中的风险往往高于政府认知，从而产生了分歧。而公众对于正当程序的信赖使得其对于未参与的决策但涉及自身的决策保持怀疑的态度；政府对于专家论证和理性评估的强调也使其倾向于强调公众认知的情绪化与非理性。建设项目议程讨论时的强弱群体站在各自的立场强调自身认知的重要性，加剧了环境风险议题中的利益冲突。如何弥合风险承担者与风险决策者之间的感知偏差与认知矛盾，成为化解邻避冲突面临的主要问题。

（二）环境风险对法律规制的挑战

首先，环境风险的"不确定性"的特征挑战了法律基于确定性或可预测性的思维模式。邻避现象中的感知偏差，体现了风险其实是一种"知识和无知的结合"。社会存在对风险事项的经验知识基础，但这种经验积累并没有达到排除不确定性的程度。[1] 这种不确定性动摇了行为与损害结果间的因果关系。现代法学构建的以"权利—义务"为核心的规制体系，在追求行为的责任时，基于的是当事人的主观意志与客观控制能力。[2] 这种"行为—结果—责任"之间的确定性也是法律的稳定性与可预测性的根源。

---

[1] 沈岿：《食品安全、风险治理与行政法》，北京大学出版社2018年版，第15—16页。
[2] 季卫东、程金华主编：《风险法学的探索：聚焦问责的互动关系》，上海三联书店2018年版，第7页。

但当因果律被动摇时,若仍执着这种线性的规范思路就容易出现无法追责下盲目追责忽略决策者时空条件限制的情况。

其次,环境风险法律规制本身的风险对法律构成了自我挑战。按照卢曼的社会系统理论,现代社会分化出了若干个子系统,而每个封闭的子系统都只能在自己内部的结构中决策。但系统间存在"结构耦合"的相互作用,这种系统间的沟通形成了新的风险维度。科学系统、经济系统、政治系统的风险会传导给法律系统,而法律系统又会加工出新的风险传导给其他系统。环境风险法律规制的行为本身也会带来新的风险。

最后,环境风险规制是行政权运行方式的变化挑战了传统行政权与司法权间的互动模式。环境风险规制,是一个克服未知法律风险的前瞻性行动。这势必转变环境行政主体在干预社会经济活动时的角色,并扩大其行政裁量权的范围。一方面,风险规制本身的风险容易使得职能部门倾向于不作为;另一方面,环境行政裁量权的扩大也易造成决策者在决策和执行上的随意性。面对裁量权扩大带来的这两种风险,司法权对行政权的监督也不能仅限于规制行政结果上的权力滥用与救济行政相对人,而需要从短时间段的决定向长时间段的过程演化,[1] 司法权如何促进又不僭越行政权的尺度变得更需要厘清。

要回应以上这些挑战,则需要我们更新对规范的认知,采取一种自我反省的机制调整法律事实和客观事实之间的关系,[2] 基于风险的特性重新思考各主体间的关系并构建更具弹性的互动模式。

---

〔1〕 江国华:《行政转型与行政法学的回应型变迁》,载《中国社会科学》2016 年第 11 期。

〔2〕 季卫东、程金华主编:《风险法学的探索:聚焦问责的互动关系》,上海三联书店 2018 年版,第 6—9 页。

三 环境风险法律规制的既往范式

范式，指常规科学活动中形成的理论基础与实践规则，是某一学术共同体在研究活动中共同承认的研究前提与学术进路。其体系性地结合了特定领域实践过程中的定律、理论、标准和方法，并为后续特定而持续的研究活动提供模型。[1] 简言之，范式决定了在特定领域的研究活动中，什么问题是重要的以及应该用什么样的方法论来解决这些问题。环境风险法律规制中范式的分野依赖于对风险的认定。需要注意的是，不同范式的支持者之间并不完全否认对方观点的作用，只是在衡量风险"可接受性"的过程中将对方所强调的内容置于次要地位。[2]

（一）客观风险：成本收益分析

成本收益分析范式强调风险规制要建立在对风险科学认识的基础上，而可接受的风险则是成本效益原则指导下科学分析的结果。该范式的支持者认为风险首先是一个科学概念，需要依据科学知识客观地进行理解以保证决策的理性。他们将风险作为心理感受的观点混淆了风险本身与风险认知之间的差别。[3] 而在回应风险预防适用不具体、可能造成更大的次生风险等风险预防原则面临的抨击时，该派学者主张以成本效益分析为基础，通过制定标准的方式增强环境风险应对的决策理性。在该范式的视角中，风险的评估、沟通与管理是风险规制过程中泾渭分明的不同环节。他们将进一步完善环境风险规制的关键放在确定环境标准、保障专家的中立性、遵循公

---

[1] [美] 托马斯·库恩：《科学革命的结构》，金吾伦、胡新和译，北京大学出版社2003年版，第9页。

[2] [英] 伊丽莎白·费雪：《风险规制与行政宪政主义》，沈岿译，法律出版社2012年版，第13—16页。

[3] 于文轩：《生态文明语境下风险预防原则的变迁与适用》，载《吉林大学社会科学学报》2019年第5期。

示程序等方面。希望用科学理性主导评估工作，并在风险沟通环节加入公众参与听取意见，最终实现风险管理。

以绿孔雀栖息地保护案这一预防性环境公益诉讼案件为例，原告北京市朝阳区自然之友环境研究所与两被告水电站项目施工方和项目环境影响评价单位，在水电站的建设对于绿孔雀种群生存的威胁是否达到了"重大风险"程度的判断上就各执一词。面对该案体现的环境民事诉讼中"重大风险"的适用问题，该派学者提出了厘清重大风险的证明标准、完善因果关系证明规则、改进专家改进机制等建议。[1]

这种以成本收益分析作为风险规制"可接受性"论证标准的观点，看到了环境风险客观性的一面。将风险评估交由专家理性和科学标准的做法，有助于减少风险决策过程中的不确定性，从而提高决策理性。但风险规制中成本和收益的对象往往为不同性质的利益，并非总能在科学的框架下比较。衡量规制的行为的经济成本与环境或健康的潜在收益的过程，无法脱离共同体应该怎样生活、不同风险间应如何取舍等价值判断。这使得环境风险规制中的风险同样有主观性的一面。

（二）主观风险：风险沟通

对于强调风险主观性的学者而言，前述范式是一种错误的风险评定路径。这种路径并不能为风险可接受性的判断提供足够的合法性支持。风险公众沟通范式下，风险社会是一种复合了政治、经济、文化等社会条件的情境，而风险则是这种情境下社会所建构的话语。风险规制则是专家和公众运用各自掌握的关于风险的

---

[1] 于文轩、牟桐：《论环境民事诉讼中"重大风险"的司法认定》，载《法律适用》2019年第14期。

事实和知识进行交涉、反思和选择的过程。[1] 这里所说的关于风险的知识，既包括专家所掌握的科学知识，也包括公众所掌握的价值知识。又由于风险知识是社会建构的产物，所以专家的科学知识和公众的价值知识间仅有类型上的差异，并不存在效力上的高低。风险公共沟通范式的支持者强调，由于科学在认识论的局限性，风险评定的过程难免受到价值判断的影响。而面对决策过程政治化与行政机关自由裁量权的扩张，片面强调科学的"客观性"反而会遮蔽真正影响决策的意识形态与价值冲突，忽略人们为什么会接受一种风险而拒绝另一种。[2]

风险的科学评估以概率的统计理论为基础，而概率的统计这种对随机事件中偶然事件的理解又依赖于长时间经验事实的积累。但在对新技术的风险评估中，潜在危害的可能性与严重性均缺乏经验事实。若是在风险评估中强调科学的确定性，一旦意料之外的危害发生，不可避免地会动摇民众对整个规制体系的信心。[3] 以风险规制领域的经典案例欧洲疯牛肉案为例。1982年英国出现第一例牛海绵状脑病（俗称疯牛病）后，英国乃至整个欧共体委员会相信了索思伍德工作组根据"最佳可得技术"得出的报告，认定该病不会对人类产生威胁。但在1996年人们发现变异型克雅式病可能与接触带疯牛病的牛肉产品有关。疯牛病风险规制的失败使得欧洲人此后对食品加工技术格外敏感，并对政府进行食品安全规制的有效性持保守态度。[4]

---

〔1〕 戚建刚：《风险规制过程合法性之证成——以公众和专家的风险知识运用为视角》，载《法商研究》2009年第5期。

〔2〕 [英]伊丽莎白·费雪：《风险规制与行政宪政主义》，沈岿译，法律出版社2012年版，第12页。

〔3〕 Weimer, M., "The Origins of 'Risk' as an Idea and the Future of Risk Regulation", *European Journal of Risk Regulation* (*EJRR*), 8: 1, 2017, pp. 10–17.

〔4〕 季卫东、程金华：《风险法学的探索：聚焦问责的互动关系》，上海三联书店2018年版，第247—248页。

强调主观风险的风险公众沟通这一范式，直面了环境风险的不确定性对传统教义结构的冲击问题。该范式认识到了以科学术语进行论证这种变不确定为确定的方法，虽然能够一定程度上减少风险规制面临的批评，但终究不是治本之策。毕竟不确定性的存在本身就是对科学结构论证能力的质疑。而对于风险的不确定性与规制中确实存在的价值判断，确实需要更多的公众参与以支持规制的合法性。但公众对于风险同样存在偏好，其注意力更容易被损害的结果所吸引，却对发生的概率视而不见。[1]这使得风险公众沟通这一范式在实践中容易导致过度规制的状况。而如果采取的措施是不必要的，抑或规制的成本高出了生态可能遭受的损害，只会带来更大的次生风险。社会资源的有限性与规制对象的潜在价值，使得风险规制同样需要遵循规律的客观性。

(三) 跨越两分：良好公共行政

前两种范式将客观与主观的两分法作为分析风险规制的起点，以良好公共行政为切入点的第三派学者则主张超越这种界分。英国学者伊丽莎白·费雪提出，前两种范式的根本分歧在于认为对方对于技术风险的描述是对真相的曲解，但事实上这两种范式看到的都是风险真相的一个侧面。而这两种范式最大的问题在于仅将法律视为工具，并将法律在决策中的作用边缘化。忽略了法律作为风险决策的情境，其提供的法律术语与体系逻辑同样塑造了风险决策，并需要承担塑造良好公共行政的责任。[2]

传统的公共行政秉持管理主义的进路，将行政的公共性理解

---

〔1〕 [美] 凯斯·R. 桑斯坦：《恐惧的规则——超越预防原则》，王爱民译，张延祥校，北京大学出版社2011年版，第25—31页。

〔2〕 [英] 伊丽莎白·费雪：《风险规制与行政宪政主义》，沈岿译，法律出版社2012年版，第21—46页。

为脱离政治的中立,强调工具理性的实现与行政效率的提高。[1]但20世纪中叶以来,公共行政学逐渐展开了价值理性的反思,如何让社会追求的公平正义价值得以实现成为良好公共行政的目标。[2] 以此为背景,环境风险规制的争议被还原为公共行政途径选择的分歧,即"理性—工具"模式与"商谈—建构"模式的争论。前者将风险行政解释为立法机关的工具,执行立法机关划定的规制任务与权责分配。通过利益代表制等制度严格按照程序进行风险规制。后者则要求风险行政需要更灵活地行使自由裁量权,但这也要求裁量过程更广泛地引入多元主体进行持续性的商谈,同时在复审时进行实质性的反思。[3]

要实现良好公共行政,就需要将上述两种模式进行整合,由各个法律辖区基于自身政策起点的不同,进行规制工具的选择。这种整合并不仅是一个工具性的规则,更形成了一种深厚的文化现象。即便是有着共同法律传统的英国和美国,其公共行政的表现也大不相同。虽然英国在学术上对于行政权和司法权的分离由来已久且著述甚多,但实践中的权力划分并不分明。相反英国在进行公共行政的过程中并不清晰划分行政权与司法权,而体现于法律与政策等因素的复合;[4] 而美国作为真正符合孟德斯鸠权力制衡构想的国家,司法权和行政权对抗这一根深蒂固的传统,使得其公共行政合法性的争论主要体现于法院的

---

[1] 张雅勤:《行政公共性:理论本源与中国逻辑》,载《社会科学研究》2021年第1期。

[2] 丁煌、张雅勤:《从"科学"到"哲学":西方行政学价值研究的新发展》,载《行政论坛》2014年第5期。

[3] 黄新华:《风险规制研究:构建社会风险治理的制度体系》,载《社会治理》2016年第2期。

[4] 刘显娅:《从行政法角度质疑英国政府的三权分立》,载《甘肃社会科学》2009年第4期。

司法审查。[1] 不同的法律文化下，公共行政呈现不同的特征。而一些学者以良好公共行政的观念审视我国的环境规制，提出了当前的规制失灵源于过度依靠理性—工具范式，却忽略了社会多主体的参与和商谈，所以需要加强商谈—建构模式的内容来修正既有的决策进路的建议。[2]

追求良好公共行政的学者看到了环境风险在社会规制中兼具主观性和客观性的特点，在跨越了成本收益分析和风险公众沟通两种范式局限的情况下力图将其统合进法律文化中。这种做法看到了法律作为决策情境的非工具作用，但法律具体应当依循何种进路促进两者的对话与融合语焉不详。尤其是在彼此竞争的不同公共行政模式中如何取舍？不同模式背后体现的法律文化如何形成？特定法律文化下应当如何引导或优化规制模式的选择？法律文化并非环境风险法律规制最终的答案，而恰恰是后续问题的开始。

四 利益平衡范式的诠释

新旧范式间的转化，并不排斥彼此解决的问题有重合的部分，只是存在关键性的差异。这个转化的过程，即是将原有的材料置于不同的框架中，从而形成新的关系结构。[3]

（一）环境风险的利益维度

利益平衡，指在特定利益格局下，通过法律的权威来协调各

---

[1] 刘晗：《美国宪法的内在特性：制度结构、法律教义与宪法文化》，载《比较法研究》2014年第5期。

[2] 杜辉：《挫折与进路：风险预防之下环境规制改革的进路选择》，载《现代法学》2015年第1期。

[3] [美]托马斯·库恩：《科学革命的结构》，金吾伦、胡新和译，北京大学出版社2003年版，第77—79页。

方面的冲突因素，促成各方主体利益相对和平共处的方法。[1] 利益平衡范式也就围绕三个分析对象：一是利益格局的表现形式；二是各方面的冲突因素；三是促成利益均衡的方法选择。该范式的诠释，即是从前两者的因，推导到第三者的果的过程。而能否将现实的问题还原为利益格局下各主体间的利益冲突，也就成为利益平衡范式能否适用的前提。

风险兼具利益与负担的两面性，为利益平衡范式的适用提供了前提。利益，指能满足特定主体需要，对其有积极利益的因素。而风险本是社会需要控制与规避的事物。在这个意义上，风险和通常认知中的利益存在差异。但风险不同于危险，结构上呈现利益与负担兼而有之的特征。传统的危险是客观世界提供给社群整体的共同问题，如台风、海啸等自然灾害。而风险则是人们在通过技术提高了社会安全程度后，对既有安全的状态被颠覆的焦虑。这不仅使得风险更隐蔽，更意味着风险本身是由人在实现共同目标后进一步的选择所造成的。带来环境风险的行为往往受经济利益或其他类型的环境利益驱动，如火力发电站与核电站的存废都会存在不同的环境风险，也会带来相应的社会收益。这使得环境风险呈现利益与负担兼而有之的两面性特征。

环境风险两面性作用的对象不一致，造成了风险决策时的利益冲突。由于环境风险源于共同目标实现后社群为进一步提高整体收益而作出的选择，环境风险带来的利益与负担间存在错位的状况，[2] 即风险制造者和风险承担者的身份往往并非同一主体。作为风险制造者的政府和企业为实现其利益目标制造环境风险，该风险带来的利益或许对于社群利大于弊，但该风险带来的负担

---

[1] 冯晓青：《论利益平衡的原理及其在知识产权法中的适用》，载《江海学刊》2007年第1期。

[2] Bergkamp, L., "The Paris Agreement on Climate Change: Risk Regulation Perspective", 7 (1) *European Journal of Risk Regulation* 35, 41 (2016).

却并不在社群中平等分配。距离环境风险建设项目更近的公众天然承担更大的风险。风险带来的收益由社群整体共享,但负担却由社群成员中的个体承担。这种风险制造者与风险承担者分离的状况使得环境风险决策事实上是一个风险分配的过程。这种分配造就了不同利益主体间的利益冲突与博弈,并形成了新的利益格局。而如何让各主体对于风险博弈的程序及其形成的利益格局满意,并减小利益格局形成后相关主体的冲突,就成为利益平衡范式的目标。

环境风险法律规制中风险的分配格局下风险决策者与风险承担者之间的冲突,也可以被理解为特定利益格局下的不同主体间的利益冲突,从而可从利益平衡的角度诠释。利益平衡作为范式来描述环境风险规制的猜想具备了可能性。但这种可能性一定程度上源于利益这个概念的宽泛性。开放性的理论架构能够通过扩充解释来吸纳诠释各种事实,但也容易模糊理论间的差别,使得框架单薄而不固定。[1] 理论解释能力的提高可能伴随的是其应用能力的下降。所以在解决了利益平衡范式这一猜想的可能性问题后,后续的推演变成了其差别性与必要性的论证。对此,需要以利益失衡为基点,分析利益平衡的进路所具有的优势。

(二)利益博弈的结构失衡

诠释的推演,即是以利益平衡的视角将问题重新描述。在既往的各种范式中,环境风险法律规制面临的问题是认知分歧的结果。公众与政府对于风险的感知方式不同,因而形成了不同的风险知识。何种风险知识应当居于主导地位?还是由法律促成两种知识的结合成为既有范式的推演路径。而在利益平衡范式下,面临的问题表现为环境风险的特殊性影响了利益的博弈方式,使得

---

[1] [美] 柯文:《在中国发现历史——中国中心观在美国的崛起》,林同奇译,社会科学文献出版社 2018 年版,第 36 页。

传统程序无法协调相关主体的利益冲突。简言之，环境风险的特殊性使得风险制造者与承担者之间在利益博弈时出现了结构性失衡。

环境风险科学上的不确定性，形成了阻碍风险承担者参与风险决策的科学壁垒，使得风险承担者缺乏与制造者博弈的能力。环境风险的规制依赖科学的评估和论证，而科学评估的专业性限制了公众参与风险决策的充分程度。以张某某等人诉江苏省环境保护厅行政许可案为例，该案中镇江供电公司在计划双井变电站建设时编制了环境影响报告表，而根据《环境影响评价法》第16条中将建设项目环境影响分级的规定，建设项目可分为可能造成重大环境影响、可能造成轻度环境影响和对环境影响较小三类，分别编制环境影响报告书、环境影响报告表和环境影响登记表。[1] 同时根据该法第21条的规定，仅有环境影响报告书需要进行听证会、论证会等公众参与程序。[2] 张某某等人认为该项目地处人文遗迹和居民聚集区，应当适用环境影响报告书的审批程序。最终法院驳回了张某某等人的诉求，但在判决书中建议环境行政主管部门加强环境信息公开与和公众沟通。[3] 这一方面体现了司法裁判者在面对风险承担者诉求时的人文关怀；但另一方面也反映了风险承担者在既有的行政程序中未能充分参与的现实。

科学壁垒阻碍了作为风险承担者的公众对决策的充分参与，但作为壁垒合理性来源的科学却不见得客观中立。[4] 反之，规

---

[1]《环境影响评价法》第16条。
[2]《环境影响评价法》第21条。
[3] 张某某等诉江苏省环境保护厅环境影响评价行政许可案，江苏省高级人民法院二审判决书，[2015] 苏环行终字第00002号。
[4] Van Asselt, M. B., "Engaging with Risk and the Risk of Engagement", 8 (1) *European Journal of Risk Regulation* 67, 71 (2017).

制活动中的科学评估比起一般的科学研究更易受到风险制造者诉求的影响。首先,利益相关方的诉求会影响论证的方向。现代规制决策所依据的科学信息往往由利益相关方提供。而在利益相关方委托进行的研究活动中,往往存在预设的研究结论。这种以证明或接近特定结论为导向的思维会影响研究者的研究过程,也就降低了科学结论本应具备的中立性与客观性。其次,规制中的科学活动具备时限性的特征。由于规制活动的科学评估往往需要在一定时限内得出答案,而不能将暂时无法解答的科学问题搁置给未来。特定时空中信息采集能力的局限,使得不可避免地会出现信息采集不充分的状况。[1] 这种信息不充分又放大了专家倾向对论证的影响,构成了规制科学与一般科学的差异。以2020年的深圳湾环评事件为例,深圳湾航道疏浚工程的环评报告中甚至出现"本项目不会对湛江湾现有红树林造成不利影响""是落实湛江市国民经济与社会发展'十三五'规划的体现"等明显错误。而这样一篇在评估深圳湾建设项目环境风险时出现了35次"湛江"的报告,却出自中国科学院南海海洋研究所这一得到国家授权的权威研究机构,并直至第三次挂网公示时才被市民发现涉嫌抄袭。[2] 可见专家与科研机构的资质并不能保证评估报告的科学性。

当专家论证与科学评估成为个别风险制造者倾轧风险承担者的护身符,各地的建设项目也就出现了环境信息"一公开就死"的困局。因为当程序不能提供各利益主体间互动的帮助时,放任

---

〔1〕 洪延青:《藏匿于科学之后?规制、科学和同行评审间关系之初探》,载《中外法学》2012年第3期。

〔2〕 童克难:《谜之深圳湾航道环评事件,背后隐藏了哪些真相?》,澎湃新闻,https://www.thepaper.cn/newsDetail_forward_6736007,最后访问日期:2020年12月9日。

实力不对等的各利益主体自行博弈，反而会使程序的参与者更愤怒。[1] 环境风险法律规制的框架下各主体有参与博弈的机会，却不具备平等博弈的能力。此时的利益博弈存在环境敲诈的嫌疑，[2] 即风险制造者利用风险承担者的弱势地位将环境风险强加于他们，却以自由市场或经济补偿来掩盖这种不正义。尤其在环境风险法律规制甚至难以达成科学上"确定性"标准的情况下，科学评估不能独立支撑环境风险决策的合法性，也注定需要风险承担者的认同。如此种种，就需要我们对症下药调整环境风险法律规制的框架，让风险制造者与风险承担者博弈的程序成为促进和解而非引发矛盾的契机。这个吸纳各利益主体的参与并赋予其平等博弈的能力的过程，也就是利益平衡的过程。

五 结论

环境风险法律规制面临实践中的诸多非议，而这些非议最终可以化约为风险规制者对于规制后风险的"可接受性"判断是否合理的问题。由于环境风险本身具备科学不确定性的特征，这个可接受性就不可能是科学上可控的范围，而是行政规制的过程使得社会对规制剩余的风险进行了"可接受"的判断。

风险作为特殊性质的利益所具备的两面性特征，使得其潜在收益的获得者与损害可能性的承担者存在错位，进而形成环境规制时风险制造者与风险承担者间利益诉求相冲突的结构性矛盾。在利益冲突中，风险制造者与规制者借助科学壁垒相较于风险承担者居于强势地位。而规制科学与传统科学在研究前预设结论的

---

[1] ［美］伊森·凯什、［以色列］奥娜·拉比诺维奇·艾尼：《数字正义：当纠纷解决遇见互联网科技》，赵蕾、赵精武、曹建峰译，法律出版社2019年版，第103—109页。

[2] 赵岚：《美国环境正义运动研究》，知识产权出版社2018年版，第142—143页。

导向性和研究过程的时限性上都存在差异，这使得这种风险博弈中的强势地位极易被滥用进而导致利益失衡。利益博弈力量的不对等与博弈结果的不公正嫌疑使得环境风险规制的决策难以得到风险承担者在程序内的认可。而形式上参与、实质上旁观的状况只会迫使风险承担者寻求体制外的非常规救济渠道。所以风险博弈中利益平衡的关键不在于如何通过实体的公式计算追求利益分配的"唯一正解"，而在于如何通过规范涉及使得程序的参与者能够真正获得博弈的能力。

我国环境立法体系化研究*

韩睿**

党的十八大以来，生态文明理念成为新时代中国建设的重要指导思想之一，环境立法地位的重要性日渐上升。随着《民法典》的编纂与颁布，法学界掀起了一场体系化的热潮。全国人大常委会2021年度立法工作计划中明确提出，要研究启动环境法典、教育法典、行政基本法典等条件成熟的行政立法领域的法典编纂工作。对于发展迅速的新兴法律领域而言，环境立法的体系化既能够整合已有的环境立法，又为未来环境立法工作设置安全轨道，是环境立法从稚嫩走向成熟、实现法典化不可或缺的历程。

一 环境立法体系化概述

（一）环境立法体系化的内涵

"法是人的行为的一种秩序。一种'秩序'是许多规则的一个

---

* 基金项目：本文系中国法学会环境资源法学研究会"环境法典研究（2018—2020）"招标项目"中国环境立法体系化路径研究"（项目编号：2018K20826）的阶段性成果。

** 韩睿，清华大学法学院博士研究生。

体系。法并不是像有时所说的一个规则,它是具有那种我们理解为体系的统一性的一系列规则。"[1] 因此,法律体系是一个由法律规范构成的体系。[2] 环境法律体系,亦即"环境立法体系",则是一个由环境法律规范构成的体系。所谓体系化,则是如何实现体系的一种动态的追求过程。孙宪忠教授指出:"民法体系一词,在民法学中基本上没有太大的争议,它指的是民法的各种规范和制度,依据民法自身的逻辑所形成的内在和谐统一的系统。……民法上的规范群体数量巨大。这个庞大的民法规范群体是按照科学的逻辑形成的一个统一而且和谐的整体,并不是像一麻袋土豆一样无关联地堆积在一起。民法科学自古以来就在研究和讨论着庞大的民法规范的体系化问题,尤其是民法规范、制度、体系及其逻辑这些基本问题。"与民法相似,由于环境问题涉及的范围广泛复杂,环境法律规范的数量也十分庞大。为避免这些环境法律规范散乱堆积,体系化成为环境法学研究的重点内容。

"环境法的体系化是一项阶段性的立法工程。"[3] 这实际上是为体系化提供基础材料,即环境法律规范。通过针对不同的环境问题进行立法,可以填补环境立法体系中的空白,实现环境立法体系的完整性,这是形成体系的基础前提。但正如前所述,仅有充足的环境法律规范尚不足够,只有通过有逻辑有秩序的方式将其排列整合才能形成内部融贯性的环境立法体系。因此,形成统一的逻辑成为实现体系化的手段。环境立法体系化因此需要在形成一致的价值理念的前提下,在同一方法论的指导下整合现有的

---

[1] 参见[奥]凯尔森《法与国家的一般理论》,沈宗灵译,中国大百科全书出版社1996年版,第1页。

[2] 参见钱大军、卢学英《论法律体系理论在我国立法中的应用》,载《吉林大学社会科学学报》2010年第4期。

[3] 鄢德奎:《中国环境法的形成及其体系化建构》,载《重庆大学学报》(社会科学版)2020年第6期。

环境法律规范，进行新的立法活动。

（二）我国环境立法体系化的限制因素

自1979年《环境保护法（试行）》发布以来，40多年来，我国环境立法已初步形成了以宪法中有关环境保护的规定为统帅，以环境保护法为基础，以污染防治法、自然资源法、生态保护法等环境单行法为骨架，以其他法律中的环境保护规定为辅助的相对完整的环境立法体系。在大量立法快速形成的同时，环境立法的快速发展也给其体系化整合带来了困难。首先，我国环境立法具有问题导向的特征，这使得环境立法的门槛较低，一切生态环境问题的出现都有可能触发新的环境立法。回顾我国环境法的发展历程可以看出，早期的环境法主要以污染防治法的形式出现，随着"环境"概念范围的扩大以及新的环境问题的出现，自然资源法与生态保护法也被纳入环境法的范畴之内。不断更新的环境法律领域给环境立法体系化的整合增加了难度。新类型环境问题的出现可能导致新领域的环境法律的产生，无疑会给原有的环境立法体系带来冲击，使其随时处于变动的风险之中。

其次，我国环境立法的部门化倾向严重，各类型环境单行法之间的联系被割裂，总体上呈现碎片化的状态。2011年10月发布的《中国特色社会主义法律体系》白皮书中并没有将环境法作为一个独立的部门法，而是将环境法的主要内容拆分，将污染防治法纳入行政法的范畴，将自然资源法纳入经济法的范畴，而与生态保护相关的《自然保护区条例》《水土保持法》《自然灾害救助条例》等则分别散落于各个部门法中。与这一划分结构相对应，各部门下的环境主管机构不同，污染防治工作主要由环境行政主管部门负责，而自然资源的利用与保护则由自然资源行政主管部门展开。尽管均属于环境法的范畴，都以实现环境保护为最终目的，但二者工作的侧重点仍有区别。污染防治的目的在于减少污染物的排放，自然资源保护则通过提高资源利用率实现，二者之间难以进行有效的互动。因此，为实现各自的工作目标，不同的环境机关在立法上各司其职，更加剧了环境立法的碎片化。此外，对于兼具应当受到保护的环境要素与应当提高利用效率的自然资源两种熟悉的调整对象而言，例如水、野生动物等，不同部门机构的立法之间容易产生冲突或重叠，反而不利于相关法律的落实。

由此可见，要对现行的环境法律进行体系化整合，需要从两个方面入手。一是明确环境法律体系的主要内容，通过内容的界定来弥补问题导向式立法带来的变量，将新的环境问题纳入现有法律体系。二是调整环境法律的划分方法，对环境法律进行科学分配，避免环境立法的碎片化、矛盾化与重复化。

二 环境立法体系化的主要内容

在法学学科中，体系的基本特征都是由诸多个体（规范）形成的统一秩序，秩序的类型取决于素材的属性和体系的建构目的。[1] 利益法学的代表黑克认为一个完整的体系应当由表现规范秩序的外部体系与践行价值理念的内部体系共同构成。[2] 从表现形式上来看，无论是作为搭建外部体系的规则还是体现内部体系的原则，最终都需要通过规范的形式得到认可，才得以诉诸实践。因此，环境立法体系的主要内容指的是环境法范畴下的规范的有机集合。环境立法的体系化形成具体表现为个

---

[1] 参见谢鸿飞《民法典的外部体系效益及其扩张》，载《环球法律评论》2018年第2期。

[2] 参见方新军《融贯民法典外在体系和内在体系的编纂技术》，载《法制与社会发展》2019年第2期。

体的环境法律规范基于各自的属性和环境立法的内在价值而形成的逻辑自洽的规则秩序,需要从调整范围与价值优位两个方面加以明确。

(一)环境立法体系的调整范围

根据"环境立法体系"的表述,环境立法体系化的主要内容应当涵盖现行以及未来所有的环境法律规范。现行的环境法律规范存在三种表现形式:(1)环境保护的综合性法律,如《环境保护法》;(2)环境或资源保护相关的专门性法律,如《大气污染防治法》《土地管理法》等;(3)散见于部门法中的环境法律规范,如《宪法》第9条有关自然资源权属的规定、《民法典》中关于环境侵权的规定以及《民事诉讼法》中关于环境公益诉讼的规定等。无论是环境保护的综合性法律还是专门性法律,都以独立于其他法律的形式存在,无疑应当纳入环境法律规范的范围。值得注意的是,散见于部门法中的环境保护法律规范,在内容上与环境立法的目的一致,在形式上已隶属其他立法体系,其应当纳入环境立法体系的论断并非不证而立。一方面,这些零散的环境法律规范作为其他法律体系的组成部分再纳入环境立法体系不利于整个法学体系的融贯性;另一方面,某些零散的环境法律规范也在环境立法体系中起着重要作用,如环境公益诉讼制度的有关规定是环境实体法在司法中得到适用的重要途径之一。

事实上,出现这一现象的原因在于近年来法律体系内部公私混合的趋势。不仅环境法这一新兴学科中存在这一矛盾,在诸如民法等传统部门法中也无法在自身体系中实现所有规范的闭环。即便是在历经了法典编纂过程的民法领域,仍有部分相关规范因具有较强的公法性质而滞留于民法典之外,如《民法典》第58条第2款规定,法人成立的具体条件和程序,需要依照法律、行政法规的规定；《企业法人登记管理条例》则对企业法人的登记进行了详细的规定。对于环境法而言，环境问题的出现是刺激环境法出现的诱因，环境法也因此必须对环境问题作出回应。[1]而导致环境问题出现的人类活动通常不是一次简单的民事或行政行为，而是一系列的公私混合的各个领域的行为共同导致的结果，这便使环境法的法律性质模糊难辨，且具有领域法的特征。在环境立法体系尚未成熟前，大量重要的环境法律规范不得不借助其他法律加以表达。基于环境法的领域法特征，对不同领域法律行为的环保规制是未来环境法预防和控制环境问题的必然之势。随着零散环境法律规范的增多，许多具有共同凝聚力的零散规范也可以相互吸引成为独立的法律。例如，"中国从20世纪50年代起就开设了自然保护区，但并未就自然保护区的建设和管理作出规定。从1979年颁布第一部《环境保护法（试行）》开始，中国在有关土地、海洋、森林、野生动植物资源保护管理等法律法规中对自然保护和自然保护区作出了一些原则性的规定……直至1994年，为履行生物多样性保护的国际义务，加强自然保护区的建设和管理，保护自然环境和自然资源，国务院制定了《自然保护区条例》（2017年修正）"。因此，虽然将散见于其他法律中的环境法律规范作为环境立法体系的内容可能会导致其与其他法律体系间的冲突，但从环境立法体系化的最终目的出发，对于其中发挥重要作用的规范（如环境侵权救济）仍然应当作为环境立法体系的主要内容，同时应通过环境立法体系化的技术手段实现将这些规范从其他法律体系中抽离独立的目标。

除了表现形式外，环境法的调整范围还由其调整对象所决定。传统法学理论通常认为法律的调整对象是人的行为或基于人的行

---

[1] 参见[美]理查德·拉撒路斯《环境法的形成》，庄汉译，中国社会科学出版社2018年版，第2页。

为而形成的社会关系。马克思曾指出:"对于法律来说,除了我的行为以外,我是根本不存在的,我根本不是法律的调整对象。我的行为就是我同法律打交道的惟一领域,因为行为就是我为之要求生存权利,要求现实权利的惟一东西,而且因此我才受到现行法的支配。"[1] 张文显教授亦认为,法律是通过影响人们的行为而实现对社会关系的调整。[2] 孙国华教授则进一步将其表述为"人与人的关系中的意志行为"[3]。"从本质上来看,法律是特定情境的产物,法律必须回应其旨在规范的行为或活动的性质。一些法律领域聚焦于法律规则本身……另一些法律领域则首先必须适应某些固有的事实和影响法律的整个外部环境,这些事实或外部环境决定了法律旨在规范的问题和相关人类活动的性质。……环境法显然属于后者,属于与外部性高度相关的法律类别。"[4] 简言之,相较于沉浸在"社会环境"中追求逻辑闭环的传统部门法,环境法的形成、运行与发展都离不开作为载体存在的"自然环境"。因此,关于环境法的调整对象,有学者提出与传统法学理论相左的意见。蔡守秋教授认为,环境法调整的是法学意义上的"环境",亦即一种公众共用物。[5] 所谓公众共用物指的是不特定多数人(即公众)可以自由、直接、非排他性享用的东西,[6] 是一种"公众利益"。公众对此类利益所享有的权利和承担的义务来

---

[1]《马克思恩格斯全集》(第1卷),人民出版社1956年版,第16—17页。

[2] 张文显:《法哲学范畴研究》(修订版),中国政法大学出版社2001年版,第60—61页。

[3] 参见孙国华、朱景文主编《法理学》,中国人民大学出版社1999年版,第229页。

[4][美]理查德·拉撒路斯:《环境法的形成》,庄汉译,中国社会科学出版社2018年版,第2页。

[5] 参见何跃军、陈淋淋《人与自然是生命共同体——"环境法中的法理"学术研讨会暨"法理研究行动计划"第十三次例会述评》,载《法制与社会发展》2020年第2期。

[6] 蔡守秋:《公众共用物的治理模式》,载《现代法学》2017年第3期。

源于人与自然的关系,是对马克思主义理论的一项重要解读。[1]换言之,环境法的调整对象已经超越了人与人之间的关系,转型为人与自然的关系。吕忠梅教授则进一步指出,"环境"作为人类生产和发展的物质、空间、时间载体,与传统法理中的"物"的概念相似相关但不相同。传统法理下"物"的概念的出现是为了调整人与人之间的关系,而环境法中的"环境"概念,则是为了解决"人—自然—人"之间的关系。[2]自然成为环境法调整对象中必不可少的一部分。然而,值得注意的是,从法理视角观之,权利义务的调整机制决定了环境法所调整的必然是主体之间的关系,不可能是主体与抽象客体之间的关系。[3]王树义教授认为,"环境法的调整对象,依然应当是人的行为,或者说作为人之行为结果的社会关系。只不过这种社会关系被特定在人与自然界相互作用的领域里因人的行为或活动而形成的人与人之间的关系。"[4]从行为的视角出发,无论是人与人的关系、人与自然的关系抑或人与人之间关于自然的关系,法律所能够调整的只能是人的行为,人之外的一切动物、植物、环境要素乃至整个生态系统的行为都遵循自然规则,而不受法律规则的控制。归根结底,环境法的调整对象是与环境保护有关的人的行为。由此,需要进一步明确的便是环境立法体系化语境下的"环境"概念以及"与环境保护有关"的边界如何。

---

〔1〕 参见蔡守秋《人与自然关系中的伦理与法》(上卷),湖南大学出版社2009年版,第49—82页。

〔2〕 参见何跃军、陈淋淋《人与自然是生命共同体——"环境法中的法理"学术研讨会暨"法理研究行动计划"第十三次例会述评》,载《法制与社会发展》2020年第2期。

〔3〕 何跃军、陈淋淋:《人与自然是生命共同体——"环境法中的法理"学术研讨会暨"法理研究行动计划"第十三次例会述评》,载《法制与社会发展》2020年第2期。

〔4〕 王树义、桑东莉:《客观地认识环境法的调整对象》,载《法学评论》2003年第4期。

《环境保护法》第 2 条规定,本法所称环境,是指影响人类生存和发展的各种天然的和经过人工改造的自然因素的总体,包括大气、水、海洋、土地、矿藏、森林、草原、湿地、野生生物、自然遗迹、人文遗迹、自然保护区、风景名胜区、城市和乡村等。这一规定明确了环境的法律概念,根据所列举内容的特征可以将其分为环境要素、自然资源与生态空间三类。从环境法的立法进程来看,"环境"概念的范围呈扩大趋势。"自然资源"作为人类生存和发展的重要物质资料,最早进入环境立法视野之中。早在先秦时期便有关于生产与保护、开发与抚育自然资源的基本思想,中华民国时期也存在《渔业法》(1929 年)、《森林法》(1932 年)、《狩猎法》(1932 年)、《土地法》(1930 年)等自然资源相关立法,中华人民共和国成立以后,1954 年《宪法》中便确立了自然资源权属制度,并在水土保持、森林保护、矿产资源保护等方面制定了若干纲要和条例。[1] 1972 年首届联合国人类环境会议于瑞典首都斯德哥尔摩举行,参加完此次会议后,我国政府对环境保护有了新的认识,如何实现环境要素的污染防治工作成为这一时期环境法的重要内容。这意味着"环境"概念的法律范畴从自然资源扩大至环境要素,污染物的概念也随之产生。随着工业化的推进,环保事业越来越受到重视。《大气污染防治法》《水污染防治法》《环境保护法》等都相继进行了修订。2007 年党的十七大报告中提出了要建设生态文明,2012 年党的十八大报告中更是强调"必须树立尊重自然、顺应自然、保护自然的生态文明理念,把生态文明建设放在突出地位,融入经济建设、政治建设、文化建设、社会建设各方面和全过程",标志着生态文明理念的诞生。生态文明理念,指的是人类遵循自然生态规律和社会经济发

---

[1] 参见汪劲《环境法学》(第四版),北京大学出版社 2018 年版,第 39—40 页。

展规律,为实现人与自然和谐相处及以环境为中介的人与人和谐相处,而取得的物质与精神文明成果的总和;是指以人与自然及人与人和谐共生、良性循环、协调发展、持续繁荣为基本宗旨的文化伦理形态。[1]生态文明理念的出现对环境资源法律的基本理念带来了新的发展。[2]其中"空间均衡"和"山水林田湖是一个生命共同体"的新理念的出现使得以"生态空间"为保护对象的自然保护地立法备受关注。而受新冠肺炎疫情的影响,生态安全立法也成为环境立法的重点对象。

随着这些新的立法趋势的出现,环境立法体系的内涵外延日益扩大,但必须警惕的是,这些新兴的甚至传统的法律是否真的属于环境立法体系?以核能利用为例,一方面,核能作为一种清洁能源,其开发利用是践行环境保护的一种方式,核安全事故的发生也会对环境造成不可逆的巨大影响;另一方面,核能的开发利用也可以缓解能源短缺、居民日常用能不足的危机,对维持社会稳定和维护国家安全亦至关重要。核能利用行为不是单纯以保护环境为目的,其所实现的环境保护效果本质上是其为实现能源安全和国家安全所带来的环境效益。此外,即便是在传统的环境法领域亦存在类似矛盾。"环境法的监管前提与自然资源保护法的监管前提是截然不同的。绝对的财产权观念下对自然资源的所有权构成了政府可以全权处理自然资源提取和拨款事项的请求权基础;而环境法的规制前提挑战了而不是接受了绝对财产权观念,许多环境保护法的核心规制前提是主权国家享有的警察权力。"[3]

---

[1] 蔡守秋:《生态文明建设的法律和制度》,中国法制出版社2017年版,第1—2页。

[2] 蔡守秋:《生态文明建设的法律和制度》,中国法制出版社2017年版,第52—72页。

[3] 参见[美]理查德·拉撒路斯《环境法的形成》,庄汉译,中国社会科学出版社2018年版,第53页。

事实上，由于自然环境是人类生存活动的基石，一切人类活动（包括法律行为）都离不开环境、都可能对环境带来或好或坏的辐射效益。因此，单单以是否与环境保护相关来判断某一法律能否被纳入环境立法体系在本质上不具有较大的参考价值。人们在社会经济活动中因从事与环境有关的活动而形成的环境社会关系广泛而复杂，并不是所有的环境社会关系均需要也可以纳入环境法的调整范围。[1] 在环境立法体系化的过程中须得为其内容设立边界，[2] 只有以环境保护为直接目的的法律才能被纳入环境立法体系化的主要内容。

（二）生态整体性保护价值的优位选择

1. 生态整体性优先保护价值的两个方面

随着人与自然关系认知的不断加深，生态整体性保护成为20世纪后半叶以来各国环境资源法治实践的发展方向和建设重点，[3] 是法典化和体系化的主要目标之一。生态整体性优先保护价值包括横向和纵向两个方面。一是横向上对既有行政区划限制的突破，这是生态整体性保护优先于行政区划管辖的表现。从环境自身特点出发可以发现，大多数环境要素具有自然性和流动性。例如，受不同地区气温和气压的影响，大气始终在进行着各类水平或垂直运动，其流动并不以法律上界定的地理区域为界，也不存在一种能够人为完全控制大气流动的机制存在，其运动具有很强的自由性。再例如，早在人类出现之前，水流便已存在。根据地势的不同，受重力等各种自然因素的影响，水资源在分布上亦受自然

---

[1] 吕忠梅：《环境法回归 路在何方？——关于环境法与传统部门法关系的再思考》，载《清华法学》2018年第5期。

[2] 参见刘长兴《论环境法法典化的边界》，载《甘肃社会科学》2020年第1期。

[3] 巩固：《环境法典自然生态保护编构想》，载《法律科学》（西北政法大学学报）2022年第1期。

规律调整，人类活动虽然可以对其进行适当调整，但仅能以利用的方式对其进行改造，完全的阻断河流等行为要么会导致河流枯竭或改向，要么会引发洪水等自然灾害。这种人力不能完全左右的自然规律正是生态环境具有整体性，可以自发进行调节的体现。为适应这一特点，环境保护工作的开展必须尊重各类要素自然规律，以环境要素为中心，突破行政区划的限制，按照要素区域或流域进行协同保护。

二是纵向上对单类环境要素保护的突破，即以空间为单位，统筹保护同一空间内的各类环境要素，这是生态整体性保护优先于各行政部门权限的体现。实际上，纵向突破是在横向突破，即以要素为依据进行管理的基础上的再一次整体升华。所谓生态系统的整体性，除要遵循生态系统内部各要素的自然规律外，还应当考虑生态系统内部各要素之间的相互规律。工厂向水体排放的污染物在水流经土地时可以通过渗透的方式进入土壤，从而导致土壤污染；水体和土壤污染则可能进一步导致水生生物和植物的死亡或污染的进一步传播，生物多样性的破坏和污染物在食物链中的积累则又会将污染后果作用于人类。这种要素间相互影响的特性使得生态环境的保护无法只关注某一类要素而不顾对其他要素的影响。因此，为实现更好的、更高效的生态环境保护结果，以生态环境部为例，其内部的大气环境司、水生态环境司、土壤生态环境司等各要素环境保护部门应当相互联合，统筹规划，以生态整体性保护为目标协同开展环境保护工作。

2. 生态整体性对环境立法的新要求

生态整体性的特点对于环境立法提出了较高的要求。首先，在传统的污染防治法领域，环境要素之间的相互关联性要求在一定程度上突破传统的分要素监管的方法，注意不同要素之间污染物的迁移。例如，大气和水污染物会通过淋洗、转移、沉降等作用进入土壤之中，因此土壤污染防治必须和大气污染防治、水污染防治相互连接，实现对污染物的跨要素监管。正因为如此，《土壤污染防治法》第 28 条规定："禁止向农用地排放重金属或者其他有毒有害物质含量超标的污水、污泥，以及可能造成土壤污染的清淤底泥、尾矿、矿渣等。县级以上人民政府有关部门应当加强对畜禽粪便、沼渣、沼液等收集、贮存、利用、处置的监督管理，防止土壤污染。农田灌溉用水应当符合相应的水质标准，防止土壤、地下水和农产品污染。地方人民政府生态环境主管部门应当会同农业农村、水利主管部门加强对农田灌溉用水水质的管理，对农田灌溉用水水质进行监测和监督检查。"

其次，在生态保护法领域，贯彻生态整体性优先保护价值则要求在开发利用活动中加强生态保护，以生态单元为单位展开立法活动。在这一方向上，新出台的《长江保护法》是其中的典型例子。《长江保护法》第 1 条规定了该法的立法目的，即"为了加强长江流域生态环境保护和修复，促进资源合理高效利用，保障生态安全，实现人与自然和谐共生、中华民族永续发展，制定本法"。第 4 条规定了长江流域协调机制，即"国家建立长江流域协调机制，统一指导、统筹协调长江保护工作，审议长江保护重大政策、重大规划，协调跨地区跨部门重大事项，督促检查长江保护重要工作的落实情况"。除了《长江保护法》之外，未来要制定的《国家公园法》等保护地立法也需要进一步贯彻这一价值。

最后，在自然资源法领域，虽然立法尚未进行全面的更新，但是相关规范性文件和政策性文件已经在进行更新。2017 年 3 月 24 日国土资源部发布的《自然生态空间用途管制试点方案》中指出，环境保护工作应当坚持尊重自然顺应自然保护自然、发展和保护相统一、绿水青山就是金山银山、空间均衡、山水林田湖是一个生命共同体等理念；应当坚持统筹兼顾原则，综合考虑省级层面宏观管控和市县层面微观管理的双重需求，加强上下联动；做好各相关改革措施间的衔接，强化部门协作，形成改革整体合力。2019年5月23日中共中央、国务院发布的《中共中央、国务院关于建立国土空间规划体系并监督实施的若干意见》中从规划整合的角度强调了以"空间"为单位践行"山水林田湖是一个生命共同体"理念，开展生态环境保护活动的重要性。

三 环境立法体系化的划分方法

除调整范围的不统一外，对现行环境法主要教材分编的设置进行整理归纳可以发现，如何对环境立法体系化的主要内容进行划分，学术界亦存在不同的观点（见下表）。

环境法主要教材分编结构一览表

教材信息	分编结构
韩德培：《环境保护法教程》（第八版），法律出版社	自然资源保护法（包含了水土保持和防沙治沙的法律规定、保护特殊自然区域的法律规定、节约能源和可再生能源的法律规定、保护城乡环境和农业环境的法律规定）；污染防治法；环境责任法（包括行政责任、民事责任和刑事责任）；国际环境保护法
金瑞林：《环境法学》（第四版），北京大学出版社	环境污染防治法；自然资源保护法（包含能源及其立法、特殊区域环境保护法）；国际环境法
蔡守秋：《环境资源法教程》（第三版），高等教育出版社	环境污染防治法；自然资源法；生态保护建设法（包括野生动物保护法、野生植物保护法、自然保护区法、自然遗迹和人文遗迹保护法、水土保持法、防沙治沙法、防洪法、抗震法、城乡规划建设法）；环境资源民事责任；环境资源刑事责任；国际环境法

续表

教材信息	分编结构
吕忠梅：《环境法》（第二版），高等教育出版社	环境污染防治法；生态保护法（包括环境要素资源保护法、特殊区域和生物多样性保护法）；环境法律责任（包括民事、行政、刑事责任和专门环境法律责任）；环境侵权救济；国际环境法
周珂：《环境法》（第五版），中国人民大学出版社	环境污染防治法；生态环境保护法（包括生物资源保护法、非生物资源保护法、生态空间保护法）；国际环境法基础
汪劲：《环境法学》（第四版），北京大学出版社	污染控制法（包括环境污染防治法、物质循环与化学物质环境风险管理法、能量危害防除法）；自然保护法（包含自然地域保护法在内）；环境责任法（环境损害救济法、环境公益诉讼、危害环境犯罪制裁法）；中国与国际环境法
黄锡生、史玉成：《环境与资源保护法学》，重庆大学出版社	自然资源保护法；环境污染防治法；生态保护法；国际环境法
曹明德：《环境与资源保护法》（第二版），中国人民大学出版社	环境污染防治法；自然资源保护法；生态保护法（包括野生动植物保护法、自然保护区法、风景名胜区和文化古迹保护法、水土保持和荒漠化防治法）；国际环境法
罗丽：《环境法教程》，中国法制出版社	污染防治法；自然保护法（包括生态保护法、自然资源法）；物质循环管理法（包括循环经济促进法、清洁生产促进法、节约能源法、可再生能源法、废弃电器电子产品回收处理管理条例）；环境责任（包括环境行政、刑事、民事责任和环境公益诉讼）；国际环境法
孟庆瑜、徐以祥：《环境资源法概论》，高等教育出版社	环境保护法论（包含了环境法律责任与环境公益诉讼、污染防治具体法律规定）；自然资源与生态保护法论（其中关于野生动植物保护的法律规定与关于自然保护区的法律规定属于生态平衡维护与生态环境改善法）；国际环境法论

续表

教材信息	分编结构
王社坤：《环境法学》，北京大学出版社	污染防治法（包含了清洁生产与循环经济促进法）；生态保护法（包括野生生物保护法、特殊区域保护法、水土保持与防沙治沙法）；自然资源法；国际环境法
张璐：《环境与资源保护法学》（第三版），北京大学出版社	污染防治法；自然资源法；特殊区域保护法

可见，我国学术界对环境立法体系内容的划分标准并不统一。其中，污染防治法作为特色最为鲜明的环境法律领域，内容体系争议最小，只是在是否应当包含清洁生产与循环经济促进法上意见不一。国际环境法虽然在教学视角下是环境法的重要组成部分，但从立法体系化的角度来看，国际环境法的内容可以且需要通过立法技术借助国内法的形式加以表达，因而不作为环境立法体系化的关注重点加以考量。相对而言，自然资源法、生态保护法与环境责任法不仅对环境立法体系具有重要的支撑作用，而且在各自内容的确定上具有较大的争议，尤其以自然资源法与生态保护法的划分为最。二者的矛盾主要体现在野生动物资源保护法的归属上，要解决这一矛盾必须要厘清自然资源法与生态保护法的调整范围，进一步而言，需要统一划定自然资源法与生态保护法调整范围的标准。

具体而言，《野生动物保护法》第1条规定了该法的立法目的，即"为了保护野生动物，拯救珍贵、濒危野生动物，维护生物多样性和生态平衡，推进生态文明建设，制定本法"。根据该条，《野生动物保护法》的立法目的系维护生物多样性和生态平衡，即保障国家的生态安全。基于此，有学者以立法目的为标准划定环境立法子体系的调整范围，将其与自然保护地相关立法、《防沙治沙法》《水土保持法》等共同作为生态安全法的组成部分。

另一部分学者则系以调整的法律关系作为划分各个子体系的标准。法律关系理论起源于康德的哲学理念，被萨维尼正式引入法学体系，并将其内容抽象概括为权利与义务。[1] 萨维尼之后，法律关系理论逐渐被一些法哲学或法理学家（例如托恩、比尔林、鲁道夫·施塔姆勒）以及少数以法律关系作为专题研究的学者（例如彭莎尔特）所继承和发展，[2] 成为法理学的重要研究内容。传统的法律关系理论以权利义务为内容，强调权利义务之间的对等性。张文显教授指出，"法律关系是以权利和义务为内容的社会关系。法律关系，一般说来，从一个人看是他的'权利'，从另外一个人看就是一种'义务'"[3]，即"权利与义务之间是相互对应的，若某人拥有某种权利，那么，另外的人就需要承担相应的义务"[4]。然而，仅仅将权利义务作为法律关系理论的全部内容会使很多本属于法律调整的社会关系被排除在法律领域之外，[5] 法律关系理论在整个法学界的应用也会受到限制。耶鲁大学教授霍菲尔德对传统法律关系理论提出了质疑，他指出，"法律关系"并不

---

〔1〕 参见朱虎《法律关系与私法体系——以萨维尼为中心的研究》，中国法制出版社2010年版，第1页。

〔2〕 参见唐晓晴、陈怡《法律关系理论的传播脉络与争议焦点》，载《国家检察官学院学报》2019年第5期。

〔3〕 张文显主编：《法理学》（第五版），高等教育出版社2018年版，第153页。

〔4〕 陈锐：《法律关系内容的重构：从线性结构到立体模型》，载《法制与社会发展》2020年第2期。

〔5〕 陈锐：《法律关系内容的重构：从线性结构到立体模型》，载《法制与社会发展》2020年第2期。

属于"基本法律概念"的范畴,[1] 他对人们把所有法律关系都约化为"权利"与"义务"的观点提出了批评,他认为这将成为人们清晰表述、深刻理解以及正确解决法律问题的最大障碍之一。[2] 为解决这一问题,霍菲尔德将法律话语中混乱无序的权利概念概括为极具逻辑性的几组概念(即权利以及其对应和相反状况)并做成两个清晰的图:[3]

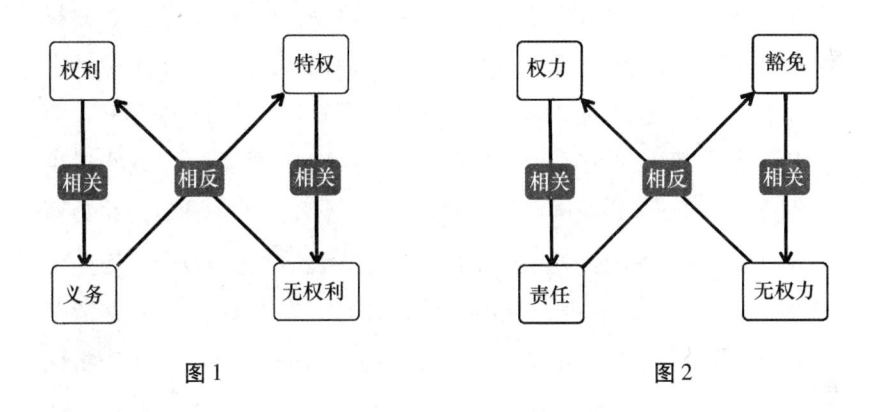

图1　　　　　　　　　　图2

图1系霍菲尔德从权利这一基本法律概念出发,寻求到与之相对应的义务、特权、无权利三个重要法律概念,并基于此建立了"针对行为上的法律关系";图2则反映了一种"针对法律关系的法律关系"。[4] 霍菲尔德认为,"权利"与"特权"及其相连的"义务"与"无权利"是属于第一层次的基础范畴,它更多的是属于一种意志与行动自由的内容而"权力"与"豁免"及其相连的

---

[1] 参见陈运生《一个二元性权利的分析体系——对霍菲尔德权利理论的一种解读》,载《公法研究》2008年第1期。

[2] 参见[美]霍菲尔德《基本法律概念》,张书友译,中国法制出版社2009年版,第53页。

[3] See Wesley Newcomb Hohfeld, *Fundamental Legal Conceptions as Applied in Judicial Reasoning and Other Legal Essays*, Yale University Press, 1923, p.65.

[4] 参见林孝文、金若山《从法律概念中探寻法律关系——霍菲尔德法律关系理论研究》,载《湘潭大学学报》(哲学社会科学版)2013年第4期。

"责任"与"无权力"则属于第二层次的范畴,它更多地依赖于第一层次的行为与自由而产生,是对第一层次意义上"权利"的基础上而形成的"法律关系"的一种考察。[1] 科克里克对霍菲尔德的理论进行了修正,科克里克认为霍菲尔德的最大缺陷在于未能厘清法律关系与法律事实这两个基本概念的区别,从而导致对立关系与相关关系两个表格中有一半的内容都与法律关系无关。[2] 据此,他进一步推出否定性的关系(即无权利—无义务、无权力—无责任)不是法律关系的观点,并总结认为只存在两种基本的法律关系:即权利(claims)与权力(power)。[3] 科克里克的理论又引发了大量美国法学家就法律关系理论的探讨,这些讨论经凯尔森(Hans Kelsen)等法理学家的阐释后日益深刻,并转而影响大陆法系各国。[4] 圣彼得堡大学公法学教授科库诺夫(N. M. Korkunov)在19世纪末出版的《法的一般理论》中非常清楚地展示了俄罗斯法学与欧洲法学的这种紧密关系。[5] 苏联法学视域下的法律关系理论得到了一定的发展,从仅用于私法领域的特殊法律关系理论上升为可用于所有部门法的普遍法律理论。[6] 我国法律学界基本上继承了苏联法学的法律关系理论,认为法律关系是在法律规范调整社会关系的过程中所形成的人们之间的权利

---

〔1〕 参见陈运生《一个二元性权利的分析体系——对霍菲尔德权利理论的一种解读》,载《公法研究》2008年第1期。

〔2〕 See Albert Kocourek, "The Hohfeld System of Fundamental Legal Concepts", 1 *University of Illinois Law Review* 15, 39 (1920—1921).

〔3〕 唐晓晴、陈怡:《法律关系理论的传播脉络与争议焦点》,载《国家检察官学院学报》2019年第5期。

〔4〕 参见王涌《法律关系的元形式——分析法学方法论之基础》,载《北大法律评论》1998年第2期;王涌:《权利的结构》,载郑永流主编《法哲学与法社会学论丛》(第4卷),中国政法大学出版社2001年版,第243—245页。

〔5〕 唐晓晴、陈怡:《法律关系理论的传播脉络与争议焦点》,载《国家检察官学院学报》2019年第5期。

〔6〕 参见陈锐《法律关系内容的重构:从线性结构到立体模型》,载《法制与社会发展》2020年第2期。

和义务关系。[1]

在野生动物保护方面，首先，根据《宪法》第9条，"矿藏、水流、森林、山岭、草原、荒地、滩涂等自然资源，都属于国家所有，即全民所有；由法律规定属于集体所有的森林和山岭、草原、荒地、滩涂除外。国家保障自然资源的合理利用，保护珍贵的动物和植物。禁止任何组织或者个人用任何手段侵占或者破坏自然资源"以及《野生动物保护法》第3条第1款"野生动物资源属于国家所有"的规定可知，从调整对象上来看，野生动物资源与土地资源、水资源等都属于国家所有的自然资源。其次，尽管《野生动物保护法》第二章作出了大量关于野生动物栖息地保护的规定，但总体而言，第二章野生动物及其栖息地保护、第三章野生动物管理与第四章法律责任中关于"野生动物分级分类保护"（第10条）、"禁猎区、期以及特许猎捕证的取得"（第20条、第21条、第22条、第23条、第24条、第45条、第46条）、"为科研或相关目的利用野生动物"（第25条、第40条）、"人工繁育饲养野生动物"（第26条、第47条）以及"生产、出售、购买、利用野生动物制品"（第15条第3款、第27—37条、第39条、第44条、第48条、第49条、第50条、第51条、第52条、第55条）的规定构成了《野生动物保护法》的主要内容，更是《野生动物保护法》如何实现合理利用野生动物资源的具体体现。易言之，尽管存在生态保护的部分内容，但《野生动物保护法》的主要调整对象系调整对野生动物资源进行利用的权利与义务的法律，即调整野生动物资源利用法律关系，这与其他自然资源法的调整对象（自然资源利用法律关系）相一致。因此，根据调整的法律关系，部分环境法学者将《野生动物保护法》与《水法》《土地管理法》等共同作为自然资源法的组成部分。

---

[1] 张文显：《法理学》，高等教育出版社2003年版，第131页。

从我国法学理论的发展历史来看，由于深受苏联法学的影响，相较于立法目的，法律关系相比于其他概念在法的一般理论中更具有代表性，法律关系在法律概念体系中具有基础性地位。[1] 早期部门法的划分亦以具有"独立的调整对象"和"特有的调整方法"作为判断一种法律现象是否可以成为一个独立法律部门的标准。[2] 其中，"独立的调整对象"即独立的法律关系是不同部门法内容间相互区隔的依据。尽管随着领域法理论的兴起，主客观相一致的判断标准逐渐取代苏联模式下"独立调整对象"+"特有调整方法"的区分标准，但在民法典的制定过程中，法律关系仍然是选择民法典调整范围的一种重要思路。谢鸿飞教授指出，民法典的调整范围可以按照法律关系将社会关系分为人和物的关系和人与人的关系，后者的模型包括两个人之间的关系、任何人和任何人之间的关系、三个人之间的关系。[3] 由此可见，"法律关系"在确定法律调整范围的过程中始终占据主要地位。

就环境法本身的立法情况而言，受生态系统的整体性、协调性特征和以保护生态环境为共同根本目的的影响，环境立法体系内的各个单行立法在立法目的上可能有所交叉，例如《森林法》第1条规定，为了践行绿水青山就是金山银山理念，保护、培育和合理利用森林资源，加快国土绿化，保障森林生态安全，建设生态文明，实现人与自然和谐共生，制定本法。该条明确规定了《森林法》的立法目的包括保护、培育和合理利用森林资源与保障

---

〔1〕 参见雷磊《法的一般理论及其在中国的发展》，载《中国法学》2020年第1期。

〔2〕 参见李艳芳《论生态文明建设与环境法的独立部门法地位》，载《清华法学》2018年第5期。

〔3〕 参见谢鸿飞《民法典的外部体系效益及其扩张》，载《环球法律评论》2018年第2期。

森林生态安全，同时符合"以合理利用自然资源"为目的的自然资源保护法以及以"保障生态安全"为目的的生态安全法的要求，这使得仅依据立法目的划分各个子体系调整范围不具有可行性。由此可见，环境立法体系化的实现仍然应当将法律关系作为环境立法体系主要内容的划分标准。

除不同子体系调整范围的划分标准外，如何进行环境责任法的内部设置也是环境立法体系化过程所需要重视的一项重要内容。从教材的设置来看，环境责任法的内部分歧在于除传统的环境民事责任、环境行政责任和环境刑事责任分类外，是否存在单独的环境法律责任。吕忠梅教授认为，除传统的三种法律责任形式外，专门的环境法律责任有可能也有必要存在[1]。"专门环境法律责任特指违法者对其环境违法行为所应承担的专门由环境法律规范所规定的不利的法律后果。这种专门责任来源于特定的环境法律义务，代表了环境法律对环境违法行为的否定性评价。并且不同于根源传统法律责任类型的环境民事责任、环境行政责任和环境刑事责任，其本身具有不可替代性。"[2] 换言之，传统的法律责任类型并不一定能够完全涵盖所有的环境法律责任形式。以生态环境修复责任为例，2015年1月最高人民法院颁布施行了《关于审理环境民事公益诉讼案件适用法律若干问题的解释》，明确了生态修复责任的法律地位。2017年12月中共中央办公厅、国务院办公厅印发的《生态环境损害赔偿制度改革方案》中提出要"通过在全国范围内试行生态环境损害赔偿制度，进一步明确生态环境损害赔偿范围、责任主体、索赔主体、损害赔偿解决途径等，形成相应的鉴定评估管理和技术体系、资金保障和运行机制，逐步建立

---

[1] 吕忠梅：《环境法》（第二版），高等教育出版社2017年版，第190页。
[2] 吕忠梅：《环境法》（第二版），高等教育出版社2017年版，第190页。

生态环境损害的修复和赔偿制度，加快推进生态文明建设"[1]，将生态环境修复责任作为一种承担环境法律责任的重要方式。尽管在一系列政策文件的推动下，生态环境修复责任已在司法中开展了大量实践，但学术界关于生态环境修复责任的法律性质莫衷一是。持恢复原状说的学者认为，生态环境修复责任可以被民事责任中的"恢复原状"所涵盖，这一观点也在立法和司法上得到了的认可。就立法而言，《民法总则》草案一审稿第8章第160条民事责任中曾规定了"恢复原状、修复生态环境"责任形式，王利明教授对该条的解释为"现在生态环境更加被重视，也是21世纪我们面临的共同挑战，民法应该承担相应的功能。草案增加了恢复原状、修复生态环境的责任方式，从而承担起必要的维护环境、保护生态的义务。"[2] 然而，在二审稿以后的草案及通过的正式法律中只保留了"恢复原状"的责任形式，"修复生态环境"被删除。[3] 这一修改反映了立法者在认定生态环境修复责任性质上持保守态度，仍将其作为恢复原状的一种类型。就立法而言，最高人民法院2014年发布的《关于审理环境民事公益诉讼案件适用法律若干问题的解释》第20条规定："原告请求恢复原状的，人民法院可以依法判决被告将生态环境修复到损害发生之前的状态和功能。无法完全修复的，可以准许采用替代性修复方式。"有学者指出，"从该条规范所表达的含义上来看，生态环境损害赔偿诉讼中的修复生态环境责任仍属于民事责任。且囿于司法解释的法律渊源位阶和性质，司法解释无权创设法律责任。可以说，在生态

---

[1]《中共中央办公厅、国务院办公厅印发〈生态环境损害赔偿制度改革方案〉》，中国政府网，2017年12月17日，http://www.gov.cn/zhengce/2017-12/17/content_5247952.htm。

[2] 参见蒲晓磊《民法总则草案十大亮点解读》，中国人大网，2016年6月28日，http://www.npc.gov.cn/zgrdw/npc/xinwen/lfgz/2016-06/28/content_1992355.htm。

[3] 李挚萍：《生态环境修复责任法律性质辨析》，《中国地质大学学报》（社会科学版）2018年第2期。

环境损害赔偿诉讼案件中,修复生态环境责任是为了实现维护受损生态环境的诉讼目的而对恢复原状责任的具体化。"[1]

更多的学者,尤其是环境法学者则持相反的观点,认为生态环境修复责任与恢复原状的民事责任存在根本的区别。《民法典》第1234条和第1235条的规定实际上是按照"普通法+特别法"的方式创设了一种新型责任方式及救济机制,而不是对传统侵权责任的简单拓展,二者具有本质差别。[2]一方面,从形式上来看,虽然生态环境修复责任在司法实践中作为民事责任中"恢复原状"的一种形式,但其责任判断标准、责任内容、履行方式等,都与民法上的"恢复原状"大相径庭,更多体现的是环境法的整体主义思维、风险预防和公众参与原则、技术与法律的协同等理念和制度,因而"修复生态环境"是违反环境法、造成生态环境损害的法律责任形式。[3]另一方面,从内容上来看,"作为侵权责任承担形式的'恢复原状',并不是恢复环境的原状,而是恢复受害人受损财产的原状,显然'环境'并非民法上的'财产',因此不能将'恢复原状'简单等同于'修复环境'。在实践中,恢复环境原状往往是一种行政制裁手段,而非受害人直接享有的权利"[4]。此外,还有学者以土壤修复责任为例,从性质的角度分析认为,"土壤修复责任属于公法责任而非私法责任"[5],因此,更难以为作为民事责任的恢复原状所吸收。由此可见,现行法律责任体系无法

---

[1] 吴一冉:《生态环境损害赔偿诉讼中修复生态环境责任及其承担》,载《法律适用》2019年第21期。

[2] 吕忠梅:《民法典绿色条款的类型化构造及与环境法典的衔接》,载《行政法学研究》2022年第2期。

[3] 吕忠梅、窦海阳:《修复生态环境责任的实证解析》,载《法学研究》2017年第3期。

[4] 侯佳儒:《生态环境损害的赔偿、移转与预防:从私法到公法》,载《法学论坛》2017年第3期。

[5] 胡静:《污染场地修复的行为责任和状态责任》,载《北京理工大学学报》(社会科学版)2015年第6期。

通过解释的方法涵盖所有的环境法律责任。因此，环境立法体系化过程中不能一味依赖传统的法律责任划分理论，需要在此基础上结合环境保护的特点发展出能够在环境法律体系内部实现逻辑自洽并与其他法律责任相协调的专门环境法律责任。这既是法律自身发展的一种表现，又能体现生态环境保护的特殊性，通过有针对性的责任方式更有效率地实现生态环境保护的目的。

四 结语

随着环境立法工作的积极推进，我国环境立法在内容上已粗具规模，具备较为庞大的环境立法内容体系，但依然面临着结构上的缺陷，陷入"只见形态，不见骨骼"的状态。在追求环境立法现代化的背景之下，实现环境立法的体系化是当前环境立法工作的中心。立法模式的问题导向倾向与部门法界限清晰的特征是我国环境立法体系化的两大限制因素。环境立法体系化的实现要首先明确立法体系的主要内容，一是界定清晰的环境立法调整对象；二是遵循以生态整体性保护为优位的价值理念。科学合理的划分方法也是减少今后环境立法工作上出现矛盾、重复的方式，对环境立法体系化具有重要意义。

《环境保护法》第 65 条中环评机构"负有责任"的认定[*]

王社坤 侯善钦[**]

一 问题的提出

自 2012 年开启生态文明体制改革以来，环保立法进入新一轮的调整优化时期，将加大环境违法行为制裁力度作为重要的修法方向和内容。在这种立法思路指导之下，2014 年修订的《环境保护法》（以下简称《环保法》）第 65 条规定：环境影响评价机构（以下简称"环评机构"）、环境监测机构以及从事环境监测设备和防治污染设施维护、运营的机构，在有关环境服务活动中弄虚作假，对造成的环境污染和生态破坏负有责任的，除依照有关法律法规规定予以处罚外，还应当与造成环境污染和生态破坏的其他责任者承担连带责任。之后 2016 年和 2018 年两次修正的《环境影响评价法》（以下简称《环评法》）加大了对环评机构违法行为的行政处罚力度；2021 年的《刑法修正案（十一）》更是将环评机

---

[*] 本文为国家社科基金项目"第三方环境服务的法律规制研究"（22BFX204）成果。

[**] 王社坤，法学博士，西北大学法学院教授。侯善钦，西北大学法学院硕士研究生。

构提供虚假环境影响评价文件规定为一种犯罪行为。至此，形成了针对环评机构的完整的法律责任体系。

虽然 2015 年实施的《最高人民法院关于审理环境侵权责任纠纷案件适用法律若干问题的解释》第 16 条对环评机构弄虚作假的情形进行了列举，但是总体上看《环保法》第 65 条规定中"提供环境服务过程""弄虚作假""负有责任""其他责任者"等关键字词的含义都存在程度不同的不明确性，这也为环评机构环境侵权连带责任条款的司法适用带来了困扰，尤其"负有责任"的判定规则更是模糊不清。

本文将通过对环评机构环境侵权连带责任条款司法实践的梳理和相关裁判文书的分析，归纳既有环评机构环境侵权连带责任条款的司法适用中"负有责任"认定中存在的问题，进而提出相应的完善建议。

二 司法实践中环评机构"负有责任"认定的缺失

本文在裁判文书网以"《环境保护法》第 65 条"作为法律依据进行检索，共查到 11 份裁判文书（时间截至 2022 年 2 月 14 日）；通过北大法宝网站查阅《环保法》第 65 条的"联想案例"，得到 29 份裁判文书（时间截至 2022 年 2 月 14 日）。两个检索平台共计检索到 40 份裁判文书。之后，对 40 份裁判文书进行了逐一甄别，去除了"法院认为"部分未出现《环保法》第 65 条的裁判文书 25 份，以及不涉及环评机构的刑事判决书 9 份、原告撤回对环评机构诉讼请求的民事裁判文书 1 份。最终，本文识别出 6 个适用环评机构环境侵权连带责任条款的司法案例作为本文的分析对象，案情简介、争议焦点及裁判结果等信息如下表所示：

6 个适用环评机构环境侵权连带责任条款的司法案例的基本情况

序号	名称	基本案情	争议点	裁判结果
1	绿发会诉湖北理工学院等环境侵权案〔2019〕宁03民初9号	湖北理工学院是涉案水库建设项目的环境影响评价机构。在水库建设前期环评报告的编制过程中,尽管进行了实地调查,但出于故意隐瞒或重大过失,环评机构没有将施工地点存在废旧烟囱的客观事实写进环评报告,致使水库建设项目环评报告被通过。水库建成运营后废旧烟囱浸泡在水中,对水质有造成污染的重大风险	环评机构是否实施了弄虚作假行为	环评机构构成弄虚作假,应当承担连带责任
2	童某某与贵州高速公路集团有限公司等侵权责任纠纷案〔2018〕黔0181民初4029号	本案被告中海环境科技公司中标后承接环保验收调查服务。由于施工过程中存在工程开挖,大量泥土堆放在路基下,而本案案涉地块就在施工堆放泥土下方,施工方仅在泥土堆场一侧修建了一条简易排水沟,直接通向案涉地块,而排水沟底已被雨水冲坏。案涉地块内有数十平方米的地面被冲刷下来的泥浆覆盖	原被告的争议焦点为中海环境科技公司是否属于第三方环境服务机构	法院认为其并非施工单位,也不是环评制作单位、环保设施施工或监理单位,其工作主要是开展环保验收调查服务、指导监理单位完成监理总结报告编制、协助发包人完成项目环保工作总结,并非《环保法》所指的服务机构,其也没有在提供服务时弄虚作假,原告要求其承担连带赔偿责任没有法律依据

续表

序号	名称	基本案情	争议点	裁判结果
3	孙某某、夏某某环境污染责任纠纷案〔2020〕辽11民终4号	20名原告均是盘锦市中华路建设项目的滨河小区段道路两侧居民，现20名原告以二被告及第三人违反法律规定，对其造成环境空气损害、噪声损害，并造成房屋减值为由，要求二被告及第三人对其损失进行赔偿	环评机构（盘锦市绿色环境发展服务中心）是否实施了弄虚作假行为	法院认为没有充足的证据证明环评机构实施了弄虚作假行为
4	李某、王某技术咨询合同纠纷案〔2019〕冀05民终2262号	被告华北、东北、西南电力设计院为工程环境影响报告书编制单位，华北电力设计院按标段承担原告所处地点线路段环境影响评价工作。后环保部认定工程环境保护手续齐全，工程竣工环境保护验收合格。本案所涉线路为晋中一石家庄段，该线路边导线从原告现住所旁经过，距原告最近点水平距离约168米，原告房屋向北为耕地，东北方向约200米处，原告现有种植蔬菜大棚，该线路边导线跨越原告蔬菜大棚西北角上空	环评机构是否实施了弄虚作假行为	法院认为环评机构通过上级行政部门审批就意味着没有弄虚作假等不法行为

《环境保护法》第 65 条中环评机构"负有责任"的认定

续表

序号	名称	基本案情	争议点	裁判结果
5	冯某等诉生态环境部案〔2018〕京行终 4934 号	冯某以金铭公司排放污水致使大女儿罹患白血病去世为由,先后提起一审、二审、再审。均被驳回后,对相关建设项目的环评批复申请行政复议,结果被维持,后又向原环保部提出"查处廊坊环科所神华工贸环评不负责任""查处北大、环科院廊坊金铭公司环评粗制滥造"的申请。原环保部审查后,作出被诉答复。冯某不服提起行政复议,原环保部经同级复议,作出被诉复议决定,维持了被诉答复。冯某不服,提起行政诉讼	环评机构是否实施了弄虚作假行为	上级行政机关的复查结果显示,不存在证据证明环评审批存在违法问题。法院便支持复查结论,以无创设新义务为由驳回原告提起的行政诉讼
6	绿发会诉南阳市环保科研所等环境侵权案〔2020〕豫民终 51 号	原告绿发会主张,被告环评机构忽视建设项目所在地的省级文物,编制的环评报告严重失实,违反《建设项目环评分类管理名录》的规定,降低评价标准,构成环评弄虚作假,应承担连带责任	环评机构是否实施了弄虚作假行为	原告列环评机构为被告的行为属于错列被告,应驳回该部分诉讼请求

除绿发会诉湖北理工学院等环境侵权案外,其余 5 个案件中法院要么不认为环评机构构成弄虚作假,要么认为被告不属于《环保法》第 65 条规定的第三方环境服务机构,因此并未对环评机构是否"负有责任"进行实质性判断。只有在绿发会诉湖北理工学

院等环境侵权案的判决书中，法院对如何认定责任构成要件作出了详细的解释，以下将其作为典型案例进行分析。

本案中，湖北理工学院是建设项目的环境影响评价机构，在水库建设前期环评报告的编制过程中，将建设项目周边环境描述为荒草土地，没有把"施工地点存在废旧烟囱"这一事实写进报告，更没有评估废旧烟囱对环境的影响程度。吴忠市水务局、水投公司明知废旧烟囱的存在，依然施工，审批部门也未加阻止，使得建设项目顺利通过审批。建设完成后，水库投入使用，废旧烟囱浸没在水中，为水质埋下安全隐患，故社会公益组织绿发会以自己名义起诉建设项目的建设方、环评方和审批方，请求消除危险，并就已经产生的污染危险承担损害赔偿责任。[1]

法院认为本案争议焦点在于：其一，废旧烟囱的性质。原告认为该物体显而易见地存在于水库中，当然是污染因子，对水质产生很大影响。湖北理工学院则认为涉案物体不属于烟囱，本质上是砖制建筑，并非环境污染敏感点。其二，有无损害后果。各方通过多次对水质进行检测，证明了水库中的水没有受到污染。且在案件审理过程中，被告主动拆除了烟囱，此后水质更无受到污染之可能。双方的争议焦点实质上是危险是否可以被视为一种环境损害后果，具有可罚性。其三，环评机构是否实施了弄虚作假行为。原告认为，环评机构不在环境影响报告表中对废旧烟囱进行描述的行为，具有过错和违法性，构成遗漏关键信息类弄虚作假，是严重不负责任的表现。被告则认为因所谓"废旧烟囱"不具有环境危害性，故不描述行为符合行业惯例，不属于弄虚作假。

针对上述焦点，审理法院首先对废旧烟囱的性质进行认定，将水位线以下的废旧烟囱认定为潜在的、应及时清除的污染源。

---

〔1〕 参见吴忠市人民法院民事判决书，〔2019〕宁03民初9号。

《环境保护法》第 65 条中环评机构"负有责任"的认定

然后依据环境公益诉讼举证责任倒置的规则,将存在弄虚作假事实的举证责任分配给被告环评机构来负担。接着,对有无发生实际环境损害后果作出认定。根据环境监测机构出具的水质检测报告,认定水质没有遭受实际污染,但制造了环境风险也可以作为损害后果。随后,才对环评机构是否实施了不法行为进行认定。依照《环评法》等相关规定,湖北理工学院有对潜在风险作出科学评价的义务,违反义务构成不负责任。最后,审理法院认为湖北理工学院出具的环评报告与水库水质潜在风险直接相关,理应承担责任。在确立环评机构承担责任之后,才分析建设单位和审批部门的责任。

通过对法院裁判说理过程的分析,可以发现法院着重论证了两个问题:第一,涉案废旧烟筒所制造的水污染风险可以视为一种损害后果;第二,环评机构没有在环评中识别出烟筒这一敏感点是不负责任的,构成《环保法》第 65 条所谓的弄虚作假。随后法院在仅仅确认存在"前因"弄虚作假和"后果"环境风险的情形下,就得出结论"烟囱对水库水质造成潜在风险,与湖北理工学院环境影响评价报告有直接的关系",缺乏对弄虚作假与环境损害后果之间的因果联系的实质性判断,也即忽略了对《环保法》第 65 条所要求的"负有责任"的判断。

从该案来看,法院将对环评机构弄虚作假行为的判定等同于对"负有责任"的判定,只要认定了弄虚作假就等同于认定了"负有责任"。虽然尚无其他案例佐证,但是从环境侵权司法解释只对弄虚作假进行了解释,而不解释"负有责任"也可以看出这应当是司法实务界的主流意见:无须对"负有责任"进行单独判断,认定弄虚作假即可推定"负有责任"。

司法实践中"负有责任"判断的缺失,反映出在环评机构环境侵权连带责任的认定中更多地承袭了其政策功能,而缺乏对此种政策选择背后的法律逻辑的分析。事实上,环评机构不是污染者，没有实施污染环境的行为，甚至不出现在实施环境污染的过程之中。其实施的弄虚作假活动，无法直接造成环境损害，必须借助委托机构实施污染的行为才能提供原因力。环评机构在提交环评报告之后就退出了建设项目的过程，环境污染和生态破坏是在之后的建设阶段和运营阶段才被制造出来的。因此，让居于次要责任人地位的环评机构对较长间隔期之后的环境损害后果，承担最为严格的连带责任，必须具有充分合理的理由，才能符合公平价值，避免损害环评行业从业者的积极性。

质言之，在环评机构环境侵权连带责任认定中，为什么要重视对"负有责任"的认定以及如何认定"负有责任"，都需要回归到对环评机构承担连带责任的法律逻辑，即归责基础的厘清。

三 认定环评机构"负有责任"的归责基础

（一）环评机构承担连带责任的政策考量

环评机构环境侵权连带责任法律法规的内容具有强烈的政策导向性，是为遏制环评机构弄虚作假，整治第三方环评服务行业而采取的重拳。环评机构具有经济独立性，经济利益驱使下，部分环评机构忽视环评文件质量，一味追求编制的数量，丧失了应有的科学性和客观性，使环评报告成为不合格建设项目合法化的工具。[1] 2018 年《环评法》修订取消了对环评机构的资质审批监管，[2] 虽从源头解决了资质出借和权力寻租问题，但加剧了环评机构能力水平参差不齐的现象，使原有的监督机制被打破，环评市场环境更加错综复杂，出现了假借环评工程师环评资格的空壳

---

[1] 刘建福、李青松：《环评机构从经济独立到评价独立方法研究》，载《工业安全与环保》2016 年第 3 期。
[2] 《国务院：1 月 1 日起环评资质正式取消！》，搜狐新闻网，https://www.sohu.com/a/336665110_750320，最后访问日期：2022 年 3 月 1 日。

公司，以及环评工程师代签行为，造成环评机构弄虚作假现象愈演愈烈。本应作为环境风险安全阀的环评制度却未能发挥预期作用。[1] 由于行政管控为主的行政责任对环评机构的处罚畸轻，不能有效实现法律的指引和教育功能。因此，在原有行政责任基础上增加民事侵权责任，就是从提高违法成本的角度，遏制环评机构弄虚作假行为频发的现象。

近年来，环评机构环境侵权责任立法活动一直将遏制违法行为作为主线，不断提高环评机构环境侵权的成本，颁布了多项政治第三方环境服务弄虚作假的政策文件，如生态环境部于2016年和2020年，先后针对环境监测和环境影响评价领域，制定惩治弄虚作假的意见，一定程度上影响了相关领域的立法工作。在环评领域，法律和政策具有相同的目标。只有提高环评机构的违法成本，才能使热衷于进行"成本—收益"分析的环评机构克服认知的局限性，[2] 把弄虚作假行为当作不经济即高风险低收益的活动，从而自觉守法，实现整治环评弄虚作假的直接目的。

(二) 环评机构承担连带责任的归责基础探析

法律政策化本身就给出了立法的理由，使法律变成执行政策的工具。但这种解释难以同其他法律规定建立联系进而形成体系。欲为环评机构环境侵权连带责任提供更可持续的操作规则，必须回归法学理论本身。

理论界对环评机构与委托机构是否构成共同侵权存在较大分歧，原因在于采用的认定标准不同。如果采用的构成要件中，包含共同故意、同一损害抑或侵权行为等要素，则双方不成立共同

---

[1] 王社坤：《堵住环评造假，方有环保公信》，环球网，https://opinion.huanqiu.com/article/9CaKrnJz6CJ，最后访问日期：2022年3月12日。

[2] [美] 凯斯·R.孙斯坦：《风险与理性——安全、法律及环境》，师帅译，中国政法大学出版社2005年版，第131页。

侵权。如果只要求客观行为相关联，那么双方在一定程度上成立帮助型共同侵权。[1] 本文支持客观关联的共同侵权，同时认为，共同侵权只是联结双方行为的工具，其核心是利用"共同性"。共同性理论不要求各方当事人均实施了排污行为。只要环评机构为污染者排污创造了条件，提供了帮助，污染者排污的行为就不再是单纯的个人行为，而是共同行为，不论环评机构的行为是否停止。与共同犯罪相类似，一方行为人中止自己行为仍可能既遂，每一个参与者都需要对整体承担责任。

综上，共同侵权理论中的共同性，即双方行为之间的关联性，可以作为环评机构承担连带责任的归责工具。连带责任的关联性体现在四个方面：主观关联、客观关联、主体关联和政策价值关联。[2] 政策价值关联上一节已详细阐述。主体关联与意思自治和责任自负相违，只适用于法有特殊规定的情形，不适用于环评侵权领域。因而下文只需分析主观关联和客观关联。

环评机构和委托机构只在一种情形下构成共同故意，即环评机构明知委托机构提供虚假材料，仍帮助其通过环评审批的情形。此时双方恶意串通，成立传统意义上主观关联的共同侵权。但这种类型占比较小。大部分情况下，环评机构与委托机构不存在事前通谋，因此主观说解释不了这些情形。不能只根据一种情况就得出普适性结论，否则会导致研究过于简单而不能如实地应对社会存在。

客观关联方面，有学者认为环评机构从事环境服务弄虚作假活动违背了社会和公众对其专业能力之期待，同时侵犯了社会和

---

[1] 尤明青：《中国转型时期的环境侵权救济问题研究》，北京大学出版社2017年版，第50—51页。

[2] 阳雪雅：《连带责任研究》，博士学位论文，西南政法大学，2010年。

公众的合理信赖利益。[1] 委托机构建设单位也侵犯了信赖公益，所以环评机构和委托机构侵犯了共同且不可分的信赖关系，构成责任关联。但环评机构实际上没有侵犯公众的信赖利益。不同于证券投资者和律所委托人因相信第三方服务机构给出的专业意见而遭受损失，环评机构与社会公众没有订立合同。环评机构的服务对象是建设单位，而不是整体或个体意义上的社会公众。社会公众并未将自己的一部分利益让渡给环评机构，而是把"对良好环境的享用权"交由行政审批部门行使。环评机构与社会公众分别与不同的对象建立联系，环评机构是与建设单位建立联系，社会公众是同环境主管部门建立联系，环评机构和社会公众之间不属于同一法律关系。公众对行政审批部门才享有信赖利益，更愿意相信环境主管部门作出的审批结论，默认通过审批的环评报告是科学的，所描述的建设项目是安全的。因此，环评机构弄虚作假侵权并未侵犯社会公众的信赖利益，也就无所谓与委托机构共同侵犯之谈。

环评机构与委托机构行为的关联不同于一般观念下的共同实施，彼此之间相互配合。环评机构弄虚作假的行为与委托机构污染环境的行为具有时间上的先后性，环评机构实施弄虚作假在前，委托机构污染环境在后，二者行为不会同时出现。[2] 之所以认为环评机构弄虚作假与委托机构污染环境这两个行为之间存在关联，是因为环评机构在先的评价行为具有专业性，促使建设项目通过环评，并有可能进一步导致委托机构污染环境。

环评机构与委托机构的客观关联还体现在环评机构和委托机构各自对损害后果建立的因果关系具有相当性。环评机构行为与

---

[1] 张式军、王绅吉：《〈环境保护法〉第65条环境侵权连带责任之正当性探究——基于环境责任社会化之视角》，载《山东社会科学》2017年第4期。
[2] 李婷婷：《环评机构环境侵权连带责任法律适用研究》，硕士学位论文，西南政法大学，2018年。

委托机构行为之间具有因果关系，然后根据因果链条的传递性，将环评机构弄虚作假行为的原因力传递到环境损害后果。此种间接因果关系，同委托机构污染环境的直接因果关系都对环境和生态提供了原因力，损害后果同一，因此具有相当性。"共同"需要"一体性"的支持，其实质是具有因果关系。因果关系一体化主要用于解决因果关系不明的问题，应承担连带责任。因果关系不明有两种情况，一种是已知有一个行为人单独造成全部损害后果，但不能查明该行为人究竟为谁，典型如共同危险行为，这种情形显然不符合环评机构和委托机构之间的情形。另一种情况为已知各行为人都对最终的损害后果提供了原因力，但不清楚各自发挥作用的程度。环评机构与委托机构之间符合这种情形，故应承担连带责任。英国还规定协同行动应承担连带责任。所谓协同行动，包括直接侵权、协助或鼓励他人的行为。[1] 环评机构弄虚作假行为就属于一种协助委托机构的协同行为。因此，从比较法的角度也可以为环评机构承担连带责任提供依据。

综上，环评机构承担连带责任的归责基础在于与委托方构成了共同侵权。在环评机构与委托方恶意串通条件下，当然构成共同侵权。但大多数情况下，环评机构与委托方只构成客观行为关联的共同侵权。《环保法》第65条中"负有责任"的认定，实质上就是对环评机构弄虚作假行为与委托方"污染环境、破坏生态"行为的关联性或者说因果关系的判断。[2]

四 环评机构"负有责任"认定规则的构建

环评机构"负有责任"的认定以环评机构在环评过程中弄虚

---

[1] 叶金强：《共同侵权的类型要素及法律效果》，载《中国法学》2010年第1期。
[2] 徐春成：《论环境服务组织的连带责任》，载《河南财经政法大学学报》2016年第4期。

作假为前提。环评机构提供环评服务的最终表现是编制环评文件，而《环评法》《建设项目环境影响评价技术导则》（以下简称《导则》）都对环评文件的内容和格式要求进行了规范。对环评机构是否弄虚作假的认定就转化为对环评机构所编制的环评文件是否符合规范要求的认定。

环评机构在编制环评报告过程中实施的弄虚作假活动通常表现为降低评价标准，缩小影响程度等。2020年9月，生态环境部发布了《关于严惩弄虚作假提高环评质量的意见》（以下简称《意见》），专门列举了环评文件抄袭、关键内容遗漏、数据结论错误和工作过程造假四大类十四种环评机构弄虚作假的典型情形。"环评文件抄袭"是将现有的其他项目或规划的文件拿来直接利用，致使新编制的规划环评报告书、建设项目环评报告表（书）不能如实反映对环境的影响，不能充分发挥环评制度的监督作用。"关键内容遗漏"是对环评文件核心部分发生遗漏，造成环评报告不完整，不能反映项目或规划的风险和影响全貌。"数据结论错误"包括三种情形：第一，篡改最终提交的数据，使不达标数据变为达标。第二，降低环评文件合格标准。第三，降低可行性标准。"工作过程造假"是兜底性规定，包含常见而又难以归类的情形，如伪造公众参与环节、隐瞒实际施工规模、假冒他人签字盖章、基础资料不实等。

行政机关仅关注环评机构是否实施了弄虚作假行为，因此其对环评机构弄虚作假的认定更注重对弄虚作假方式的考量，即通过何种方式实施弄虚作假。至于环评机构对环评文件中哪部分内容进行了弄虚作假，相对通过何种方式进行弄虚作假认定起来更为困难，因此不是行政责任认定的重点考量因素。

环评机构弄虚作假毫无疑问应当承担相应的行政责任，但是并不当然构成《环保法》第65条所规定的"负有责任"。环评机构弄虚作假行为部分的违法性仅受行政制裁，结果部分的严重性才是额外承担连带责任的理由。项目环评文件并不只是环保部门环评审查工作的决策基础，也是环保部门对项目进行事中和事后监督的重要依据。[1] 因此，应重点考察环评机构弄虚作假行为在环境损害结果产生过程中发挥的作用，将其对委托机构实施污染活动提供的原因力作为负有责任的认定对象。

  实践中环评机构弄虚作假行为都违反了法律或技术规范对环评报告某些章节内容的要求，这些内容包括工程信息概况、环境现状调查、环境影响预测、环境保护措施、经济损益分析、环境监测计划和环评报告结论七个部分，其中结论部分包含了公众意见表达的内容。每一部分内容的弄虚作假都与委托机构的环境侵权行为的关联度不同，因此需要引入类型思维，以弄虚作假的实质内容为标准对环评机构"负有责任"的认定规则进行类型化构建。

  环评机构弄虚作假的外在表现是环评文件中内容不符合法定要求。环评文件属于要式文件，根据《环评法》的规定其内容包括建设项目概况，建设项目周围环境现状，建设项目对环境可能造成影响的分析、预测和评估，建设项目环境保护措施及其技术、经济论证，建设项目对环境影响的经济损益分析，对建设项目实施环境监测的建议，环境影响评价的结论七部分。

  其中，建设项目概况信息通常由建设单位提供，环评机构只进行了信息加工，没有影响委托机构作出采取何种行动的决策，环境污染是由委托机构独立造成的，不应由环评机构承担连带责任。环境影响经济损益分析是用经济学方法论证所要建设项目之利害，对投产之后经营者污染环境的决策行为仅具有参考性，客观关联度不高，因而对污染者实际造成的环境损害贡献的原因力

---

[1] 朱谦、吴闻岳：《建设项目环评文件质量缺陷及其行政治理》，载《江淮论坛》2020年第3期。

微弱，无须负责。环评结论通常是对环评报告书内容的总结，结论中的弄虚作假通常是前面六部分内容弄虚作假的必然结果，无须单独考量。

经过上述分析，可以将重点置于对环评报告中环境"现状、影响、措施"三方面内容弄虚作假是否构成"负有责任"的认定。

第一，环境现状类内容弄虚作假时环评机构是否"负有责任"的认定。

建设项目建成之后的环境影响预测分析需要建立在充分获取有关现状的信息基础之上，而获取的主要方式便是通过环评机构开展环境现状调查。调查是进行分析、预测和评价的前期准备活动，也是环评工作内容的前提。

环境现状调查作为需要实际走访的实践活动，往往消耗大量的人力物力。弄虚作假的环评机构往往通过抄袭其他合格的建设项目环评报告记载的环境现状，抑或虚构事实，来从形式上掩盖自己未进行调查活动。这类行为本质上都是"大事化小"，将影响范围由大变小，后果变严重为轻微。评价范围测算等工作具有很强的专业性，委托机构难以察觉，只能通过环评机构提供专业信息来了解。环评机构评价范围错误属于科技专家失责行为，受评机构报批、建设、运营的行为是正常的，环境损害扩大化是环评机构失责行为当然地向前发展产生的结果，理应由环评机构负损害赔偿责任。由于环评机构误导，使得委托机构正常的投产运营行为变成污染行为。环评机构借助污染者行为将作用力传递到损害后果，因发挥了作用而属于法条表述里"对环境污染和生态破坏负有责任的"。

环境现状调查中的"遗漏环境质量现状评价因子"给建设项目的周边环境制造了潜在的危险。委托机构即建设单位自身通常难以识别污染因子，发现不了由环评机构制造的潜在污染源，正常开工建设和运营造成潜在环境风险现实化为环境损害后果的，委托机构作为外观上的污染者先行承担无过错责任，环评机构对委托机构所实施的污染环境行为负有责任，承担连带责任。双方在对外承担责任之后，继续在内部彼此之间根据过错程度、对环境损害后果提供的原因力等划分最终责任份额，超额承担责任的一方向对方追偿。"绿发会诉湖北理工学院等环境侵权案"中，环评机构湖北理工学院遗漏固体污染物废旧烟囱的行为，属于环评报告中建设项目环境现状调查部分的内容弄虚作假，具有抽象的环境风险。随着项目工程建设发展，该污染源逐渐暴露，为最终的环境损害后果提供了主要原因力。因此，如果建设单位实际造成环境损害后果的前提被满足，湖北理工学院应当对造成的损害后果承担连带责任。

第二，影响预测类内容弄虚作假时环评机构是否"负有责任"的认定。

环境影响评价制度本身就是"预防原则"指导下的产物，[1]所以预测功能是环评制度的核心功能。预测内容部分弄虚作假的环评文件通常为环境损害后果提供了较大的原因力，因为无论是环评机构降低评价标准，还是直接未开展某方面的评价（相当于将评价标准降至为零），都没有履行向委托机构提供合理预期的义务。

委托机构作为非具有环评专业知识的团体，向环评机构购买的服务中包含了对自己将要进行的建设项目的环境成本预期。委托机构对自己行为的预期是通过环评机构开展专业评价得出的环评报告获取的，尤其是建设项目环境影响预测章节的内容。如果环评机构不如实提供，委托机构便不能形成对自己将来行为的合理预期，更严重的是，环评机构降低评价标准的行为，使委托机构对自己将来建设运营行为造成环境危害性的预期偏低。委托机

---

〔1〕 汪劲：《环境法学》，北京大学出版社2016年版，第101页。

构一旦采信过低的建设项目环境影响程度结论，将无所顾忌地施工建设，造成自己合理预期之外的环境损害后果。环评机构对委托机构合理预期之外的环境损害后果提供了主要原因力。

上述分析将委托机构假设为有理由相信环评报告，对蒙混过关式通过环评审批和环境污染生态破坏无故意或重大过失的"善意"人。如果委托机构具有蒙混过关式通过环评审批的故意，抑或表现为故意超标排放，对造成环境污染和生态破坏具有放任心理，那么其决策行为，是否像被环评机构"欺骗"一样，受到环评机构弄虚作假行为的影响值得进一步探讨。

首先，此时环评机构应当负责，不能因委托机构即建设单位具有过错而减免环评机构过错。其次，委托机构没有获取到应知的合理预期，不能知道自己行为的环境损害后果，不能对自己行为作出正确的预测。委托机构从环评机构处获得的建设项目的环境损害后果预测远低于真实情况，环评机构降低预测评价标准的行为，至少从心理上帮助委托机构作出不顾及后果的排污决策，成为排污决策的一部分，理应对排污决策造成的环境污染承担连带责任。所以，委托机构在开工、运营（实际上是污染环境或破坏生态的行为）时的主观心态（善意或恶意），只影响内部最终承担的责任份额，并不影响环评机构因实施了预测类内容的环评弄虚作假行为，而对外对全部环境损害后果负责。

第三，防治措施类内容弄虚作假时环评机构是否"负有责任"的认定。

对策类内容环评机构弄虚作假是环评报告中所列环保措施和可行性结论部分出现故意或重大过失造成的问题。环评报告对预防原则的贯彻体现在两方面，一方面是对可能产生的污染物和环境损害后果作出预测；另一方面是提出针对这些致害因子的规避措施。法律并不是要完全禁止建设项目排放任何污染因子，而是要求建设单位有能力控制危害，妥善应对各种环境不利状况。

如果委托机构在正常施工和运营活动中产生了环境污染，运用环评机构出具的环评报告书中提出的应对措施，却发现无法控制污染因子，错过了避免环境损害后果的"黄金时机"，那么最终的损害后果就主要是环评机构之前弄虚作假的行为所造成的。环评报告提供的避免污染之措施，委托方运营后有义务查阅并遵守，环评机构所提避免建设项目产生污染的错误措施对最终环境损害后果的发生、避免、扩大、缩小发挥了关键作用，因此环评机构对此应承担连带责任，并最终承担较多的责任份额。

综上，在满足污染者造成环境实害后果这一前提下，环评机构在环境现状、结果预测、对策措施三方面内容的弄虚作假行为，通常对委托机构实施的环境污染行为具有较强关联性；而对建设项目工程概况、经济损益分析、环境监测的建议和环评结论部分的弄虚作假，则一般未同委托机构实施的环境污染行为建立强关联。

五 结论

基于遏制第三方环境服务造假现象，《环保法》第65条确立了环评机构等第三方环境服务机构的环境侵权连带责任，大大提高了环评机构的违法成本。然而，在市场化改革背景下第三方环境服务市场的发展也是实现环境治理能力现代化的重要措施，不明确的责任规则和过重的责任负担都会抑制第三方机构进入环境服务市场的意愿。环评机构环境侵权连带责任的认定规则在立法上没有明确，在司法实践中审理法院做法不一，差别较大，最为关键的问题是缺乏对"负有责任"的实质性判断。本文通过对相关司法案例的分析和环评机构环境侵权连带责任归责基础的分析，提出应当以环评机构弄虚作假的内容为类型基础，进一步明确和规范了环评机构"负有责任"的认定规则。

《环境保护法》第65条中环评机构"负有责任"的认定

首先,应当明确环评机构无法单独造成环境损害后果,环评机构必须借助委托机构直接侵犯环境权益的行为,才能实现环境侵权。因此,在审理此类案件时应当先对污染者的行为是否应当承担环境侵权责任进行判断,才能进一步考察环评机构是否与其构成共同侵权,进而承担连带责任。其次,环评机构构成行政违法的弄虚作假行为,并不必然构成《环保法》第65条中"负有责任"的弄虚作假行为。只有环评机构弄虚作假的行为在客观上为委托机构实施污染环境、破坏生态的侵权行为提供了帮助或便利,才可能构成"负有责任"的弄虚作假行为。最后,对环评机构弄虚作假行为是否"负有责任"的认定,应当根据弄虚作假的内容进行类型化认定,通常而言环评机构在环境现状预测、环境影响预测、环境保护对策措施三方面内容的弄虚作假可以认定为"负有责任"。此外,一旦受害人证明了环评机构弄虚作假行为的存在,则弄虚作假与污染环境、破坏生态的侵权行为之间不存在关联性的举证责任应分配给环评机构来承担,以避免受害人举证困难,[1]符合环评机构的信息优势地位,[2]并满足低成本者负担的效率价值。[3]

---

〔1〕 杨立新:《侵权责任法》,法律出版社2016年版,第329页。
〔2〕 王社坤:《环境侵权因果关系举证责任分配研究——兼论侵权责任法第66条的理解与适用》,载《河北法学》2011年第2期。
〔3〕 由然:《法经济学视野中的环境侵权法》,社会科学文献出版社2019年版,第127页。

论环境法学课程思政中的马克思主义思想元素[*]

吴 鹏 黄 冉[**]

环境法学逐渐成为法学教学的重要内容,在我国很多高校,环境法学课程也已经被列为专业核心课程。环境法学除了讲授法学知识之外,也是传播马克思主义人与自然关系理论、劳动理论及其相关理论的绝佳主阵地,更是正确解读和引导高校学生认识中国生态文明法治建设,培养高校学生树立"四个自信"的主阵地。

一 环境法学课程思政教学与研究面临的主要问题

我国高校法学课程思政教学研究方兴未艾,如饶冠俊(2019)探讨了法学教育和思政教育的协同关系及融合架构;[1] 时显群

---

[*] 本文为广东省普通高校特色创新类项目"粤港澳大湾区生态修复法治研究"、广东省高等教育教学改革项目"马克思主义环境资源法学教学创新与改革研究"以及广东省学位与研究生教育改革研究项目"马克思主义环境资源法学课程思政教学改革研究"的阶段性研究成果。

[**] 吴鹏,汕头大学法学院副教授,广东省习近平新时代中国特色社会主义思想研究中心汕头大学基地特约研究员;黄冉,汕头大学法学院法律硕士研究生。

[1] 饶冠俊:《法学教育与思政教育的协同关系及融合架构研究》,载《南昌教育学院学报》2019 年第 5 期。

(2020)等着重讨论了法学专业课程思政教学改革的理论问题;[1]郭琳(2020)从新工科建设视角讨论了环境法基础理论的课程思政教学理论;[2]廖华(2021)[3]等学者分别提出了环境法学课程思政教学改革的总体思路;胡苑等(2021)提出了"国际环境法"课程思政改革的思路和对策[4]。此外,还有一些法学学者分别从行政法学、经济法学、民法学以及法理学等领域讨论了完善法学课程思政教学方法和内容的具体思路。总的看来,我国学者从法学视角,尤其是运用马克思主义人与自然关系理论、劳动理论和共同体理论来具体解读生态文明法治建设的研究并不多。同时,环境法学者也多习惯于圈囿在传统法学理论,未将与生态文明法治建设密切相关的马克思主义思想系统地贯穿到法学教学中,也未对思政课程中的相关内容进行必要的承接与具体展开。加之法学理论本身固有的时代局限性,造成马克思主义思想教育与法学课程思政教学,尤其与环境法学课程思政教学基本上是一种相互脱节的状态,这与环境法学所肩负的时代任务和使命并不相符。

首先,法学领域,尤其是环境法学领域的课程思政教学并没有及时跟上思政课建设的视野和研究范畴,对于马克思主义相关理论的贯彻并未达到应有的理论高度和深度。其次,与哲学学科率先进行针对以资本为原则的现代性的学术批判,继而形成中国学术的自我主张不同,法学尤其是具备时代特色的环境法学,依

---

[1] 时显群:《法学专业"课程思政"教学改革探索》,载《学校党建与思想教育》2020年第4期。

[2] 郭琳:《新工科背景下的"课程思政"建设研究与实践——以"环境法学基础"为例》,载《吉林教育》2020年第26期。

[3] 廖华:《环境法学课程思政教学改革探索》,载《黑龙江科学》2021年第17期。

[4] 胡苑、俞翰沁:《"国际环境法"课程思政改革探析》,载《财经高教研究》2021年第2期。

然处于传统法学理论的学徒模式之中。最后，马克思主义人与自然关系理论、劳动理论、共同体理论等与生态文明建设理论密切相关的理论，并未深度反映在环境法学理论研究与教学实践中，既没有理论承接，也没有理论再升华。因此，将马克思主义人与自然关系理论等最新研究成果应用到环境法学课程思政中去，并在环境法学教学过程中予以发展与承接，使其有所升华；同时，结合中国生态文明法治建设的生动实例，诠释好中国化的马克思主义理论，对于高校学生树立"四个自信"，形成中国环境法学学术研究的自我主张，继而形成环境法治的中国道路，将是环境法学课程思政教育建设亟须解决的实际问题。

二 环境法学与马克思主义思想的天然融合

现代环境法学是年轻的法学学科。从其学科产生背景来看，主要是在20世纪六七十年代世界范围内的环境保护运动出现之后，才逐步成为一块独立的研究领域。从某种意义上说，环境法学是法学现代性之后的法学新领域。这就决定了环境法学从其产生伊始即带有强烈的后现代性特征。马克思通过异化劳动、物质变换裂缝等理论深刻批判了以资本为原则的现代性，揭示了资本原则下资源的有限性与资本无限扩张之间的根本矛盾。[1] 环境法学之未来，也必须告别那个资本原则操控下的现代性特征，才能正确认知并探寻人与自然的紧张关系及其所导致的生态危机的法治解决路径。从这种意义上说，环境法学所表现出的对传统法学现代性的批判和对法学新现代性的启蒙与马克思主义思想是天然一致的。

---

[1] 吴鹏：《论中国生态修复法学研究的自我主张——以马克思主义理论为视角进行的批判性审视》，载《中国地质大学学报》（社会科学版）2021年第3期。

(一) 马克思主义人与自然关系理论天然存在于环境法学中

相对传统法学产生的哲学基础而言,环境法学所面对的问题是生态危机背景下的全新问题。生态危机不是自然生态系统或社会生态系统各自的危机,而是二者在生态系统运行范畴内的综合现象。人与人的社会关系与人与自然关系的矛盾是生态危机的总矛盾。但从其部分矛盾而言,任何人与自然关系的矛盾也并不当然表现为人与人的社会关系矛盾。人与人的社会关系矛盾的解决并不能从根本上满足人与自然关系矛盾解决的根本需要。自然不需要人的代言,也不会找人代言。我们在环境法学教学中,通常习惯于告诉我们的学生,自然界的万事万物没有人的理性,也没有人的语言,因而需要人去为自然代言,人的自然关系最终表现为人与人的社会关系等教义化的法学话语体系。竟渐产生了一整套人与自然关系应通过人与人的社会关系来间接表达的法律关系理论。但是,如果抛开环境法教义学的范畴,从法学产生的本源——哲学中探讨人与自然关系问题,似乎上述理论的前提应当被质疑。

事实上,马克思早就论述了人与自然关系的直接性以及人与人关系的双重性,人与人的关系除了人与人的社会关系之外,还有人与自然的关系,并且只有存在人与自然的关系才能够产生人与人的社会关系,而这两对关系也统一于人与人的关系之内。恰恰是资本主义的生产关系促使人的异化,割裂了人与人关系中人与自然关系的重要内容。[1] 这就是说,一方面人与自然关系的存在并不依赖于人与人的社会关系的存在而存在。另一方面,人与自然关系的存在恰恰是产生人与人的社会关系的基础,探索人与自然关系的本质可以将人与人的社会关系的本质内容还原出来。

---

[1] 参见马克思关于异化劳动和人的异化有关阐述,《马克思恩格斯文集》(第1卷),人民出版社2009年版,第155—169页。

生态环境保护法律法规首先应当表述人与自然关系的应然状态，才能够科学设置人与人的社会关系。问题的关键显然不是自然界是否拥有人的理性、人的权利以及人的语言，而是人如何回归人与自然的直接联系。关于这个问题，马克思提出了人与自然关系是通过劳动联结的理论。马克思主义劳动理论的存在，从根本上解答了人通过本质劳动建构人与自然和谐统一关系的必要性与可行性。[1]

（二）马克思劳动理论为解读中国环境法治提供了新的思路

目前环境法学教学中较多通过"国家—单位"和"个人—社会—国家"环境保护义务与责任的落实，来探讨中国环境保护工作的法治化问题。这是传统法学实现权利、义务和法律责任公正分配的主要模式。但是我们在选择这种模式进行环境法治教育的同时，既没有意识到或者质疑这种模式存在的前提问题，也并没有关注到生态环境保护工作的时代变化。首先，上述由权利到义务再到法律责任的教学思路当然符合传统法学理论，或者说法教义学的基本要求。因为法教义学教学不质疑现有法律制度或某种法律理论存在的前提。但问题是不允许质疑传统法学理论前提的话，新时代生态环境治理的中国模式和中国特色又如何体现？这就会产生用传统法学一般理论硬套中国现实的教条主义倾向，反而阻碍了法治，特别是环境法学教育的进步。其次，传统法学理论强调法律调整人与人的社会关系，而不能或者说至少不能直接调整人与其他存在物的关系。这其实是用人类中心主义思维思考人与自然关系的必然结果。因为这一法学中的人类中心主义思维是固有的。传统法学理论天然地认为只有人才能建立某种社会关系，而法律仅在这种社会关

---

[1] 参见马克思关于劳动理论的阐述，《马克思恩格斯文集》（第1卷），人民出版社2009年版，第178—197页。

系中发生作用。但是，事实上法学忽视了人的社会关系产生的根本前提——人对自然的劳动。马克思认为，人之所以会产生社会关系，最根本的原因是存在人与自然关系，并且人通过劳动实现与自然界的同一性。[1] 人就是自然界本身。[2] 这就是说人与自然关系不会因人与人的权利义务关系而发生本质的改变。权利义务关系链接不了人与自然关系，人与自然关系是在劳动中形成的，劳动才是建构人与自然关系的桥梁，人的存在应当通过劳动体现在自然界中。质言之，人与自然关系不是通过人与人的社会关系或者说权利义务关系来间接实现，而是通过劳动进行直接联系。马克思主义劳动理论可以说为环境法学理论和教学研究都开辟了一个崭新的领域，使我们不得不讨论劳动在人与自然关系的法治化过程中是否可以起到独立的作用，以及如何通过法治手段予以具体实施的问题。这至少对传统法学中法律关系等核心理论提出了前提性质疑。

（三）马克思主义共同体理论对环境法学教学内容的重塑

马克思主义共同体理论诠释了山水林田湖草系统维护的重要价值，揭示生态系统整体维护及其法治建设系统化的重要意义。习近平总书记指出："要从系统工程和全局角度寻求新的治理之道，不能再是头疼医头、脚疼医脚，各管一摊、相互掣肘，而必须统筹兼顾、整体施策、多措并举，全方位、全地域、全过程开展生态文明建设。"[3] 这是马克思主义共同体理论与中国生态文明建设实践相结合的最新理论成果。生态系统是包含了"生态—经济—社会"多维关系在内的复杂系统，具体可以分为自然生态系

---

[1] 参见《马克思恩格斯文集》（第1卷），人民出版社2009年版，第532—533页。

[2] 《马克思恩格斯文集》（第1卷），第161页。

[3] 《习近平谈治国理政》（第三卷），外文出版社2020年版，第363页。

统和社会生态系统。[1] 山水林田湖草是自然生态系统的重要组成部分，它们早已通过人对自然的劳动，与社会生态系统融为一个有机的共同体。因此，环境治理也好，生态保护和修复也罢，都需要从共同体的角度去看待这一复杂系统。但是，原有的环境法学理论体系恰恰是以分散和单一要素治理为目的对生态系统进行分割考察的。这已经不符合生态文明建设生命共同体的、整体化、系统化治理需要。而要想实现山水林田湖草的系统性治理，最终达到生态系统整体平衡，就需要将自然生态系统保护与修复和社会生态系统的保护与修复看作一个共同体利益维护的两个方面，而不能从单个环境要素污染治理角度去看待中国的环境法治建设问题。为此，环境法治及其环境法学教学内容的系统性重构，是未来环境法学发展的当务之急和根本任务。近来，生态环境法典化研究工作也正反映了这种需求。

（四）马克思主义异化理论为环境法学教学提供了反思重生的契机

西方法学理论是西方资本主义经济存在为基础的产物，它必然以资本为拥趸。而马克思则明确指出了以资本为原则的现代性及其造成的人的异化，人与自然关系异化以及劳动的异化的结果。而物化现象则是异化的基础，直接导致人与自然关系不和谐。西方的生态环境治理，本质上是以人为中心的物化治理过程，根本上实现的是以资本为原则的经济利益最大化。资本的最大原则是实现增值，没有增值资本则会消亡。从某种意义上说，以资本为原则就是实现利润或物质利益最大化为原则。而这种异化及其物化是造成人与自然关系物质变换裂缝的根本原因。一方面，把人格、名誉等权利物化是西方法学思想的核心内容。这类

---

[1] 吴鹏：《生态修复法学初探》，光明日报出版社2021年版，第107页。

西方法学思想在伴随资本向全球扩张的同时，也必然导致其对全球法学话语权的操控，进而将这些看似文明的法学思想向资本扩张兜售，从而促使全球法学理论的资本化。

另一方面，资本原则是造成全球生态危机的总根源。在生产领域，资本固有的增值属性决定了它与生态系统及全球资源的有限性具有根本矛盾，是你死我亡的关系；而在消费领域，过度的消费欲望和观念则是资本在消费领域的扩张，也决定了这种消费的不可持续性和资本的终结命运。[1] 资本及其话语影响下的传统法学思想如果不作根本改变，也将伴随资本走向终结。此外，资本的扩张带来的不仅仅是全球生态危机，同时也导致了民族矛盾等一系列其他危机的存在。他们随时会通过转嫁各种矛盾达到本国的生态系统平衡状态，为此不惜否定自己的那套法学理论和话语束缚，为自己不履行基本的国际责任进行话语粉饰。因此，以生态危机为基础的多重危机的并存过程，也是以资本为原则法学理论最终暴露其本性的过程。上述以资本为原则的法学理论及其异化过程表明，中国环境法学似应从传统法学理论及其话语操控中反思并生成自我主张，以避免异化结局。

此外，可以意识到，一味通过物化人与自然关系，通过利益的物化偿付达到弥补人与自然关系裂缝的法治建构方法，实际上走上了从物化到异化，从异化到再物化的往复循环。这不是有效实现人与自然和谐关系的长治坦途。因此，在环境法学教学中不能仅仅从已有的传统法学理论和前工业文明的法治实践出发。而是可以尝试引导学生走出传统法学理论本身的圈囿，回归法学产生之初的实践土壤，在社会现实中讨论更加符合中国道路和生态文明时代的环境法治路径。例如，可以立足中国政府广泛开展生

---

[1] [加] 本·阿格尔：《西方马克思主义概论》，慎之等译，中国人民大学出版社1991年版，第486页。

态工程以实现生态环境面貌根本改善的实例,来讲解中国特色社会主义环境法治实践。避免再将西方司法治理实现物化利益救济的模式教条化地理解为中国环境治理的当然实际。这也是中国环境法治反思重构的契机,更是中国环境法学教学反思重生的机遇。

总之,环境法学理论中普遍存在思政课程的关键要素,且这些要素是与马克思主义的生态环境保护思想密切联系的。我们从来都只是习惯于在传统法学思想,甚至西方法学思想的浸润中解释环境法学诸多现象。但却普遍忽视拷问传统法学思想或西方法学思想中用来解释环境法学诸现象的话语和概念存在的前提。往往把这样的一些需要证明的话语和概念当作证明环境法学诸理论的前提。这一切的总危机恰在于,环境法学把产生生态危机的总根源——资本原则及其规范下的法学思想,当作建构环境法学理论的总根源,然后又用传统法学的方法和思想来进行环境法学教学,最终将使得环境法学失去对传统法学独立的、天然的革命性。

三 传统法学存在限度与环境法学教学内容的深刻变革

环境法学深陷这样一种矛盾:一方面环境法学声称调整人与自然的关系,但就权利仅存在于人类社会而言,并不能当然地调整人与自然关系。用人的权利及其法律存在形态去调整自然界的事务,只是人为自身安排的障眼法。最终仅仅使个人获得财产性利益,而与自然所拥有的社会性及其不依赖于人存在的价值属性背道而驰。这实际上还是仅调整了人与人的某种社会关系。另一方面,如果环境法声称只调整间接的人与自然关系,即通过人与人的社会关系调整人与自然的关系是正当的,那么人与自然的关系就在本质上转化为以财产权为基础的各类传统的权利义务关系。

如此，传统法学部门即可调整，为何要存在独立的环境法学呢？如果矛盾持续这样，环境法学的独立性将受到根本挑战。当前，诸多环境法学学者又在重复探讨环境法学的独立性问题，[1] 这其实已经间接说明了环境法学被传统法学理论边缘化，进而同质化的趋势。然而，环境法学在努力融入传统法学理论体系的过程中，恰恰没有讨论传统法学诸多概念和理论，甚至其本身存在的前提。不加批判地融入，与其说是对法学学科母体归属感的驱使，不如说是对学术自我主张的彻底放弃。因此，环境法学理论研究及其教学内容应酝酿更加深刻的变革。深刻融入马克思主义思想之中，并在其中寻找环境法学从批判到自我主张内在升华与学术独立的成长道路，是实现环境法学课程思政及其教学内容因势变革的关键一步。

（一）环境法学研究及其教学中被忽视的自然科学基础

马克思主义唯物史观认为，社会经济发展产生的物质基础是决定自然科学发展的根本因素，而自然科学的发展又引导和促进了哲学与社会科学的进步，并最终导致哲学与社会科学的一次又一次革命。可以说，"从长时段的历史观点来看，自然科学对社会科学的影响并不是一种诞生于科学革命的新现象，而是和科学观念本身一样古老"[2]。环境科学、生态学等生态环境保护学科的兴起与环境保护运动，以及后来的环境伦理学和生态哲学的发展，

---

[1] 例如李艳芳教授（2019）、陈伟教授（2021）等学者均再次讨论了环境法作为独立法律部门的问题。而类似的讨论则出现于1981年左右，蔡守秋教授在其《环境法是一个独立的法律部门——论环境法的特点》一文中就已经探讨过，只不过视角随历史变化而有所殊异。参见李艳芳《论生态文明建设与环境法的独立部门法地位》，载《清华法学》2018年第5期；陈伟《历史哲学视角下环境法独立性之阐释》，载《中州学刊》2021年第3期；蔡守秋《环境法是一个独立的法律部门——论环境法的特点》，载《法学研究》1981年第3期。

[2] [美] I. 伯纳德·科恩：《自然科学与社会科学的互动》，张卜天译，商务印书馆2019年版，序言第VII页。

都再次表明了自然科学与社会科学的这种嵌入式互动关系。环境法学不论是作为法学的分支也好，还是作为哲学和社会科学的分支也罢，都不可能不涉及相关自然科学知识。因此，在环境法学教学中首先应当从环境科学或生态学的相关知识普及入手，引出或讨论生态环境保护现象，进而发现并探讨生态环境法治问题。环境科学的众多话语需要转化为法学的话语，并通过制度来具体规范。这些话语所涉及的内容又多不是人与人的社会关系的范畴。而这恰恰表明，环境法学不同于传统法学的范畴和视野。西方传统法学思想[1]多仅仅从人与人的关系角度来理解人与自然关系，并建构相应的制度，反而凸显其极度蔑视自然界的心态。岂不知，环境科学的话语往往是产生环境法学诸多理论的本源。从抽象的西方传统法学思想，经验地理解自然科学的话语及其概念，则是抛弃了以自然界物质存在为认识基础的唯物主义研究路径。

（二）环境法学需要走自己的路

西方传统法学思想的起源是西方哲学及其法哲学思想。尤其是近代以来的西方法学思想，深受文艺复兴和思想启蒙思想的影响。在黑格尔等哲学家建构的宏大法哲学体系孕育中，现代西方法学所秉承的，"权利与义务""民主与专制"等一系列话语和概念的核心范畴就已经被箍定。可以说，我们现有法学教育中所包含的以权利为核心的诸多西方传统法学思想是在西方哲学思想中形成并析分出来的。这些西方传统法学思想伴随工业革命带来巨大动能，追随资本遍及几乎全球的各个国家。它们把哲学和法学的民族性与历史性全部掩盖在资本的现代性之下，迫使被它们征

---

[1] 这里的西方传统法学思想特指除马克思主义法学思想之外的所有西方法学思想。之所以归为传统，并不是时间上的界分，而是以是否以资本为原则进行的界分。西方传统法学思想主要是指以资本为原则的法哲学思想及其引导下产生的一系列以权利话语为核心的近现代法学思想体系。

服的民族和国家归化于西方法学思想的现代性之中。自近代以降，中国的法学思想也被这种现代性裹挟着来到新的时代。我们的法学发展竟也是以西方传统法学思想为圭臬的。这其实表现出一种现象，即诸多中国法学思想的源头是西方传统法学思想，而不是西方法学思想产生的母体——西方哲学思想。如此，使得诸多中国法学思想形成了以西方经验性结论为论证起点的独特理论体系。看似自成一体，反而无本之源。

西方传统法学思想源自本民族哲学思想的法学思想建构规律，在中国法学思想体系的建构中实际上是出现过却中断了的。这当然与中国哲学思想的近代落寞有极大关系。近代以来中国哲学思想与世界哲学思想现代性的过程失之交臂。是马克思主义思想的传入，才使中国哲学思想的精髓被用现代性话语复兴了出来。这恰是马克思主义思想在中国成功生存并不断丰衍的重要原因。尤其是中国众多优秀的传统生态哲学思想与马克思主义的生态哲学思想具有异曲同工之妙。从这种意义上来说，马克思主义思想的存在，实际上从生态哲学思想的视角延续了中国法学思想发展的内生动力——中国哲学思想。中国法学理论发展要为民族复兴而有所作为，就应当像西方传统法学思想在文艺复兴和启蒙运动时期所表现的那样，回归自己本民族的哲学思想及其现代化表达形态——从中国化了的马克思主义思想中寻找前进的答案。如此，环境法学教学则更应在中国化的马克思主义思想中搜寻其存在的意义与前进之答案，重新学习如何在生态文明时代走好自己的路。

(三) 传统法学存在的历史限度及环境法学之转圜

西方传统法学思想发展的历史局限性也表明，这一思想体系不可能适应生态文明时代需要。西方传统法学思想产生的西方哲学思想基础包含有大量的二元对立的世界观和方法论。人与自然的对立以及人与人本身的对立，人与社会的对立和社会与国家的对立等西方制度安排，无不反映出这种二元对立理论的存在本质。其中理性与感性世界的划分更是这一系列思想难以调和人与自然矛盾的根本原因。西方哲学思想中所皈依的彼岸世界，永远敦促并囹圄人们改造他们所认为的并不美好的此岸世界。因而其制度也都围绕这种对自然界的改造而服务。当然，必须承认，这种改造有其巨大的进步意义。但其中所包含的无限度、以资本为原则的改造目的，却为后来生态危机的产生埋下了深层次的隐患。例如，资本的本质就是增值与扩张，而地球的资源与生态环境容量恰是有限的，这种根本的矛盾造成了资本与地球不是你死就是我亡的不可调和局面；为"权利而斗争"的西方传统法学思想，又促使法治在人与自然的这种零和博弈中，永远保障资本的权利。西方传统法学思想促使生态危机的总爆发将不可避免。可以说，西方传统法学思想越来越走向它的"此岸"，成为制造生态危机的手段和保障，异化为需要改造的对象，并最终将导致自己的终结。

由此可见，环境法学作为另一种与一切传统法学相对应，独立的、可持续发展的崭新法学，迫切需要建构属于本己的理论体系，并与异己的那个传统相分离。而这一过程需要遵循人文社科理论的建构规律，到中国生态哲学思想中去寻找自己的答案，并形成中国环境法哲学（生态法哲学）。而中国化了的马克思主义思想恰是中国传统生态哲学思想的复兴与重生，当代主要代表则是习近平生态文明思想和习近平法治思想。因此，解构必将终结的西方传统法学思想，探索中国生态哲学思想与马克思主义思想的联结，进而不断丰富和发展习近平生态文明思想、习近平法治思想，则是中国环境法学教学及其课程思政教学改革的转圜之策，重者恒重。诚如是，未来中国环境法学必由中国化马克思主义思想所引导，养成学术之自我主张，走出具有中国特色社会主义生态文明崭新法学积淀之新路。该道路一是勇于批判传统法学本身，并升华重生于马克思主义新环境法哲学及其法律制度重构；二是积蓄智慧力量于环境法学课程思政之培育与教化之下，亦唯有解构不合时宜的传统思维固守，复归马克思主义与中华文明本身方可望于始终。

我国海洋垃圾污染防治法律机制的完善

黄思颖[*]

　　海洋垃圾污染是当前海洋生态环境保护面临的重大挑战，严重威胁海洋生态系统的健康，同时也对航运业、捕捞业等产业造成一定程度的负面影响。因此，海洋垃圾污染防治刻不容缓。当前，我国虽未对此制定专门立法，但在海洋环境保护、固体废物管理等领域立法中都有涉及海洋垃圾的相关规定。在《海洋环境保护法》等法律规范的基础上，我国的海洋垃圾污染防治法律机制实际上已初具雏形，在海洋垃圾污染的源头治理、入海过程管控以及末端治理等各个阶段都有相应的法律措施。但现有机制局限性明显，各阶段所设立的法律措施并不能有效实现防治目的，满足实际需求，存在较大的完善空间。为了更好地减少海洋垃圾数量、提升防治效果，考虑到海洋垃圾污染形成过程存在跨越陆海的典型特征，在我国海洋垃圾污染防治法律机制的完善过程中应遵循陆海统筹理念，采用整体、系统、

---

[*] 黄思颖，集美大学纪委（监察专员办）工作人员。

协同、联动的思维,[1] 从海洋垃圾污染防治的各阶段入手,提高相关法律措施的针对性,消除机制内部的矛盾与分歧,以实现法律实施效果最大化。

一 源头减量:加强塑料垃圾回收利用

根据《海洋垃圾监测与评价技术规程(试行)》的规定,海洋垃圾可分为塑料、玻璃、金属、橡胶、木制品等类别,其中塑料垃圾在海洋垃圾中占比约为 60%—80%。[2] 而根据相关统计,生活塑料垃圾在海洋塑料垃圾中的占比超过 80%。[3] 可见,要提升海洋垃圾的源头治理效果,切实减少海洋垃圾生成的可能性,关键在于加强对塑料垃圾的回收利用,减少自然环境中存在的塑料垃圾数量。对此,一方面,可通过引入生产者责任延伸制度实现塑料垃圾整体的减量化;另一方面,应不断完善生活垃圾的分类回收制度,有针对性地从源头避免生活塑料垃圾污染海洋。

(一)生产者责任延伸制度的设立

目前我国主要依靠《固体废物污染环境防治法》《关于进一步加强塑料污染治理的意见》等规定对塑料产品进行管控,其规制重点在于电商、快递、外卖企业等使用者,生产者有关产品设计的环境保护责任适用强制与自愿相结合的原则,没有相应的回收利用责任的规定。但生产者作为塑料产品生产信息的掌控者,能够决定产品的环境影响程度以及回收利用成本,因此生产者是实现塑料垃圾循环利用的关键。很明显,当前立法对生产者所应承

---

[1] 参见姚瑞华等《陆海统筹推动海洋生态环境保护的几点思考》,载《环境保护》2020 年第 7 期。

[2] 参见刘彬等《我国海洋塑料垃圾和微塑料排放现状及对策》,载《环境科学研究》2020 年第 1 期。

[3] 参见陈熙等《辽东湾河口区海洋垃圾赋存特征及管理对策》,载《环境科学研究》2019 年第 12 期。

担的设计、回收等方面责任的规定并不完善,这不利于推动塑料垃圾的循环利用、实现减量化目标,而生产者责任延伸制度可以较好地弥补这一不足。

生产者责任延伸制度是指生产者对其产品承担的资源环境责任从生产环节延伸到产品设计、流通消费、回收利用、废物处置等全生命周期的制度。[1]该制度能够刺激生产者在产品设计环节采用绿色设计,强化生产者的回收利用责任,提高处置阶段的资源化利用率,是实现塑料垃圾源头减量的理想制度设计。一方面,塑料产品符合生产者责任延伸制度的适用条件。产品是否具备较为严重的环境影响以及相当程度的可回收性是该制度适用的前提。[2]而塑料产品所形成的垃圾难以自然降解,进入海洋的塑料垃圾更是会对海洋生物造成致命威胁,环境影响极大;同时塑料产品的回收利用率和回收价值已大幅提高,[3]因此塑料产品领域引入生产者责任延伸制度具有可行性。另一方面,欧盟等地区作为塑料管控立法较为完善的区域,早已将生产者责任延伸制度覆盖范围扩展至塑料领域。以法国为例,其塑料产品生产者责任延伸制度具体表现在三个方面:一是规定生产者在设计阶段负有逐渐提高特定塑料产品内最低生物基含量的义务;[4]二是规定生产者的塑料产品回收处理责任,可选择通过提前缴纳回收及处置费

---

[1] 参见国务院办公厅《生产者责任延伸制度推行方案》,国办发〔2016〕99号,2016年12月25日发布。

[2] 参见黄锡生、张国鹏《论生产者责任延伸制度——从循环经济的动力支持谈起》,载《法学论坛》2006年第3期。

[3] 欧盟计划在2030年将塑料垃圾回收利用率提高到50%,且据相关统计,2016—2030年塑料回收利润可达600亿美元。参见郑宁来《塑料垃圾回收利用》,载《合成材料老化与应用》2020年第1期;赵娟《废塑料回收利用的研究进展》,载《现代塑料加工应用》2020年第4期。

[4] 法国环境法典第L541—10—5条,参见《法国环境法典》(第四至七卷),莫菲等译,法律出版社2020年版,第210页。

用或押金等收费制度履行义务;[1] 三是要求生产者承担相应的信息责任。[2] 因此,为了减少塑料垃圾的生成,提高其回收利用效率,有必要在塑料产品领域引入生产者责任延伸制度。

我国塑料产品领域的生产者责任延伸制度可以在现有的制度基础上,借鉴欧盟的经验,形成符合我国国情的具体规范。具体而言可从两方面入手:一方面,在塑料产品的生产环节应当遵循分类管理的原则,按照塑料产品对环境影响的程度设定生产者环境责任。可根据塑料产品的适用范围和环境影响程度制定相应的禁止或限制生产名录,并在该名录的基础上确定相关生产者的环境责任。该名录应当根据科技发展和现实运用的情况进行及时更新,避免"一刀切"的方式导致的实施困境。同时,国家可出台相应的生态设计指导规则,对于能够明确使用可降解材料的产品规定可降解成分的最低使用率,并辅之以信息公开义务,未履行公开义务的,应当承担相应的法律责任。另一方面,完善塑料产品的回收利用体系。明确规定生产者所应承担的回收利用责任,可借鉴欧盟国家的经验,根据生产者是否具有回收处理能力和塑料产品的使用状况设定不同的责任承担方式。对于可独立承担回收利用责任的生产者,应当允许并鼓励其直接参与回收利用过程;对于没有回收处理能力或是产品本身难以回收的生产者,可以考虑通过提前对其征收处理费用或缴纳相关基金等方式敦促其通过政府或专门负责回收利用的机构履行义务,并规定其不得将附加费用转嫁于消费者。[3]

---

[1] 法国环境法典第 L541—21—2 条、第 L541—10 条第 2 款,参见《法国环境法典》(第四至七卷),莫菲等译,法律出版社 2020 年版,第 220 页、第 208 页。

[2] 法国环境法典第 L541—9 条,参见《法国环境法典》(第四至七卷),莫菲等译,法律出版社 2020 年版,第 204 页;刘晓、钱名宇《生产者责任延伸制在生活垃圾管理中的应用——欧盟实践经验介绍》,载《世界环境》2020 年第 3 期。

[3] 参见申宸昊等《基于生产者责任延伸制度的塑料和微塑料管理研究》,载《环境保护》2020 年第 23 期。

(二) 生活垃圾分类回收制度的完善

《固体废物污染环境防治法》等立法中已明确规定了垃圾分类回收制度,许多地方也根据自己的实践制定了相应的实施方案。但实际上,即使步入"强制分类"时代,垃圾的分类回收效果仍旧不尽如人意,许多垃圾,特别是塑料垃圾仍被弃置在自然环境中,并在自然或人为作用下流入海洋,形成海洋垃圾污染。这与现有规定存在的不足密不可分。在垃圾分类及投放阶段,因垃圾分类标准有争议以及监督手段的欠缺,仍有许多居民尚未养成垃圾分类习惯。[1] 在垃圾的回收处置阶段,完善的回收利用市场尚未建立;垃圾的回收利用和收运处理两个体系相对割裂,导致未被分类的可回收垃圾直接通过收运进入处置阶段,大大降低了资源利用效率。[2]

要解决上述问题,发挥垃圾分类回收制度在实现收集失控垃圾、提高垃圾回收利用率方面的作用,核心在于强化源头垃圾制造者的义务,同时建立完善的回收处置体系。具体而言,在垃圾收集阶段,应合理确定居民的强制分类义务并制定相应措施。一方面,制定便于理解和操作的垃圾分类标准,明确个人责任范围;另一方面,可参考部分地方的规定,通过对未履行分类义务的个人进行罚款、生活垃圾分类投放管理责任区责任制[3]以及实践中的"桶长制"[4]等措施,敦促居民履行垃圾分类义务。同时,完善差异化收费制度,可通过阶梯计价法、随袋征收法等形式,

---

[1] 参见梅帅《城市生活垃圾分类立法:理念、模式与制度构造》,载《宁夏社会科学》2020年第1期。

[2] 参见孟小燕等《我国普遍推行垃圾分类制度面临的问题与对策分析》,载《生态经济》2019年第5期。

[3] 参见《浙江省生活垃圾管理条例》第27条、第30条、第31条。

[4] 参见崔曜《只要是与垃圾桶有关,"桶长"负全责》,载《重庆日报》2021年6月24日第12版。

以居民的垃圾产生量和类别为标准收取相应的垃圾处理费,以激发居民主动参与垃圾分类。[1] 而在回收处置阶段,政府应提高垃圾分类设施设置的科学性,特别是在沿海岸滩等海洋塑料垃圾常见来源地设置相应的分类、回收设施,降低垃圾被随意抛洒于海滩、河岸的可能性。同时推进生活垃圾收集、运输、处置和回收利用的市场化进程,在建设和运营领域引入第三方治理,并构建全过程的监管信息系统,实时管控,确保垃圾得到充分利用,提高垃圾的循环利用率,以实现海洋垃圾源头削减的目标。[2]

二 过程管控:加强关联规定间的衔接

海洋垃圾入海过程复杂,既可通过排污口、陆地表面的径流、沿海岸滩活动以及海岸工程等陆上途径入海,[3] 又可通过船舶活动、倾倒活动、海洋工程运行等特定海上人类活动直接入海,[4] 据此也可将海洋垃圾分为陆源垃圾和海源垃圾。现有法律机制以具体入海途径为依据,对陆源垃圾和海源垃圾的入海过程都规定了相应的管控措施。但因关联规定间缺乏衔接,现有机制难以有效运行。因此,海洋垃圾过程管控措施的完善应根据相关规定衔接不畅的具体原因,采取针对性措施解决规定间的冲突,强化规定间的衔接力度。

(一)陆源垃圾入海过程管控规定间的衔接

陆源垃圾本身为陆地固体废物,但污染结果发生在海洋,其

---

[1] 参见尚奕萱等《发达国家垃圾分类得失及其对中国的镜鉴》,载《环境卫生工程》2021年第3期。

[2] 参见胡余天《基于供给侧改革下垃圾回收利用的困惑、困境及困难》,载《区域治理》2019年第43期。

[3] 参见李道季《消减海洋塑料垃圾 保护海洋环境》,载《民主与科学》2020年第1期。

[4] 参见孙畅《海洋垃圾污染治理与国际法》,哈尔滨工业大学出版社2014年版,第17页。

入海过程管控既涉及陆地区域的固体废物管理、水污染防治，也涉及海洋环境的污染防治。因此，陆源垃圾入海过程管控的相关措施散见于不同立法当中，如《固体废物污染环境防治法》《水污染防治法》都规定禁止向径流倾倒垃圾等废弃物；[1]《海洋环境保护法》《防治陆源污染物污染损害海洋环境管理条例》则对岸滩垃圾的处理作出说明。[2] 但受制于过去"陆海分割"的思想，海洋环境法律体系同陆地环境法律体系分设，缺乏必要的衔接机制，导致关联规定间存在形式内容上和实质效果上的割裂感。[3]

关联规定在形式内容上的矛盾与分歧主要表现在岸滩垃圾管控领域。《海洋环境保护法》第38条规定，在岸滩弃置、堆放和处理垃圾的，依《固体废物污染环境防治法》规定处置。但是《固体废物污染环境防治法》第2条却规定：固体废物污染海洋环境的防治不适用本法。因此就该规范内容而言，二者存在一定矛盾，忽视了岸滩垃圾污染海洋的可能性，导致岸滩垃圾缺乏针对性的入海管控措施。尽管《固体废物污染环境防治法》已从整体上对包括岸滩垃圾在内的固体废物处置作出一般性规定，但仍忽视了部分特殊情况，如其并未就是否允许在岸滩临时堆放、处理垃圾等内容作出说明。《防治陆源污染物污染损害海洋环境管理条例》第11条虽对此作出了规定，但是在其上位法《海洋环境保护法》作出前述规定的背景下，该条例的相关内容能否适用则有待商榷。另外，上述规定对具体行为的表述也反映了固体废物管理体系同海洋环境保护法律体系间的割裂。《固体废物污染环境防治法》将通过焚烧或其他改变其特性的方法实现减少垃圾数量、缩

---

[1] 参见《固体废物污染环境防治法》第20条、《水污染防治法》第37条。
[2] 参见《海洋环境保护法》第38条、《防治陆源污染物污染损害海洋环境管理条例》第11条。
[3] 参见李挚萍《陆海统筹视域下我国生态环境保护法律体系重构》，载《中州学刊》2021年第6期。

小垃圾体积、减少其危险成分或最终置于填埋场的活动称为"处置"。[1]《海洋环境保护法》中却没有"处置"一词,只有"处理"一词可能与之对应,但该法并未对此概念作出解释。此外,《海洋环境保护法》中的"弃置"也并未在《固体废物污染环境保护法》中体现。这些用语上的差异也对关联规定的衔接构成障碍。

  关联规定在实质效果上的割裂感则集中体现在其所制定的管控措施间缺乏对接,难以形成"组合拳",无法实现整体管控。陆源垃圾入海过程漫长,入海途径较多,对其的过程管控措施应当具有延续性,既要确保各条入海途径的各个阶段都能有相应的管控措施,又要做好陆上同海上相应管控措施间的有效衔接,这也是陆海统筹理念下实现陆海一体化防治的必然要求。但现有机制所规定的措施无法满足上述要求。一方面,仍有入海途径未能实现全过程管控。以径流为例,《水污染防治法》等仅强调禁止向径流倾倒垃圾,但并未对径流中已存在的垃圾采取拦截等有效管控措施,也未对径流入海口等常见陆源垃圾聚集处作出针对性的限制规定,导致管控效果有限。另一方面,仍有不少管控措施未能实现陆海间的对应。以垃圾监测为例,目前仅有《海洋垃圾监测与评价技术规程(试行)》针对已存在于海洋的垃圾进行监测,而入海排污口、入海径流等都缺乏相应的监测标准,这不利于及时遏止陆源垃圾入海。

  要解决上述问题,应以陆海统筹理念为线索,串联陆海环境法律体系中的关联规定,强化相关措施的整体效果,以实现对陆源垃圾入海过程的全面管控。针对规定在形式内容上存在的衔接不畅问题,首先应当先统一不同法律规范间关于垃圾管控的相关用语,以减少用语差异带来的衔接障碍;其次可将《固体废物污

---

[1] 参见《固体废物污染环境防治法》第124条。

染环境防治法》第 2 条中"固体废物污染海洋环境的防治不适用本法"修改为"固体废物污染海洋环境防治立法另有规定的除外",[1] 避免法律衔接出现空白与漏洞;最后,《海洋环境保护法》既已明确了依照《固体废物污染环境防治法》的规定管控岸滩垃圾,那么《固体废物污染环境防治法》就应当对此作出明确回应,并结合条例中已有的规定,对包括是否允许临时堆放垃圾等问题作出解答。同时,应当根据《固体废物污染环境防治法》的相关规定,及时修订《防治陆源污染物污染损害海洋环境管理条例》等下位法,确保法律规范间的一致性。针对管控措施实质上的衔接不畅问题,首先应在立法中针对各入海途径的遗漏环节补充相应的管控措施,特别是入海排污口、径流入海口等陆海交界领域,守住陆源垃圾进入海洋前的最后一环;其次应加强陆海关联管控措施间内容和标准的对接,实现一体化管控。以垃圾监测为例,应建立陆源垃圾的全过程监测体系,将垃圾监测的时间和空间范围提前至入海前的排污口和径流入海口,将垃圾明确纳入地表水监测、江河入海污染物总量监测、陆源入海排污口及邻近海域环境监测等陆地标准之中,具体的监测方法和技术要求可以参照现有《海洋垃圾监测与评价技术规程(试行)》,以强化对排污口和径流中垃圾的监测力度。

(二)海源垃圾入海过程管控规定间的衔接

现有机制通过《海洋环境保护法》及其诸多下位法,对船舶垃圾排放和接收、非法倾倒垃圾以及海洋工程垃圾管理等行为作出了相应规定,较为全面地覆盖了海源垃圾的各条入海途径。但与陆源垃圾类似,部分关联规定间仍存在衔接不畅的问题,导致相关措施的管控力度不强,难以满足实践要求。

---

[1] 参见李挚萍《陆海统筹视域下我国生态环境保护法律体系重构》,载《中州学刊》2021 年第 6 期。

首先，新旧立法未能实现有效衔接，导致管控力度有限。这在海洋工程垃圾管理领域表现较为明显。部分早期规定对海源垃圾污染后果认识不足，惩罚力度不够，进而与新修订的、较为严格的立法存在矛盾，导致法律实施面临障碍。如针对海上油气开发过程中所产生的垃圾，1983 年制定的《海洋石油勘探开发环境保护管理条例》中明确禁止排放的仅有含油垃圾，同时还允许在距最近陆地 12 海里以内投弃经处理的生活垃圾，对工业垃圾的限制也较为宽松。未按上述要求进行排放的，仅在造成海洋环境污染的情况下才会罚款，且最高额仅为 10 万元。[1] 该条例至今仍然有效，但其宽松的分类管理措施和威慑力不足的惩罚规定明显不符合当前的管控需求。同时，该条例上述规定还与新近修订的其他规范存在一定矛盾。如前所述，该条例并未明确禁止塑料垃圾排放入海，经处理的生活塑料垃圾仍被允许排入海中。但新修订的《防治海洋工程建设项目污染损害海洋环境管理条例》却明确要求塑料制品应集中储存并运回陆地处理。[2] 因此，两部条例关于塑料垃圾处理的规定存在明显矛盾。但两部条例效力相同，同属行政法规，且海洋石油勘探开发属海洋工程建设项目的一种，结合规定出台时间，2018 年修订的《防治海洋工程建设项目污染损害海洋环境管理条例》为新法、一般法，1983 年的《海洋石油勘探开发环境保护管理条例》为旧法、特殊法。根据《立法法》关于行政法规冲突适用的规定，应由国务院裁决适用新的一般法或旧的特殊法。[3] 但目前国务院尚未对此作出决定。因此，当前海洋石油勘探开发过程中产生的塑料垃圾应如何处理仍然缺乏明确的法律依据。

其次，国内立法同国际条约间的衔接不畅削弱了管控措施的有效性。这在船舶垃圾处理领域表现较为突出。当前海洋垃圾污

---

[1] 参见《海洋石油勘探开发环境保护管理条例》第 12 条、第 27 条。
[2] 参见《防治海洋工程建设项目污染损害海洋环境管理条例》第 29 条。
[3] 《立法法》第 94 条。

染是全球热点环境问题，尽管当前尚无专门针对海洋垃圾污染的国际条约，但近年来《巴塞尔公约》等条约的修订和发展也表明，海洋垃圾，特别是其中的塑料垃圾，正逐渐成为国际法规范所规制的重点污染物。[1] 而现有条约中，已有不少规定涉及海洋垃圾的管控。其中，我国参与的《MARPOL公约》在附则V中对船舶垃圾的排放和接收作出了明确的规定。我国也通过制定《海洋环境保护法》《防治船舶污染海洋环境管理条例》等法律规范与之相衔接。但在国内法的具体制定过程中，仍然存在衔接不畅的问题，主要表现为国内法在转化过程中没有根据本国实践对条约内容进行补充和完善，导致法律落实过程中存在漏洞。以船舶垃圾的接收为例，《MARPOL公约》要求各缔约国应在港口、码头设置足够的垃圾接收设施，并在程序上要求船舶在污染物排放至接收设施时需及时在垃圾登记簿上进行记录。但在国内立法转化时存在两个问题：一是没有明确港口、码头垃圾接收设施的建立标准等配套措施，因此我国尚未形成对港口、码头接收设施接收能力的评价体系，致使我国部分港口、码头存在船舶垃圾接收设施不足、船舶垃圾接收后未进行有效分类的情况。[2] 二是在细化程序规定时不够全面。为了更好地实现对船舶垃圾排放的追踪，《防治船舶污染海洋环境管理条例》对《MARPOL公约》前述程序规定进行了细化，要求船舶污染物接收单位应在接收时出具相应接收单证，但并未对港口、码头的接收设施设立此义务，导致实践中存在一些船舶虽在垃圾记录簿上记载垃圾已排放到码头接收设施，但实

---

[1] 参见王玫黎、陈悦《塑料废物跨境转移的国际法律规制——以〈巴塞尔公约〉塑料废物修正案为视角》，载《国际法研究》2022年第2期。
[2] 参见吴海宁《关于改善港口船舶污染物接收的思考》，载《世界海运》2019年第4期。

际上将垃圾直接丢弃在码头的情况。[1]

上述衔接问题大大降低了海源垃圾入海过程的管控强度,不仅使相关管控措施难以发挥应有之效,还可能因违法成本较低而促使更多违法行为人选择从海上路径弃置垃圾,这也违背了陆海统筹的基本理念。因此,应及时扫除上述规定在衔接过程中存在的障碍,减少制度漏洞,加强对海源垃圾入海过程的管控力度,落实陆海一体化防治要求。针对新旧立法间的衔接不畅问题,应及时更新过去较为宽松、不符合当下需求的规定。对此,可借助当前开展《海洋环境保护法》修订工作的契机,同时启动相关下位法的修订工作,更新与上位法矛盾的下位法规定,同时在上位法中明确下位法中的争议问题,确保法律体系内部的一致性,减少实施过程中的规则适用分歧,更好地推动相关防治措施落地,实现对海源垃圾入海的有效管控。针对国内外立法间的衔接不畅问题,应紧跟相关国际条约的最新动态,并根据我国情况完善相应的国内立法。在国内法转化的过程中,一方面,应注重配套设施的完善,确保相关义务能得以落实。如针对前述港口、码头的接收设施不足问题,应制定明确的、具有强制力的建设和运行标准,加强对其接收能力的评估,以确保相应设施符合接收要求。[2]在评估过程中,应将垃圾分类装置是否齐全、防污措施是否完备等内容纳入考量。另外,应当加强对特殊区域港口、码头接收设施的建设,对于没有按照要求建立接收设施或接收设施不符合前述标准的港口和码头,可考虑对其采取警告、罚款等行政处罚措施。另一方面,在细化条约规定的过程中,应根据实践需求及时调整补充,减少法律漏洞。如针对前述接收程序漏洞,应在立法

---

〔1〕 参见李刚《上海港沿海航行船舶垃圾排放到码头设施的海事监管》,载《航海》2018年第4期。

〔2〕 参见吴海宁《国内港口船舶污染物接收现状分析》,载《中国海事》2020年第8期。

中明确要求港口、码头等的接收设施在进行接收作业时应向海事部门报告接收处理污染物的种类、数量、去向等信息。在完成接收后，应当向船舶开具接收证明，证明内容也应包括上述内容，同时应将垃圾送至具有处理资质的单位，并定期向海事部门报备。另外还应设置相应的惩罚机制，以敦促其履行义务。

三 末端治理：完善各主体的参与路径

海洋垃圾的末端治理要求收集、打捞、清理已经入海的海洋垃圾，并对其妥善处理，避免产生二次污染。现有法律机制中有关海洋垃圾污染末端治理的法律规范数量有限，政策性较为明显，且中央层面的统一规定少，地方依据实际自主创设的多。这不利于海洋垃圾污染治理得到长期的、稳定的制度支撑，容易产生"运动式"治理，同时也造成各地治理机制难以统一，对于跨区域的海洋垃圾污染治理形成不必要的客观障碍。鉴于当前规范性文件中所涉及的治理手段较为笼统且分散，未能形成有效体系，在完善末端治理法律机制时，可以借鉴广义环境治理思路，在陆海统筹理念的指导下，通过在立法中明确政府、企业、公众等主体的参与路径及责任，强化陆海治理手段间的衔接，解决已入海垃圾的污染问题。

（一）以政府为主体的海上环卫

海洋资源的公共性、海洋环境污染的负外部性以及海洋生态保护的正外部性等特征决定了政府应承担海洋环境治理的主要责任。[1] 具体到海洋垃圾治理领域，海上环卫是政府落实治理责任的重要体现。

关于海上环卫，当前我国尚未建立统一的海上环卫制度，各

---

[1] 参见沈满洪等《中国海洋环境治理研究》，中国财政经济出版社2020年版，第134—139页。

地已有尝试，但差异较大，主要集中在三个方面：一是负责部门的确立。实践中既有住建部门牵头负责的，[1]也有生态环境部门承担统筹责任的[2]。二是保洁标准的确定。有的地方参照了城市水域保洁的相关标准，[3]有的则是自定标准[4]。三是环卫队伍的组织，部分省份已经引入第三方治理，推行企业化运营，[5]也有省份尚未对此进行说明。

海洋垃圾污染治理往往跨越区域，若沿海地区间有关海上环卫的制度设计差异过大，很难推动相关治理措施落地，实现海洋垃圾的系统治理。因此，有必要通过立法明确统一的海上环卫制度。为了更好地落实陆海统筹理念，在海上环卫制度设计过程中，应当尽可能考虑海上环卫同陆上环卫的衔接。一方面，应明确二者的地理界线，将海滩等海洋垃圾重要来源地作为海上环卫的范围，避免治理责任的推诿；另一方面，应衔接陆海间关于垃圾分类、处理等程序的相关标准。在此基础上，再开展制度的具体完善。首先应当明确的是，政府要通过海上环卫所承担的职责，既包括海洋垃圾的打捞、转运和分类处理等具体治理事宜，也包括监督上述工作的落实。基于此，可明确相关部门的具体职责。住建部门因承担陆上环卫的具体工作，有关具体治理措施的经验更

---

[1] 参见海南省人民政府办公厅《海南省建立海上环卫制度工作方案（试行）》，琼府办函〔2020〕56号，2020年3月10日发布。

[2] 参见《厦门市环境保护条例》第22条。

[3] 参见海南省人民政府办公厅《海南省建立海上环卫制度工作方案（试行）》，琼府办函〔2020〕56号，2020年3月10日发布。

[4] 如大连的海上打捞标准是"海岸可视范围内无海上漂浮杂物和垃圾，海坝、暗渠入海口周边区域无积存垃圾"；而近岸滩涂清扫则要求"四不四净"，其中"四不"是指不见杂草、不见杂物、不见人畜粪便、不往海中倾倒垃圾；"四净"是指礁石净、海滩净、海岸堤坝楼梯净、平台护坡净。参见吉存《我市正式印发〈"海上环卫"工作方案〉》，载《大连日报》2019年7月10日第A05版。

[5] 参见福建省人民政府办公厅《关于印发进一步加强海漂垃圾综合治理行动方案的通知》，闽政办〔2020〕62号，2020年12月7日发布。

为丰富，因此由其负责具体的海上环卫治理措施落实更为合理，也更能推进陆海环卫一体化进程；而生态环境部门则主要应承担监督工作，这也更符合机构改革的大方向。其次，针对保洁的标准，可以考虑海南省方案，即沿用现有的技术标准，实现陆海的统一。而对于环卫队伍建设，则可参照陆上环卫，引进第三方治理，提高队伍的专业性。

另外，为了更好地开展海上环卫工作，还应当加强对海洋中存在的垃圾的监测，做好必要的技术前提。虽有《海洋垃圾监测与评价技术规程（试行）》明确了监测内容、方法、频率等因素，为海洋垃圾监测活动的开展提供了依据，但当前监测技术能力仍有完善空间。目前我国监测区域的选择仍然较为片面，监测设备也存在不够科学和数量不足等问题。[1] 因此，需加强生态环境部门的监测能力建设，增加监测站点，引进先进监测设备，拓宽监测范围，提升监测的科学性，为海上环卫的高效运行奠定良好的基础。

（二）以企业为主体的第三方治理

当前海洋垃圾污染治理主要依靠政府构建的海上环卫等制度实现，但仅由政府承担治理责任存在明显弊端。根据奥斯特罗姆的观点，以政府为公共事物唯一治理主体的情况下，须满足信息准确、监督能力强、制裁可靠有效及行政费用为零等基础条件才能实现最优均衡，[2] 但这些条件在海洋垃圾污染治理领域的可实现性存疑。因此，需要引入第三方治理，以应对可能存在的政府失灵，提高治理的专业性。这也符合陆海统筹理念的内在要求，

---

[1] 参见高磊等《中国海洋垃圾监测与评价工作的思考》，载《环境科学与管理》2016年第6期。

[2] 参见［美］埃莉诺·奥斯特罗姆《公共事物的治理之道：集体行动制度的演讲》，余逊达、陈旭东译，上海译文出版社2012年版，第13页。

有利于实现陆海联动治理。

但目前仅个别省市在规范性文件中明确提出在海洋垃圾污染领域引进第三方治理，且规定较为简略，涉及的内容范围较窄，侧重从形式上明确第三方治理企业参与海洋垃圾污染治理的资格，但缺乏对第三方治理企业具体义务、责任划分等具体内容的详细规定。为了更好地发挥第三方治理的优势，吸引企业参与，可从以下三个方面着手完善：首先，应当在效力层级较高的法律规范中明确海洋垃圾治理领域引入第三方治理，确保有法可依。其次，应增加关于第三方治理企业评估和信息公开等相关规定。由于2014年我国取消了环境污染治理设施运营资质审批，当前参与海洋垃圾污染治理的企业鱼龙混杂，参与中标的企业除了各地城投、环境环保企业等专业从事环保服务的企业外，还有水利工程公司、劳动服务公司、物业公司等；[1] 同时企业并没有强制公开信息的义务，这对政府等购买服务主体的选择带来了较大障碍。因此，应在完善信息平台的基础上建立相应的评估机制，要求第三方提供必要信息，为政府等选择环境服务企业时提供真实可供参考的标准。[2] 最后，政府应采取积极措施，营造良好市场环境。目前海洋垃圾污染治理领域仍属于新兴领域，各地的第三方治理市场相对保守，仍以本地企业为主；同时，中标的企业多数都是环保龙头企业，其他企业的生存空间较小。[3] 政府应当加强对市场秩序的规范与引导，避免在招投标过程中存在歧视。

---

[1] 参见中国环卫在线网《头部环企"杀入"海上环卫市场，水域保洁市场化进程再提速》，搜狐网，https://www.sohu.com/a/436274157_100147116，最后访问日期：2022年3月7日。

[2] 参见崔海燕《环境污染第三方治理现实困境及其化解机制》，载《河北环境工程学院学报》2020年第3期。

[3] 参见陈标志《海南全面启动海上环卫，上市企业杀入海上保洁市场》，新浪财经网，https://baijiahao.baidu.com/s? id = 16977334048194146148&wfr = spider& for = pc，最后访问日期：2022年3月7日。

（三）公众参与

作为一项复杂的系统工程，海洋垃圾污染治理需要多主体参与。社会公众作为海洋环境污染的直接受害者，具有参与治理的权利和动力，可以通过参与弥补政府机制和市场机制的缺陷。[1]因此，应完善公众参与制度，以实现对政府和企业的有效监督，推动多主体共同治理。而信息公开是实现公众参与的基本前提。

信息公开制度是保障公民知情权的重要措施。在海洋垃圾污染治理领域，由于海洋垃圾普遍适用禁止排放、倾倒的原则，因此，相比于企业，政府信息公开更为关键。对此，中央和地方都明确要求应当将海洋垃圾污染防治的相关信息公开。如《生态环境部2021年政务公开工作安排》中指出，应当公开海洋垃圾污染防治监管信息；《威海市"无废城市"建设试点实施方案》中也指出应当完善海洋环境和海洋垃圾污染信息公开制度。但是对于信息公开的内容、时间、主体、方式、信息来源的海域范围等内容并没有明确的规定。尽管关于海洋环境信息公开的整体性规定对上述内容有一定的说明，[2]但是相关规范并未明确海洋垃圾的相关信息是否包含在公开范围内。信息公开制度内容的不明确，导致部分政府选择性公开或公开信息不全面，无法满足公众的需求。特别是地方公开的信息内容与中央差别较大，信息不全面的现象较为明显。如生态环境部对海洋垃圾的种类、数量和分布状况等内容均予以公开；[3]但在地方层面，广东仅提及海洋垃圾的种类，

---

[1] 参见沈满洪等《中国海洋环境治理研究》，中国财政经济出版社2020年版，第99页。

[2] 如《关于加强海洋生态环境监测评价工作的若干意见》规定沿海地方要在重点港湾或滨海旅游度假区、海水浴场等区域，逐步实现近岸海域监测信息实时公开；《关于推进海洋生态环境监测网络建设的意见》中规定由各级海洋主管部门负责在年度公报基础上定期发布各类环境信息等。

[3] 参见生态环境部《2020年中国海洋生态环境状况公报》，生态环境部官网，https://www.mee.gov.cn/hjzl/sthjzk/jagb/，最后访问日期：2022年3月7日。

未提及数量和密度;[1] 海南虽较为详细地列明海洋垃圾的种类、数量和来源等数据,但都仅限于三亚湾海域[2]。

要解决上述不足,应进一步明确海洋垃圾污染治理领域政府信息公开的相关内容。一方面,应当在较高层级立法中规定海洋垃圾相关信息公开的负责主体、公开的具体内容以及时间。由于生态环境部门负责海洋垃圾和微塑料的统一污染防治工作,目前海洋生态环境状况公报等文件也是由其发布,因此其作为责任主体较为合理。另一方面,可将信息公开的情况纳入政府考核范围,对相应责任主体进行有效监督。通过信息公开制度的完善,能够为公众提供全面、可靠的海洋垃圾污染信息,便于公众自发参与、组织垃圾清理等相关活动,与政府、企业共同遏止愈演愈烈的海洋垃圾污染问题。

四 结论

海洋垃圾污染与其他海洋污染类型相同,存在"污染结果在海洋,但污染根源主要在陆地"的特征。因此要提高海洋垃圾污染防治的有效性,应遵循陆海统筹的基本理念。陆海统筹强调综合治理、系统治理、源头治理,因此海洋垃圾污染防治不应仅着眼于某一污染点或污染路径,而应覆盖从垃圾形成之初到垃圾聚集形成污染的整个污染链条。

当前我国海洋垃圾污染防治法律机制虽对污染各个阶段都有规定,但仍然存在较多的不足。要完善现有法律机制,强化各阶

---

[1] 参见广东省生态环境厅《2020广东省生态环境状况公报》,广东省生态环境厅官网,http://gdee.gd.gov.cn/hjzkgb/content/post_3266052.html,最后访问日期:2022年3月7日。

[2] 参见海南省生态环境厅《2020年海南省海洋生态环境状况公报》,海南省人民政府官网,https://www.hainan.gov.cn/hainan/5309/202106/9e8916df58964a47b5888641717c1971.shtml,最后访问日期:2022年3月7日。

段法律措施的实施效果，就需要根据各阶段存在的关键问题提出针对性的解决措施。具体而言，在源头治理阶段，现有机制内缺乏对海洋垃圾中占比最大的塑料垃圾的有效规制措施。对此，一方面应通过引入生产者责任延伸制度，确立塑料产品生产者从生产到回收处置各阶段的责任，从整体上提高塑料垃圾回收利用的可能性，以减少失控塑料垃圾数量；另一方面，可根据海洋塑料垃圾的主要来源，通过完善生活垃圾分类回收制度，有针对性地降低生活塑料垃圾进入海洋的可能性。在入海管控阶段，现有机制的关联规定间表现出较为明显的割裂和矛盾，但不同类型入海路径所对应的规定的衔接问题不同，应具体问题具体分析：针对陆源垃圾入海过程管控中存在的形式上和实质上的衔接问题，应以陆海统筹为索引，串联陆海环境保护法律体系，减少两大体系间的立法真空和分歧，优化相关措施的整体管控效果；针对海源垃圾入海过程管控中存在的新旧立法、国内外立法间的衔接问题，应及时更新惩罚力度不足的旧法，同时在落实国际条约时结合本国实际，以提高对海源垃圾入海的管控力度。在末端治理阶段，现有机制下各主体参与治理的方式未能有标准统一、内容明确的法律指引。因此，该阶段的完善重点为在立法中明确海上环卫、第三方治理以及信息公开等制度的具体内容，畅通各主体参与治理的路径，以推动政府、企业、公众积极参与海洋垃圾污染治理，提升治理效果。

后　记

　　清晨打开电脑，欢迎屏幕中一片翠绿景象，上书"雨水"二字，以一种颇有仪式感的方式提醒着：一个属于春天的新节气到来了。这个鸿雁归来、草木萌动的时节，总是给人以无尽的希望。《环境资源与能源法评论》第5辑也在这样一个令人欣欣然的日子里成稿。

　　摆在面前的第5辑书稿同样令人欣欣然，与此前4辑一样，一如既往地"干货"满满。本辑在"生态环境法律规制的理论基础与制度建构"这一主题的统领之下，作者群体和研究内容都呈现出显著的"多样性"特征。这一辑的作者中既有为国家生态环境法治事业孜孜奋斗几十年的资深学者，也有崭露头角的博士生和硕士生。在研究内容上，这一辑既有针对理论问题展开深入研讨的成果，也有面向实践问题细致分析的文章；既有从立法层面的分析，也有从法律实施角度的观察；既有对国内生态环境法治议题的探讨，也有从国际环境法、比较环境法角度的研究；既有对国家生态环境法治建设问题的关注，也有对环境法学科建设的思考。由衷感谢各位作者对本辑的支持。

　　朱炳成副教授为本辑文稿的组编付出了大量的时间和精

力,刘晨璐同学协助完成了组编相关工作,中国社会科学出版社梁剑琴博士为本辑顺利出版付出了辛苦努力,在此衷致谢意。

于文轩

2023年2月19日

于中国政法大学海淀校区